이웃집 워런 버핏

숙향의
주식 투자
이야기

일러두기

1. 본문에서 '전작'은 저자의 첫 번째 책인 《이웃집 워런 버핏, 숙향의 투자 일기》를 의미합니다.
2. 사례로 나와 있는 주식의 현재가 등 각종 투자지표는 2020년 6월 30일 기준입니다.

이웃집 워런 버핏

숙향의
주식 투자
이야기

한스미디어

홀로 행하고 게으르지 말며
비난과 칭찬에도 흔들리지 말라
소리에 놀라지 않는 사자처럼
그물에 걸리지 않는 바람처럼
진흙에 더럽히지 않는 연꽃처럼
무소의 뿔처럼 혼자서 가라

−《숫타니파타》, 불교 초기 경전

투자자의 경험은
어떻게 자산이 되는가

투자에 있어서 일반적으로는 적절한 증권을 선택하는 일을 가장 중시한다. 그러나 나는 투자자가 그의 수익을 어떻게 사용할 생각인가 하는 문제가 더 중요하다고 생각한다. 즉 적절한 증권을 선택하는 것보다 앞서 고려해야 할 것은 삶의 철학과 투자의 목적이다. 투자자의 최초의 실수는 삶의 철학과 투자의 목적을 잘못 설정한 데서 발생한다. 잘못된 증권을 선택하는 것도 바로 삶의 철학과 투자의 목적을 처음에 잘못 설정한 데서 기인한다.

– 프레드 쉐드, 《고객의 요트는 어디에 있는가(Where Are the Customers' Yachts?)》, p. 212.

2016년 11월 《이웃집 워런 버핏, 숙향의 투자 일기(이하 '숙향의 투자 일기')》를 저의 첫 책으로 출간했습니다. 이후 《버핏 클럽 1》(2018)과 《버핏 클럽 2》(2019) 두 권의 책에는 10여 명의 공동 저자 중의 한 사람으로 참여했고 투자 관련 서적 10여 권을 출간 전에 미리 읽고서 추천사를 쓰기도 했습니다. 가치투자의 저변을 넓히는 데 도움이 된다는 생각으로 큰 고민 없이 받아들여서 한 일이지만, 다시 생각해보면 저로서는 과분한 일을 염치없이 저질렀습니다.

제 책을 읽은 독자들이 온라인상에 공유한 많은 서평을 볼 수 있었습니다. 별 내용도 없는 수필 같은 책이라는 등 적잖은 비난의 글도 있었지만 책을 쓰길 잘했다 싶은, 보람을 느낄 수 있는 글이 훨씬 더 많았습니다. 쪽지나 메일을 통해 책 내용 중에서 이해가 되지 않은 부분에 대해 많은 질문도 받았습니다. 또한 제가 매달 정리하는 주식 투자 현황과 가끔 작성하는 독후감을 공유할 때마다 댓글로 질문을 받기도 했습니다. 저자의 얘기를 듣고 싶어 하는 모임에 몇 차례 초청 받아 제 생각을 들려드렸고 참석자들로부터 받은 다양한 질문에 답하면서 배운 것도 많았고요.

독자들의 반응을 보면서 감명 받는 적이 많은데, 그중 특히 기억에 남는 글이 있어 소개하려고 합니다. 저보다 대여섯 연장자이신 분께서 메일로 보내주신 글인데, 솔직히 감동 받았습니다.

숙향 님 반갑습니다. 쓰신 책 잘 보았습니다. 내용이 좋아 몇 권 더 구입해서 자식들에게도 선물하려고 합니다. 저는 62세인데 올해 6월에 37년의 직장 생활을 마치고 자유로운 영혼이 되어 국내외로 여행을 다니며 독서도 하면서 살아갑니다. 숙향 님의 글 속에 제가 젊어서 그토록 염원하던 내용이 있어 내심 반가웠답니다. 저는 젊을 때 재테크에 대한 저 나름대로의 확고한 방법을 정립하지 못했습니다. 이제 저의 고민은 은퇴 자금을 어떻게 잘 운용하느냐입니다. 나름대로 열심히 공부하고 있습니다. 또 자식들에게도 사전에 재테크 공부를 하라고 합니다. 숙향 님의 책이 큰 도움이 될 것 같습니다.

– 2016년 12월 26일, ㅇㅈㅇ 님의 메일

독자 혹은 제가 활동하는 카페 회원들의 질문을 받을 때면 항상 제 생각을 가능한 한 성실하게 들려드리려고 노력했습니다. 하지만 책 내용에 대해 중복되는 질문을 받을 때마다 부족한 부분을 보완하는 개정판을 낼 필요가 있지 않을까 하는 생각이 스치듯 들곤 했습니다. 그런 와중에도 출판사로부터 개정판을 내자는 요청이 있을 때마다 제가 아는 지식과 경험은 《숙향의 투자 일기》에 모두 담았으므로 더 쓸 거리가 없다며 완강하게 거부하곤 했었지요. 더구나 연평균 25% 수익률을 자랑했으나 당장 책이 출간된 그해부터 (시장보다는 나았지만) 매년 수익률이 줄어들고 있다는 것도 면목이 없는 일이었습니다.

그랬던 제 마음은 책이 출간된 지 4년이 지난 지금까지도 독자로부터 혹은 제가 써서 공유한 글에 대해 회원들로부터 비슷한 질문을 받고 답을 드리면서, 첫 책에서 부족했던 부분을 보완하는 형태로 두 번째 책을 낼 필요가 있다는 생각은 커져갔습니다. 그러면서도 따로 책을 쓸 정도로 가치 있는 수준은 아니라는, 회의감이 이를 막았고요.

그런데 2020년 4월 다니던 직장에서 퇴직한 다음 여의도에 준비되어 있던 작은 오피스텔에서 며칠 지내면서 제 마음에 들어온 딱히 표현할 수 없는 허전함이 문제였습니다. 은퇴하면 원했던 여행을 맘껏 즐기려고 했었는데 연초부터 시작된 코로나19라는 바이러스가 팬데믹(세계적인 대유행)을 일으키며 막연한 허전함을 해소할 최고의 치료제를 쓰지 못하게 막은 것이죠. 때맞춰 한스미디어에서 성의 있는 출판 기획안을 보내왔는데, 제가 쓴 책은 물론 온라인에 공유한 제법 많은 글을 읽었기에 가능했을 정성스런 제안이 담겨 있었습니다.

두 번째 책은 개인적으로는 은퇴 후 맞닥뜨린 예상하지 않은 불안감으로부터의 돌파구로서, 또한 완전한 자유인이 된 기념이 되겠지만 독자들을 위해서는 전작에서 설명이 필요했던 부분을 보충하고 (실제 투자에 도움이 될 수 있을지 모르겠지만) 저의 투자 경험을 많이 담기로 했습니다.

시간과 머리를 많이 써야 하는 작업이라 우선 책 제목부터 정했습니다. 바로 《이웃집 워런 버핏, 숙향의 주식투자 이야기》인데요. 첫 책 《숙향의 투자 일기》와도 연결되지만, 그보다는 엉뚱하게 들릴 수도 있는 저만의 이유가 있습니다.

제가 가장 닮고 싶은 투자자로는 첫 번째로 벤저민 그레이엄을 꼽지만, 가장 멋있게 생각하는 투자자로는 앙드레 코스톨라니와 피터 린치 두 분이 곧바로 그려집니다.

앙드레 코스톨라니는 13권이나 되는 많은 책을 냈지만 우리말로 번역된 책은 저도 소장하고 있는 5권이 모두일 텐데요. 투자(손실)로 우울할 때 그의 책을 읽으면 최상의 위로와 함께 투자의 지혜를 얻을 수 있습니다.

주식 투자와 관련해서 우리말로 번역된 피터 린치의 책은 3권인데, 개인 투자자에게 용기와 함께 시장을 이길 수 있는 기술을 알려줍니다. 저는 두 멋쟁이들 중에서 최고 전성기였던 46세에 가족과 지내기 위해 은퇴한 피터 린치를 조금 더 좋아하는데, 그래서 피터 린치의 명저 중에서《피터 린치의 투자 이야기(Learn to Earn)》를 흉내 내고 싶었습니다.

피터 린치의 또 다른 명저《피터 린치의 이기는 투자(Beating the Street)》를 보면 그는 아버지가 세상을 떠났을 때 나이인 46세가 되었을 때 문득 은퇴를 결심했다고 합니다. 다음과 같은 생각을 하면서 말이죠.

금전적으로 크게 부족함이 없는 상황이 되면 자신의 나머지 인생을 돈의 노예가 되어 돈을 더 많이 버는 데 바칠 것인가, 아니면 지금까지 벌어놓은 돈을 쓰면서 인생을 누릴 것인가 결정해야 하는 순간을 맞게 된다.

– 피터 린치·존 로스차일드,《피터 린치의 이기는 투자》, p. 20.

애초 체계적인 공부를 하지 않은 저의 투자 지식이 4년이 지나는 동안 크게 늘어났을 리는 만무하므로 첫 책이 출간된 이후 4년 동안 얻은 경험이나마 제대로 담기 위해 노력했습니다. 그래도 자랑할 게 경험밖에 없는 저에게 워런 버핏의 말씀은 큰 용기를 줍니다.

돈 많은 사람과 경험 많은 사람이 만나면 경험 많은 사람은 돈을 얻게 되고, 돈 많은 사람은 경험을 얻게 된다.

– 버크셔 해서웨이 2016년 주주 서한

이 책은 첫 책에서 설명이 부족했던 탓에 독자로부터 받은 중복되는 많은 질문에 대해 제 생각을 충분히 들려드리는 데 중점을 두었습니다. 또한 제가 가장 하고 싶었던 얘기, 일반 기업에 다니는 평범한 직장인이 주식 투자를 통해 불린 돈으로 경제적 자유를 얻은 경험과 주식에서 나오는 배당금으로 은퇴 후 삶을 대비하는 계획에 대해 더욱더 강조하고 싶습니다. 저의 은퇴 계획은 계속 수정된다고 했는데, 4년이 지나는 동안 바뀐 계획을 보여드리려고 합니다. 가능한 전작과 중복되는 내용은 피하고 싶었습니다. 하지만 주식 투자에 대해 기본으로 생각하는 저의 주관에 변함이 없고 이를 전달하는 데 있어 제 지식의 한계 때문에 어쩔 수 없는 중복은 감수할 수밖에 없었습니다. 이로 인한 비난은 각오하고 있습니다.

이 책의 궁극적인 목표는 노동수입이 끊어진 이후 자본수입으로 살아야 할 시기를 미리 대비하고 은퇴와 관계없이 경제적 자유가 수반되는 자유로운 삶을 만드는 방법을 제시하는 데 있습니다. 제 경험으로는 가치투자법에 기반을 둔 주식 투자로 가능합니다. 이런 목표를 가능하게 하는, 저의 구체적인 실행 방법에 대해 다음과 같이 들려드리려고 합니다.

(1) 전작인 《숙향의 투자 일기》에서 서술했던 내용 중에서 특히 많은 질문을 받았던 투자기업 선정 네 가지 조건과 내재가치에 대해 설명하는 데 집중했습니다. 책을 쓰면서 제가 어떤 방법으로 투자할 기업을 선별했는지 제 생각을 더듬어 정리하면서 원칙이라면 원칙을 만들어낸 것은 저에게 특별한 경험이었습니다.

주식 투자를 처음 시작하는 분이 원칙에 맞는 기업들로 포트폴리오를 구성해서 장기적으로 투자한다면, 제가 그랬듯이 원금을 잃지 않을 뿐만 아니라 시장 평균을 넘는 수익을 얻을 수 있습니다.

(2) 투자하는 기업을 선정할 때 저만의 방식으로 간략하게 정리해보는데, 가칭 '종목분석표'라고 이름 붙인 양식을 소개합니다. 저는 각종 인터넷 포털 증권면이나 증권사에서 제공하는 투자지표를 참조하지 않고 전자공시시스템(회사에서 공시한) 보고서에서 필요한 자료를 찾아 정리해서 사용합니다. 양식 구성이 단순하고 조잡해 보일 수 있지만 제가 실제 투자에 활용해온 것이므로 저렇게도 하는구나 하고 봐주셨으면 합니다. 투자할 기업을 선정하는 네 가지 조건에 대해 상세히 설명하려고 애썼고 종목분석표를 동원해서 추가 설명을 했으므로 이번에는 이해하는 데 어려움이 없을 것이라 생각합니다.

(3) 주식 투자를 하다 보면 가족은 물론 가까운 지인에게 조언하거나, 직접 주식 매매를 돕거나 투자금을 운용해줄 때도 있습니다. 이런 상황에서 제가 대처하는 방법과 몇 가지 경험을 들려드리려고 합니다.

(4) 투자를 잘하기 위해 도움이 되는 것으로, 많은 대가들이 한결같이 권하는 방법은 책을 많이 읽으라는 것입니다. 저에게 책은 투자 요령을 배우기 위한 용도보다는 힘들 때 버틸 수 있는 힘입니다. 제가 최소 두 번 이상 읽었던 책 중에서 교훈이 되는 글을 인용하는 방식으로 가능한 많은 책을 소개하려고 했는데요. 가치투자자의 관점에서 꼭 읽었으면 하는 책뿐만 아니라 가치투자와는 거리가

있지만 시각을 넓혀주어 결국 투자에 도움이 되는 책을 포함했습니다.

⑸ 두 번째 책을 쓰게 된 계기 중 하나가 첫 책을 읽은 독자로부터 받은 많은 질문이라고 이미 말씀드렸는데요. 각각의 질문에 대해서는 솔직한 제 생각을 담은 회신을 빠짐없이 드렸고 이 책의 재료로 활용하기도 했습니다. 그리고 몇 분과의 대화를 따로 정리해서 소개합니다. (동질감을 느낄) 경험이 많지 않은 분께는 큰 도움이 될 것으로 믿습니다.

주식 투자에서 가치투자법은 가장 단순한 투자법으로 어느 투자 수단보다 안전하면서도 높은 수익률을 얻을 수 있지만 (인간 본성의 방해 때문에) 실행이 쉽지 않습니다.

저는 직장에 다니면서 상사의 배려 덕분에 일찍 주식 투자 (1985년)에 눈을 떴고 힘든 시절을 버텨내며 나름 성공한 주식 투자자가 되었다고 자부합니다. 올해 은퇴함으로써 자연스레 전업 투자자가 되었지만 그동안 직장인으로서 저의 투자 경험을 들려드림으로써 (피터 린치의 표현을 따르면) 시간제 투자자도 얼마든지 주식 투자에서 만족스런 수익을 얻을 수 있다는 것을 보여드리고 싶었습니다. 궁극적으로는 자본소득으로 살아야 하는 은퇴 후 생활은 돈 문제로부터 자유로워야 합니다. 저는 주식 투자가 훌륭한 수단이 된다는 것을 말씀드리고 싶었습니다. 저의 경험으로 확인된 주식 투자에 대한 생각을 다음과 같이 정리해보았습니다.

첫째, 주식 투자는 어떤 투자 수단보다 위험이 적으면서도 가장 높은 수익을 안겨주는 것으로, 투자라기보다는 저축으로 받아들였으면 합니다.

둘째, 경제적으로 안정된 미래를 확보하기 위해 주식 투자는 반드시 해야 합니다.

셋째, 투자를 위해 엄청난 노력과 시간을 할애할 필요는 없으므로 직장인 혹은 개인사업자들은 자신의 본업에 충실하면서 여가 시간을 활용하는 것만으로 투자할 시간은 충분합니다.

저는 주식 투자, 특히 가치투자를 지향하는 두 개의 포털 혹은 카페에서 회원으로 활동하고 있습니다. 회원으로 가입한 지 14년 이상 된 아이투자(http://itooza.com)가 그 하나이고, 8년째 되는 가치투자연구소(http://cafe.naver.com/vilab)가 다른 하나입니다. 이들 공간에서 저는 매월 한 차례 운용하고 있는 주식 포트폴리오 중 각각 한 개씩[펀드(아내), 펀드(친구)]을 공개하고 있습니다. 저를 보여줌으로써 대중의 지혜를 여쭙기 위한 목적과 투자 경험이 부족한 회원에게는 이렇게 투자할 수도 있다는 투자 선배로서의 경험을 나누고 싶어서입니다. 또한 투자 관련 책을 읽으면서 작성한 독후감 중에서 공유할 만한 글을 부정기적으로 게재하기도 합니다. 이외에 개인 블로그를 만든다는 것이 실수로 만든 '숙향의 투자 일기'라는 3년 된 카페가 하나 있습니다.

제가 만든 카페에서는 다른 두 곳에서 공유했던 글과 함께 저의 잡다한 생각을 (처음 의도했던 블로그처럼) 올리고 있습니다. (틀림없이 그렇겠지만) 책에서 부족하거나 의심스러운 내용에 대해 저의 변명을 듣고 싶다면 제가 회원으로 활동하고 있는 곳에서 찾아주셨으면 합니다.

마지막으로, 제가 지향하는 가치투자에 대해서는 세스 클라만이 자신의 명저 《안전마진(Margin of safety)》에서 멋지게 정의한 것을 인용합니다.

가치투자 철학에는 세 가지 핵심 요소가 있다.

(1) 가치투자란 저평가 종목에서 투자 기회를 찾아내는 상향식 투자 전략이다.

(2) 가치투자란 상대 수익률이 아니라 절대 수익률을 지향하는 투자 전략이다.

(3) 가치투자란 위험 회피 투자법이다. 즉 투자수익을 얻는 것(수익)뿐만 아니라 손실을 보는 것(위험)에도 만전을 기하는 투자법이다.

2020년 11월

숙향

차례

PART 1

그 후 4년

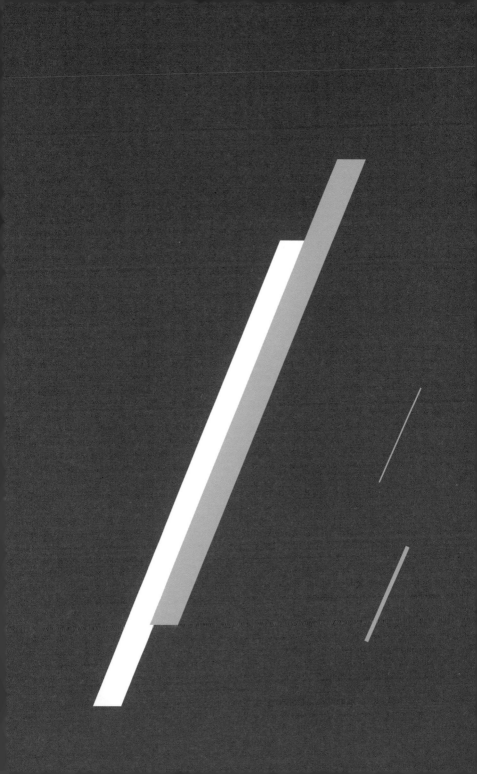

2016년 11월 출간한 저의 첫 책 《숙향의 투자 일기》에는 투자를 시작한 1985년부터 2015년 말까지 기록을 담았습니다. 이 책에서는 2019년까지 4년이 지나는 동안 저의 투자 실적은 어떠했고 무슨 생각을 하고 살았는지 정리해봅니다.

많은 대가들은 정치는 경제, 좁게는 주식시장에 영향을 미치지 않으므로 무시하라고 했는데 저도 대가들의 생각에 동의합니다. 저의 정치 성향은 나름 발전해왔고 비교적 뚜렷한 편이지만 우리나라 대통령이 누가 되든 주식시장과 연결해서 생각해본 적이 없습니다. 경제가 성장하고 상장회사가 돈을 많이 벌면 주가는 오르게 되어 있으니까요.

하지만 지난 4년은, 그리고 2020년 7월 지금까지는 정치 문제가 경제 그리고 주식시장에 엄청난 영향을 미쳤던 것으로 느껴집니다. 트럼프가 대통령이 된 이후 미국은 세계 경제를 쥐고 흔드는 힘을 이용해서 미국 우선주의와 급부상하는 중국 견제를 위해 기존의 경제 체제를 흔들면서 혼란에 빠뜨렸습니다. 그리고 코로나19 발병 이후 트럼프는 재선에 유리한 분위기를 만들기 위해 (유일한 방법으로 판단한 듯) 오직 경제 살리기에 매진하면서 주식시장은 롤러코스터를 탄 형세를 지속하고 있습니다. 트럼프의 말 한마디에 따라 주식시장은 요동치고 있습니다. 무역 의존도가 높은 우리나라는 말할 것도 없이 함께 휩쓸려 '위 아 더 월드(We Are The World)'에 동참했고요. 특히 코로나19 사태가 팬데믹으로 발전한 이후 트럼프의 강요에 의해 금리 인하와 함께 무진장 풀린 돈은 패닉에 빠졌던 세계 주식시장을 구한 것까지는 좋았습니다. 하지만 경제 상황과는 관계없는 증시 활황은 불안하기만 합니다.

어려울수록 기본으로 돌아가라는 금언이 있습니다. 결국 주가는 가치를 따라간다는 것을 믿고 들뜬 분위기에 휩쓸리지 말고 보유하고 있는 주식의 가치를 따지며 버티려는 용기가 필요한 때임을 상기하려 합니다. 그러다 보면 시장으로부터 외면 받은 우리에게도 좋은 날이 올 테니까요.

Chapter 1

투자수익률

투자 이야기를 들려드리기에 앞서 저의 투자수익률을 공개합니다. 가치투자법으로 지난 4년(2016~2019)과 지난 14년(2006~2019) 동안 얼마 만큼의 수익률을 만들어냈는지 살펴보도록 하겠습니다.

〽️ 가치투자자에게 쉽지 않았던 4년: 2016~2019

늘 그랬듯이 지난 4년(2016~2019년) 동안 저는 가치에 비해 싸게 거래되는 주식을 매수한 다음 주가가 많이 오르면 매도해서 수익을 챙기는 단순한 가치투자 방법을 유지했습니다. 4년 동안 한 번은 시장에 뒤졌고 세 번은 시장을 이겼습니다. 큰 폭의 등락은 있었지만, 길지 않은 기간인 4년 동안에도 시장을 이겼을 뿐 아니라 비교적 높은 투자수익률을 얻었다는 점에서 가치투자자로서 자부심을 느낍니다. 4년 수익률은 40.3%(연평균 수익률: 10.1%)로 KOSPI 지수 상승률

시장지수와 투자수익률 비교(2015년 말~2019년 말)

연도	KOSPI			KOSDAQ			총투자 수익률	KOSPI 대비
2015	1,961.31	지수 등락	등락률	682.35	지수 등락	등락률		
2016	2,026.46	65.15	3.3%	631.44	−50.91	−7.5%	5.7%	2.4%
2017	2,467.49	441.03	21.8%	798.42	166.98	26.4%	9.6%	−12.2%
2018	2,041.04	−426.45	−17.3%	675.65	−122.77	−15.4%	10.7%	28.0%
2019	2,197.67	156.63	7.7%	669.83	−5.82	−0.9%	14.3%	6.6%
계	2015~2010	236.36	15.5%		−12.52	2.7%	40.3%	24.8%
4년 평균(2015~2019년) 수익률		3.9%				0.7%	10.1%	6.2%

15.5%(연평균: 3.9%)에 비해 24.8%(연평균: 6.2%) 잘했지만 해가 갈수록 투자수익률이 낮아지고 있습니다.

〰 **14년의 성과**

전작은 2015년 말을 기준으로 썼는데, 그때까지 10년 동안의 연평균 수익률은 26.8%였습니다. 그래서 원고를 작성 중이던 2016년 봄부터 초여름까지 투자수익률이 좋지 않았지만 11년 연평균 25%는 문제없을 것 같아서 그럴듯한 부제목을 붙일 수 있었는데요. "'연평균 수익률 25%' 직장인 투자자의 든든한 은퇴 준비기" 하고 말입니다.

하지만 2016년 수익률은 5.7%에 그침으로써 11년 동안 연평균 수익률은 24.8%로 마감했습니다. 그리고 매년 1%씩 평균 수익률을 까먹으면서 2019년까지 14년간 연평균 수익률은 22.0%로 더 낮아졌습니다. 수익률이 떨어진 이유는 두 가지로 추정이 가능한데, 우선 시장이 가치주에 우호적이지 않았고 다른 하나는 투자금액이 (상대적으로) 커지면서 일어난 자연스런 현상입니다. 물론 이 정도 수익률도 상당히 높은 편이고 그만큼 저평가된 가치주들로 포트폴리오를 구성하면 시장을 이긴다는 증거는 된다고 봅니다.

좀 더 구체적으로 2006~2019년까지 14년 동안의 실적으로 확장해서 비교해보겠습니다. 연평균 수익률에 있어 KOSPI 지수는 앞서 10년 동안 6.4%에서 5.7%로 0.7% 낮아졌습니다. 저의 투자수익

시장지수와 투자수익률 비교

연도	KOSPI			KOSDAQ			총투자수익률	KOSPI 대비
2005	1,379.37	지수 등락	등락률	701.79	지수 등락	등락률		
2006	1,434.46	55.09	4.0%	606.15	−95.64	−13.6%	24.6%	20.6%
2007	1,897.13	462.67	32.3%	704.23	98.08	16.2%	85.3%	53.0%
2008	1,124.47	−772.66	−40.7%	332.05	−372.18	−52.8%	−41.1%	−0.4%
2009	1,682.77	558.30	49.7%	513.57	181.52	54.7%	70.8%	21.1%
2010	2,051.00	368.23	21.9%	510.69	−2.88	−0.6%	26.7%	4.8%
2011	1,825.74	−225.26	−11.0%	500.18	−10.51	−2.1%	−0.3%	10.7%
2012	1,997.05	171.31	9.4%	496.32	−3.86	−0.8%	17.5%	8.1%
2013	2,011.34	14.29	0.7%	499.97	3.65	0.7%	25.6%	24.9%
2014	1,915.59	−95.75	−4.8%	542.97	43.00	8.6%	32.6%	37.4%
2015	1,961.31	45.72	2.4%	682.35	139.38	25.7%	25.9%	23.5%
2016	2,026.46	65.15	3.3%	631.44	−50.91	−7.5%	5.7%	2.4%
2017	2,467.49	441.03	21.8%	798.42	166.98	26.4%	9.6%	−12.2%
2018	2,041.04	−426.45	−17.3%	675.65	−122.77	−15.4%	10.7%	28.0%
2019	2,197.67	156.63	7.7%	669.83	−5.82	−0.9%	14.3%	6.6%
계	2005~2019	818.30	79.3%		−31.96	38.7%	307.9%	228.6%
14년 평균(2006~2019년) 수익률			5.7%			2.8%	22.0%	16.3%
13년 평균(2006~2018년) 수익률			5.5%			3.0%	22.6%	17.1%
12년 평균(2006~2017년) 수익률			7.4%			4.6%	23.6%	16.2%
11년 평균(2006~2016년) 수익률			6.1%			2.6%	24.8%	18.7%
10년 평균(2006~2015년) 수익률			6.4%			3.6%	26.8%	20.4%

률은 26.8%에서 22.0%로 4.8% 떨어졌고 KOSPI 지수와의 수익률 차이는 20.4%에서 16.3%로 줄었습니다.

한편 시장 분위기도 감안하지 않을 수 없는데, 과거 2004년부터 2007년까지 제가 가치투자의 전성시대라고 불렀던 시기는 가치주들이 크게 올랐는데요. 투자자들이 저PER, 저PBR주를 찾아다녔고 이들 중소형 가치주들이 주인공이었습니다. 반면 2008년 금융위기를 겪으면서 미국을 중심으로 낮아진 금리와 풀린 돈은 성장주에 유리한 환경이 조성되었습니다. 실제 성장과 관계없이 앞으로 성장할 거라는 공감대만 형성되면 마치 예전 중소형주에서 보았던 작전주가 움직이듯이 오르는 주식만 올랐습니다. 제가 시장에 크게 뒤진 2017년이 대표적입니다.

그리고 2020년 6월 말 현재는 코로나19 바이러스의 팬데믹과 이로 인한 비대면이 대세라 바이오 혹은 온라인 주식만 주식인 양 행세하는 세상이 되었습니다. 전통적인 블루칩을 포함해서 금리보다 몇 배 배당금을 지급하는 저평가 가치주들은 거들떠보지 않는 거대한 버블이 진행 중입니다.

워런 버핏 역시 시장에 비해 좋은 성과를 내지 못했는데, 재미 삼아 버크셔 수익률과도 비교해보았습니다. 어디까지나 재미로 한 것이니 어딜 감히 버핏과 비교하느냐고 너무 혼내지 않으셨으면 합니다.

Berkshire's Performance vs. the S&P500

연도	Berkshire	S&P500	B-S&P
2006	24.1	15.8	8.3
2007	28.7	5.5	23.2
2008	−31.8	−37.0	5.2
2009	2.7	26.5	−23.8
2010	21.4	15.1	6.3
2011	−4.7	2.1	−6.8
2012	16.8	16.0	0.8
2013	32.7	32.4	0.3
2014	27.0	13.7	13.3
2015	−12.5	1.4	−13.9
2016	23.4	12.0	11.4
2017	21.9	21.8	0.1
2018	2.8	−4.0	6.8
2019	11.0	31.5	−20.5
average	11.7	10.9	0.8

숙향의 투자수익률 vs. KOSPI 지수

숙향	KOSPI 지수	숙향-KOSPI
24.6	4.0	20.6
85.3	32.3	53.0
−41.1	−40.7	−0.4
70.8	49.7	21.1
26.7	21.9	4.8
−0.3	−11.0	10.7
17.5	9.4	8.1
25.6	0.7	24.9
32.6	−4.8	37.4
25.9	2.4	23.5
5.7	3.3	2.4
9.6	21.8	−12.2
10.7	−17.3	28.0
14.3	7.7	6.6
22.0	5.7	16.3

* KOSPI 지수에는 배당수익률이 포함되지 않았음.
* 숙향의 투자수익률에는 배당금이 포함되었음.
*표를 보면서 이런 생각이 들었습니다.
1. 미국 주식시장(S&P500 기준)은 14년 동안 연평균 10.9% 수익률을 올렸으나 우리나라 주식시장(KOSPI 기준)은 연평균 5.7%에 그쳤습니다.
2. 같은 기간 동안 단순한 가치투자법으로 운용한 저의 투자수익률은 연평균 22.0%로 우리나라는 물론 미국 주식시장에 투자했을 때보다 월등한 수익률을 얻을 수 있었습니다.

14년 성과를 수익금액으로 비교

단순히 시장(지수)을 얼마나 이겼나, 몇 퍼센트 앞섰나 하는 걸로는 실감이 잘 나지 않습니다. 하지만 수익률 대신 수익금액을 넣어보면 깜짝 놀라게 됩니다. 제가 평소 투자수익률을 비교하되 평가금액으로 따지지 않는 이유인데요. 숫자, 백분율로만 보면 별게 아닌데 금액으로 표시하는 순간 (눈앞에 돈이 오가면서) 마음이 요동치기 때문입니다.

2005년 말 1억 원을 투자했다고 가정했을 때 14년이 지난 2019년 말 1억은 얼마가 되었을지 따져보았습니다. KOSPI 지수만큼 실적을 냈다면 1억은 1억 5,900만 원이 되어 14년 동안 5,900만 원이 늘어나는 데 그쳤습니다. 하지만 제가 기록한 수익률로 따지면 원금 1억은 10억 5,900만 원으로 불어나 수익금은 9억 5,900만 원입니다. 평균 수익률은 79.3%와 307.9%로 228.6%의 차이가 났는데, 금액을 넣어서 비교한 결과는 놀랍죠. 이것이 바로 복리의 마법입니다.

시장지수와 투자수익률 비교

연도	KOSPI			총투자수익률	KOSPI 대비	1억 투자		
2005	**1,379.37**	지수 등락	등락률			KOSPI 지수	숙향 실적	차액
2006	1,434.46	55.09	4.0%	24.6%	20.6%	103,994	124,600	20,606
2007	1,897.13	462.67	32.3%	85.3%	53.0%	137,536	230,884	93,348
2008	1,124.47	−772.66	−40.7%	−41.1%	−0.4%	81,521	135,991	54,470
2009	1,682.77	558.30	49.7%	70.8%	21.1%	121,996	232,272	110,276
2010	2,051.00	368.23	21.9%	26.7%	4.8%	148,691	294,288	145,597
2011	1,825.74	−225.26	−11.0%	−0.3%	10.7%	132,360	293,406	161,045
2012	1,997.05	171.31	9.4%	17.5%	8.1%	144,780	344,752	199,972
2013	2,011.34	14.29	0.7%	25.6%	24.9%	145,816	433,008	287,192
2014	1,915.59	−95.75	−4.8%	32.6%	37.4%	138,874	574,169	435,294
2015	1,961.31	45.72	2.4%	25.9%	23.5%	142,189	722,878	580,689
2016	2,026.46	65.15	3.3%	5.7%	2.4%	146,912	764,082	617,170
2017	2,467.49	441.03	21.8%	9.6%	−12.2%	178,885	837,434	658,549
2018	2,041.04	−426.45	−17.3%	10.7%	28.0%	147,969	927,040	779,071
2019	2,197.67	156.63	7.7%	14.3%	6.6%	159,324	1,059,606	900,282
계	2005~2019	818.30	79.3%	307.9%	228.6%			
14년 평균(2006~2019년) 수익률			5.7%	22.0%	16.3%			
13년 평균(2006~2018년) 수익률			5.5%	22.6%	17.1%			
12년 평균(2006~2017년) 수익률			7.4%	23.6%	16.2%			
11년 평균(2006~2016년) 수익률			6.1%	24.8%	18.7%			
10년 평균(2006~2015년) 수익률			6.4%	26.8%	20.4%			

* 2005년 말 1억 원을 투자했다고 가정했을 때 14년이 지난 2019년 말 얼마가 되었을지 따져보았습니다.
– KOSPI 지수만큼 실적을 냈을 때 1억은 1.59억이 되어 14년 동안 0.59억이 늘어나는 데 그쳤습니다.
– 숙향이 기록한 수익률로 따지면 원금 1억은 10.59억으로 불어나 수익금은 9.59억이 됩니다.
* 14년 운용 평균 수익률은 22.0%로 나오지만 복리수익률로는 18.4%에 그칩니다.
– 2008년과 2017년 마이너스 수익률을 2회 기록한 게 원인입니다.

Chapter 2

기록하는 투자자의
투자 일지

자신이 어디에 어느 정도를 투자했고 얼마만큼의 성과를 거뒀는지 등의 과정을 기록해두는 것이야말로 투자자의 밑천이라고 생각합니다. 다음 투자를 위한 참고자료로 삼을 수 있기 때문입니다. 이번 챕터에서는 전작 《숙향의 투자 일기》 출간 이후 4년 동안의 이야기를 담았습니다. 2016년부터 2019년까지 어떤 마음으로 어떻게 투자에 임했는지 투자 일지를 통해 살펴봅니다.

2016년, 전 세계적으로 정치가 주식시장에 큰 영향을 끼친 원년

2016년은 KOSPI 지수가 3.3% 오르는 동안 5.7%의 투자수익률을 기록함으로써 시장보다 2.4% 잘했습니다. 5년 만에 한 자릿수 수익률을 기록했고, 첫 책을 내면서 최근 10년 동안 연평균 수익률 25%라고 자랑했던 것이, 11년 연평균 수익률 24.8%로 25%가 깨졌다는 게 아쉬웠는데요. 책 쓰느라 투자에 신경을 쓰지 못해서 그랬다며 변명하고 싶은 마음입니다. 두 번째 책을 쓰고 있는 2020년이 그런 것처럼 말이죠. 국내 상황으로는 사드(THAAD) 설치에 따른 중국의 보복과 박근혜 대통령 탄핵이 있었고 세계적으로는 영국의 브렉시트(Brexit)가 결정되었으며 트럼프가 미국 대통령으로 당선되었습니다. 정치적 판단에 따른 결정이 경제, 주식시장에 영향을 미치기 시작한 원년이 아닐까 싶습니다.

2016년 1월 31일, 호재 요소에도 가라앉기만 하는 주식시장

현재 시장의 침체 원인 혹은 이유에 대해 전혀 눈치도 채지 못한 채 몇 달이 지나고 있습니다. 지금과 같은 저금리 상태와 원유를 비롯한 원자재 가격 하락은 제 관점에선 시장에 호재로 받아들여졌던 요소인데, 어쩌다 침체의 이유가 되었고 지속되어야 하는지 이해하지 못하고 있습니다.

누군가의 지적처럼 패러다임이 바뀌었기 때문일 수도 있고 정부에서 부르짖는 일사리 창출이 되지 않아 수요가 늘어날 가능성이 영영 없어졌기 때문인지도 모르겠습니다. 이유를 모르니 혹은 이해할 능력이 되지 못하니 그냥 멍하니 지켜만 보고 있을 뿐입니다.

얼마 전 세계적으로 비관론으로 유명세를 떨치는 양대 산맥 중 한 사람인 마크 파버가 끔찍한 전망을 했더군요. 자신의 '남은 생애에선 강세장을 못 볼 것'이라는 건데요. 이 사람의 나이가 궁금해서 찾아봤더니, 1946년생으로 이제 70세가 되었더군요. 가까운 사이였다면, 내기를 걸고 싶었습니다.

2016년 5월 19일, 기특한 배당주와 아쉬운 배당주

보유하고 있는 주식 중 (고배당 기업 주식의 배당소득에 대한 과세특례에 해당되는) 배당소득세율 9%를 적용 받는 기업은 12월 결산법인으로는 텔코웨어와 중앙에너지가 있습니다. 텔코웨어는 이번 배당금을 작년 600원에서 10% 늘린 660원을 집행했고요. 중앙에너지는 결산연도를 9월에서 12월로 변경하면서 지난번에는 3개월치 200원을 집행했고 이번에는 800원으로 예년과 같은 배당금을 집행했지만 고배당 기업에 해당한다고 하네요.

3월 결산법인인 신영증권이 어제 장이 끝나고서 배당 공시를 했는데, 전년도 2,000원에서 2,200원으로 딱 10% 늘렸습니다. 이 기업은 향후 2년 동안 2,450원에서 2,700원으로 10%씩 배당을 늘릴 가능성이 높아 보입니다. 반면 12월 결산인 텔코웨어는 50%, 중앙에너지는 0%로 배당 증대 가능성을 낮춰 예상하고 있습니다.

배당에 대해 가장 아쉬운 기업은 예스코인데요. 주주총회일 회사에 갔지만, 주식 담당자 등 관계자와의 대화를 통해 2014년에 대표이사가 전문경영인으로 바뀐 것을 알고서 주총 참석을 포기했었습니다. 과거 경험으로 의미가 없는 외침인 것을 알았기 때문입니다.

은행 1년 정기예금 금리가 2% 아래에 있고 그것도 높다면서 기준금리를 더 내리겠다고 하는 상황입니다. 돈을 어딘가에 맡겨두기엔 상장기업만 한 게 없습니다.

2016년 8월 3일, 사드 배치 문제로 한순간 차가워진 시장

오늘 시장의 양대 지수가 한 단위를 깨고 내려왔습니다. 작년 말에 비해 KOSPI 지수는 1.7%, KOSDAQ 지수는 2.3% 플러스를 보이고 있군요.

- KOSPI 지수: 1,961.31 → 1,994.79: +33.48 / +1.7%
- KOSDAQ 지수: 682.35 → 698.32: +15.97 / +2.3%

지난번 브렉시트 문제는 무난히 넘어갔지만, 한반도 사드 배치 문제는 발표 당일 11시쯤 발표 전까지 매도하던 외국인이 매수로 돌아서면서 지수를 올리기에 우리 증시에 투자하는 외국인은 이 사태를 좋은 쪽으로 보나 했었습니다. 외국인은 7월 7일 이후 거래 일수로 20일 동안 순매수했고 (삼성전자로 관리하는 느낌은 있었지만) 지수도 굉장히 안정되게 움직였고요.

800억이 안 되는 금액이지만 외국인이 21일 만에 순매도로 돌아선 것이 오늘 시장을 순식간에 차갑게 만든 원인으로 추정하는데요.

50달러를 넘어설 것처럼 달리던 원유가가 다시 40달러 이하로 내려간 상황을 경기가 좋지 않을 것으로 판단한 외국인이 매도로 돌아섰을 근원으로 짐작합니다.

한편으로는 최근 중국에서 우리나라 연예인들이 출연하는 드라마 등을 통제한다는 얘기가 나오고 실제 중국 수혜주가 많이 하락하면서 사드의 악영향이 서서히 나타나고 있는 게 또 한 가지 이유일 수도 있겠지요.

박근혜 정부는 사드 설치를 강행할 것으로 예상되므로 오늘과 같은 시장 분위기는 당분간 이어질 것으로 보입니다.

저의 총투자자산 평가 수익률은 +7.8%로 KOSPI 지수에 비해 6.1% 잘하고 있네요. 현금 비중은 1.0%, 보유주식 중에서 워낙 주가가 약했던 신영증권, 텔코웨어 등을 매수했고, 적자가 지속되고 있지만 보유 현금이 시가총액의 1.5배나 되는 대동전자 비중을 늘리고 있습니다.

2016년 11월 10일, 전 세계 장을 뒤흔들었던 트럼프 당선 소식

어제 미국 대통령 선거에서 트럼프가 당선되면서 증시에는 큰 혼란이 있었습니다. 마침 외부에 투자했던 자금이 하루 전에 입금되어 풍부한 현금으로 주식을 싸게 살 수 있는 좋은 기회였지만, 장중에는 확실히 당락이 결정된 상황이 아니었고 마감을 앞두고서 많이 반등한 상태였기에 오늘 아침에 더 싸게 살 수 있겠다는 생각에 매수 욕구를 눌렀는데요.

현금 비중은 21.5%에서 17.8%로 줄었습니다. 보유 현금의 18.2%를 사용했군요. 새벽에 끝난 미 증시가 일반적인 예상과 달리 3대 지수가 모두 1% 이상 상승했으므로 오늘 우리 증시도 오를 수밖에 없겠네요. 어제 매수한 주식은 오늘 의미 있는 주가 상승이 있다면 모두 매도할 계획입니다. 서원인텍, 다나와 등이 대상이고, 그런 다음 좀 더 지켜보려고 합니다. 어쨌든 우려했던 일이 벌어졌으니까요.

어제 바쁜 일이 있어서 못 했던 시장 분위기 정리를 오늘이라도 해두려 합니다. 어제는 KOSPI 지수마저 작년 연말 지수 아래로 밀렸습니다.

- KOSPI 지수: 1,961.31 → 1,958.38: −2.93 / −0.1%
- KOSDAQ 지수: 682.35 → 599.74: −82.61 / −12.1%

엄청나게 많이 빠졌군요. 조금 특이하게 보였던 것은 양 시장 모두 거래대금이 전날에 비해 두 배 이상 늘었다는 겁니다. 투매에 대해 싸게 사려는 매수세가 그만큼 많았고 장 막판에 하락폭을 반쯤 회복한 것도 이유로 짐작됩니다.

저의 총투자자산 수익률은 +4.0%로 시장에 비해 4.1% 선방하고 있습니다. 다만 투자금액이 가장 큰 펀드(1호)는 현금 비중이 20% 이상이었던 덕분에 +6.5%를 기록했고 펀드(아내)는 신영증권이 의외로 큰 하락률(-3.2%)을 보이는 통에 운용 펀드 중에서는 유일하게 -0.2%를 기록했습니다.

2017년 3월 7일, 어지러운 시장에서 잠시 떠나며 수익률을 정리해보다

내일부터 3박 4일 동안 오키나와로 봄 여행을 다녀오려고 합니다. 오후 비행기라 내일 오전 주식시장은 집에서 보겠지만, 떠나기에 앞서 오늘 현재 주식 상황과 투자 성적을 정리합니다. 여전히 삼성전자를 비롯한 대형주가 주도하는 시장이 계속되는지라 소외감은 한결같지만 3일 동안 별로 달라질 게 없으므로 오히려 편하게 다녀올 수 있을 것 같네요.

작년 말과 비교한 오늘 현재 시장지수 및 투자자산의 평가 수익률입니다.

- KOSPI 지수: 2,026.46 → 2,094.05: +67.59 / +3.3%
- KOSDAQ 지수: 631.44 → 606.05: −25.39 / −4.0%

총투자자산 중 현금 비중은 0.3%로 꼼짝달싹할 여지가 없고 총투자자산 수익률은 +1.1%로 KOSPI 지수에 비해 2.2% 부진하네요.

집에 있는 책이 마땅치 않아서 모처럼 서울도서관에 들러 《벤저민 프랭클린의 부의 법칙》, 《한비자, 제국을 말하다》 두 권을 대여했습니다.

2017년 3월 22일, 끝없는 의심 속에서 스스로 찾은 답

작년 말과 어제 종가로 본 시장지수 및 투자자산의 평가 수익률을 살펴봅니다. 대형주만의 순환매가 지속되는 모습을 보이고 있는 지금의 주식시장에서 극도로 소외감을 느낄 수밖에 없는 저로선 이런 과정을 통해 스스로를 위로하고 인내할 힘을 얻곤 합니다.

- KOSPI 지수: 2,026.46 → 2,178.38: +151.92 / +7.5%
- KOSDAQ 지수: 631.44 → 609.73: −21.71 / −3.4%

총투자자산 수익률은 1.6%로 KOSPI 지수에 비해 5.9% 못난 수익률을 보이고 있습니다. 2005년 이후 실적으로 보면 '차화정(2008년 금융위기 이후 국내 증권시장을 주도해갔던 자동차, 화학, 정유 산업을 이르는 말)'이 난리를 쳤을 때도 이런 정도의 괴리감을 느끼지는 못했던 듯합니다.

투자수익률과 KOSPI 지수의 괴리율을 보면 확실히 위기감을 느껴야 하는데, 제 마음이 그렇지 못한 것은 문제가 아닐는지요? 궁지에 몰렸다 싶으면 보유 종목의 면면을 들여다보면서 지금이라도 투자해야 하나? 당연하지! 이런 행동을 반복하는 모습을 누군가 본다면 한쪽 이마 위로 섬지를 놀리며 안타까운 시선을 던질지도 모를 일이겠네요.

투자만이 아니라 세상 돌아가는 일이 그렇습니다. '이제 그만할 때도 되지 않았나?' 그런 경우는 대개 한창 진행 중일 때이고요. 아직 멀었다며 앞서 겁을 먹고 미처 진입하지 못했던 사람들이 뛰어들 정도로 대부분의 사람이 확신을 가지게 되면 최고 꼭짓점에 가까이 온 것이죠. 그리고 그들은 가파른 절벽, 올라갈 때 미처 보지 못했던 꽃을 내려가면서 보게 되는 경험을 하게 됩니다.

뻔히 알면서도 실행하지 못하는 것이 인간입니다. 지금이 중간쯤일 것 같다고 생각하면서도 그게 사실은 꼭지일지도 모른다는 의심이 이를 말리고, '그래 그건 내가 할 수 있는, 혹은 알 수 있는 게 아니야' 하며 포기하고 맙니다. 포기, 안 먹고 말아, 이를 알고 실행하는 것만도 얼마나 어려운데 그 이상을 넘본다는 건 건방이라고 단정한 것이 지금의 숙향입니다. 그렇기에 갖고 있는 주식들의 면면을 들여다보면서 언젠가는 알아주겠지 하는, 얼핏 바보 같은 투자 방법을 고집하고 있겠지요.

2017년 5월 16일, 진정한 '가치'를 다시 생각하다

투자수익률은 이번 달 들어 평가 수익률에 있어서는 (비록 KOSPI 지수에 비교하면 형편없지만) 몇 차례 최고 수익률을 경신하곤 합니다. 오늘 평가 수익률은 +4.7%로 역시 지난 5월 8일의 +4.4% 최고치를 경신했는데요. 당시 KOSPI 지수에 비해 8.7% 못 미친 수익률이었으나 오늘은 그 차이를 8.6%로 0.1% 줄였습니다.

자주 하는 얘기지만, 수익을 얻으면 된 겁니다. 시장수익률에 미치지 못한 것은 그다음이죠. 그런데 간혹 시장 평균 수익률보다 못한 수익률을 얻게 되면 의기소침해지는 자아를 느끼게 됩니다. 지금처럼 그 차이가 많이 벌어지면 삼성전자만 끌어올리는 외국인이나 기관 투자자를 원망하기도 하고, 삼성전자 주가 상승률을 제외하면 시장수익률이 어떠니 하면서 굳이 위안거리를 찾곤 합니다.

주식 투자에서 가치투자자는 절대 잃지 않는 투자를 지향하고, 따라서 절대 수익을 추구하므로 시장수익률에 대해서는 아예 신경을 쓰지 않는다고 주장하지만 실제로는 그렇지 못합니다. 비교하는 게 일상화된 인간이기 때문이죠. 더구나 연 단위로는 KOSPI 지수에 비해 수익률이 나빴던 것이 2008년의 0.4% 뒤진 것 외에는 없었다는, 은근한 자부심을 가지거나 자랑을 했었기에 속된말로 자존심이 상하는 기분을 떨치기 어려운 요즘이기도 합니다.

확실히 소형 가치주에는 불리한 시장 흐름이 계속되고 있음을 느낍니다. 어제 공시된 분기 실적을 보면서 오늘은 어떨 것이라는 나름 희망을 담은 전망을 했었는데, 오늘 시장 상황만을 본다면(최소한 보유 종목에 있어서는) 거의 반응이 없었습니다. 어쩌면 저의 가치투자는 '가치'를 착각하고 있는지도 모릅니다. 4차 산업이라는 엄청난 시대·산업의 변화를 멍한 머리와 게으름으로 말미암아 놓치고 있는지도 모르겠고요.

그러나 기업의 가치는 현재의 자산·수익 가치로 이미 나와 있고 가장 중요한 섯은 실석, 정확하게는 당기순이익과 확실하게 수령할 것으로 예상되는 배당금입니다. 설사 내년 혹은 그 후년에 정말 큰 착각을 하고 있었다면서 크게 후회할 수도 있겠지만 현재 실행하고 있는 단순한 이런 원리·원칙 그 이상의 수치·예상에 대해서는 눈 감고 귀 막으려고 합니다. 지금의 투덜거림에 완전 어울리지는 않지만 정말 좋아하는 피터 린치의 말씀이 생각납니다.

> 종종 몇 달간 혹은 심지어 몇 년간 주식 상승률과 그 기업의 내재가치는 상관관계가 없는 경우가 있다. 그러나 장기적으로 보면 기업의 내재가치와 해당 기업의 주가는 100% 상관관계가 있다. 인내는 보답을 받으며 성공적인 기업에 대한 투자 또한 보답을 받는다.
>
> – 피터 린치·존 로스차일드, 《피터 린치의 이기는 투자》, p. 522.

2017년 7월 13일, 극도의 조바심이 인내의 뿌리로 변하는 순간

올해 들어 내내 투자자산의 수익률은 KOSPI 지수에 뒤처져왔습니다. 7월에 들어서면서 잠깐 호전되나 싶었지만 금방 마음을 바꾼 시장은 삼성전자를 맹렬히 밀어 올려붙였습니다. 그리고 오늘 KOSPI 지수는 삼성전자와 함께 사상 최고치를 경신했습니다.

시장 분위기와 달리 저의 투자수익률과 KOSPI 지수의 격차는 설마 하던 10% 차이를 넘어섰네요. 그래서 기념으로 정리합니다.

- KOSPI 지수: 2,409.49 / +383.03 (+18.9%)
- KOSDAQ 지수: 652.69 / +21.25 (+3.4%)

주식 비중 100.0%인 숙향의 총투자자산 수익률은 8.2%로 KOSPI 지수 대비 10.7%나 뒤처져 있습니다.

예전에는 이쯤 되면 삼성전자가 오르는 상세한 이유 설명과 함께 시장이 더 가야 하는 이유 등으로 시끄러워야 하는데, 일부러 그러는 것인지 삼성전자를 제외하면 현재 KOSPI 지수는 2,200 정도라는 말을 슬쩍 흘립니다. 그래서이겠죠. 시장에서 들리는 소리일 수도 혹은 내 마음속에서 나오는 속삭임일 수도 있겠지만 숙향의 귀에는 이런 얘기가 들립니다.

순환매 같은 건 꿈도 꾸지 마! 지금이라도 따라와.

이런 정도로 피곤함을 느꼈던 게 붕어 기억력을 뒤집어가며 더 들어보자면… 차화정으로 난리 쳤던 2011년? 그때도 결국 연말에는 시장을 10.6% 이기고 끝났더군요. 불길한 것은 KOSPI 지수가 -11.0%였고 숙향의 투자수익률은 -0.3%로 시장을 월등히 이겼으나 마이너스 수익률이었다는 겁니다. 자연스런 순환매는 없었고 주도주의 몰락과 함께 시장은 미끄럼을 탔습니다. 선방할 수 있었던 것은 소외 받던 중소형 가치주의 반등이었겠죠.

당시에도 지금처럼 KOSPI 지수와 투자수익률의 괴리율이 심했던 적이 있었는지 살펴보았더니, 놀랍게도 2011년 5월 말까지가 그랬습니다. KOSPI 지수가 2010년 말 대비 4.5% 올랐을 때 투자자산 총수익률은 -7.5%로 12.0% 못했더군요. 이후 조금씩 괴리율을 줄여나갔고 11월 말 0.9%였던 괴리율은 12월 한 달 동안 무슨 일이 있었는지 2011년 말 KOSPI 지수는 전년 말 대비 -11.0%였지만 투자 자산 수익률은 -0.3%로 +10.7%, 대역전으로 마감했습니다. 지난 역사와 기록은 하루하루 수익률에 조바심을 내지 말라고 합니다.

하여튼 그때나 지금이나 저의 마음 자세는 변함이 없습니다. 많이가 있는 주도주를 따라갈 수는 없고 보유하고 있는 주식들을 살펴보면서 "너! 괜찮은 거지?" 하며 안부를 묻는 게 고작입니다. 그리고 뻔한 답을 듣고서 배시시 웃고요.

네, 괜찮아요. 시장을 보지 마시고 저만 보세요. 작년보다 돈 더 많이 벌어서 배당 더 해드릴게요. 저를 버릴 생각은 꿈도 꾸지 마세요! 작년엔 워낙 수주가 없었잖아요. 올해는 예년 수준은 할 거예요. 그러면 작년처럼 무리하게 배당성향을 올리지 않고도 배당 더 많이 할 수 있어요.

그래서 다음 달에 나올 상반기 실적 혹은 1분기 실적을 기다리면서 책을 읽습니다. 요즘은 퇴근 시간을 넘기고도 사무실에 있을 때가 많습니다. 에어컨 빵빵한 사무실에서 한두 시간 정도 책을 읽고 가는 거죠. 마침 로버트 해그스트롬의 《현명한 투자자의 인문학(Investing)》을 읽고서 더 많은 책을 읽어야겠다는 의욕이 확 생겼습니다. 억지로라도 시장을 보지 않고서 책이나 읽자! 그러다 보면 '평균 회귀의 법칙'이든 뭐든 앞서가던 녀석이 멈춰서고 뒤처졌던 녀석이 분발하는 그런 때가 오지 않겠습니까. 그렇게 지나면 될 듯합니다. 《스노볼(The Snowball)》에 나온 워런 버핏의 말씀을 옮기며 인내를 다짐합니다.

> 우리는 우리 활동에 대해 보상을 받는 게 아니라, 우리의 올바름에 대해 보상을 받는다. 얼마나 오래 기다릴 것이냐고 묻는다면, 우리는 무기한 기다린다.
>
> – 앨리스 슈뢰더, 《스노볼》, 2권, p. 754.

2017년 10월 12일, 투자 시작한 이래 가장 높은 괴리율을 기록한 날

외국인의 미친 듯한 매수세에 힘입어 연일 사상 최고치를 경신하는 삼성전자 주가 상승과 함께 극단적으로 소외된 숙향의 총투자자산 수익률은 KOSPI 지수 수익률과의 괴리율을 12.4%까지 벌렸는데요. 예전에 최대 괴리율을 찾아본 적이 있지만, 월말 기준으로는 오늘이 투자를 시작한 이래 최대치입니다.

- KOSPI 지수: 2,026.46 → 2474.76 / +448.30 (+22.1%)
- KOSDAQ 지수: 631.44 → 666.54 / +35.10 (+5.6%)

숙향의 총투자자산 수익률은 9.7%로 KOSPI 지수 대비 12.4% 뒤처져 있습니다.

작년 연말 이후 삼성전자가 52% 상승했으니, 대략 11%쯤 KOSPI 시수 상승에 기여했다고 보면 삼성전자 상승분을 제외한 KOSPI 지수 상승률은 11%를 약간 웃도는 정도네요. 그렇게 따지면 숙향의 포트폴리오 수익률은 KOSPI 지수에 비해 크게 뒤처지지 않는데, 이건 재미로 본 것이고 예전에 삼성전자 주가가 형편없을 때 감안하지 않았던 것처럼 부질없는 짓입니다.

자문사가 설쳐대며 '차화정'이란 신조어를 만들며 상당한 괴리율로 힘들게 했던 게 2011년일 텐데, 당시에도 이런 분위기였지만 마지막 분기에서 엄청난 역전을 만들었던 경험이 있습니다. 이번 상대는 주식판에서 최강이라고 할 수 있는 외국인이란 점이 다를 뿐인데, 과연 어떨지. 실제 삼성전자의 강세는 작년부터였으므로 이런 현상은 2년째 지속되고 있습니다. 주체가 어디가 되었든 달도 차면 기운다고 했으니, 여름은 오는 가을을 막을 수 없고 가을 다음은 겨울입니다.

이런 시장에서 어떻게 대처할 것인지에 대해서는 이미 결론은 나와 있습니다. 숱하게 주장했듯이, 가능한 시장을 보지 말고 독서에 빠지자! 시장을 보면 마음을 힘들게 할 뿐이고 이렇게 속을 썩이다 보면 질투심으로 인해 마음까지 상하게 될 테니까 말이죠.

과거 시장 주도주가 꼭지를 치고서 내려섰을 때 어땠었는지 더듬어보았는데요. 시장에 관심이 적었던 탓에 뭐라 집히는 게 없지만, 많이 올랐던 종목이나 빌빌거렸던 종목이나 관계없이 시장 전체로 같이 밀렸던 것 같습니다.

이런 경우를 대비해서 현금 비중을 늘릴 필요가 있겠다 싶어 팔만한 종목이 있는지, 괜히 못나 보이는 보유 종목들의 면면을 살펴봅니다. 자세히 살펴보면 여전히 예쁜이들 뿐, 아예 부정적인 부분은 보지 않으려고 작정한 게 아닌가 싶을 정도인데요. 어쨌든 홧김에라도 이런 애들을 버릴 수는 없고 버티는 게 최선이라는 결론에 다다릅니다.

2018년, 인내 속에서 보상 받았던 한 해

삼성전자, 셀트리온 등의 공모로 저를 괴롭혔던 2017년이 지나고 2018년은 이들 주가의 몰락과 함께 주식시장에는 정반대 현상이 일어났습니다. KOSPI 지수가 17.3% 하락했으나 저의 투자수익률은 10.7%로 시장을 무려 28.0%나 앞섰는데요. '평균 회귀의 법칙'이니 뭐니 하면서 2017년을 힘겹게 보낸 다음 해 바로 보상을 받았습니다.

무역전쟁으로 불리는 미·중 갈등이 본격화되면서 이에 관련된 뉴스에 따라 주식시장은 매일 급등락을 연출했고 2020년 7월 현재 이 문제는 확전 양상을 보이면서 지금까지도 계속되고 있습니다.

전반적으로 중소형 가치주에 유리했던 시장이 벌어졌지만 보유주식 중에서 제가 기대했던 촉매*가 반영된 주식이 셋이나 됐던 것이 큰 기여를 했는데요. 예상이 들어맞았다는 점에서 기분 좋은 2018년이었습니다.

2018년 2월 6일, 싸게 살 수 있는 주식이 많아 즐거운 하루

새벽에 전해진 미 증시 폭락이 제법 사람들을 놀라게 했습니다.

· DOW: −4.6%   · Nasdaq: −3.78%   · S&P500: −4.1%

---

* (1) 중앙에너비스: 부동산 가치 부각
  (2) 예스코홀딩스: 공개 매수
  (3) 동일기연: 적극적인 자사주 매수 및 자사주 소각

이유는 금리 인상 우려라고 나오는데, 그동안 많이 오른 게 이유가 아닐는지요. 그래서 작년 말과 비교한 지수를 살펴봤습니다.

- DOW: 24,719.22 → 24,345.75
- Nasdaq: 6,903.39 → 6,967.53
- S&P500: 2,673.61 → 2,648.94

고만고만합니다. 지난주에 꽤 빠졌다고 하더니, 그럼에도 작년 말 지수 근처에 머물러 있군요. 우리 증시는 엄청 빠져서 시작할 것이 자명했으므로 13.6%나 되는 현금으로 장 시작 전에 매수가를 낮춰서 주문을 걸어두었습니다. 결과적으로 매수를 원했던 종목의 주가는 많이 내리지를 않아서 현금 비중은 12.2%로 끝났으니 현금은 1.4% 사용했고 주식 비중은 87.8%가 되었습니다.

KOSPI 지수가 마이너스로 돌아섰기에 작년 말 지수와 비교해 봅니다. 오늘 하루 하락폭은 KOSPI는 -1.5%인 반면 KOSDAQ은 -0.0%인데, 바이오 주식을 움직이는 세력의 힘은 상상 이상입니다.

- KOSPI 지수: 2467.49 → 2,453.31 / −14.18 (−0.6%)
    - ⋯ 2월 하락률: −4.4%
- KOSDAQ 지수: 798.42 → 858.17 / +59.75 (+7.5%)
    - ⋯ 2월 하락률: −6.1%

1월에 큰 행운이 겹쳐 있었던 저의 총투자자산 평가 수익률은 +10.8%로 KOSPI 지수 대비 11.4% 잘하고 있습니다. 현금 비중은 12.2%,* 주가가 떨어지는 게 (싸게 살 수 있으므로) 즐거울 정도입니다.

올해 들어 계좌(펀드)별로 주식 편입 스타일에 변화를 주고 있습니다. 작년까지는 다소의 비중 차이가 있을 뿐 거의 비슷한 포트폴리오였으나, 당장은 배당에 대한 세금 부담을 의식했고 장차 종목당 3억 이상에 대한 양도소득세 부과에 따른 대비 차원입니다.

(1) 펀드(아내) 등 아내 명의 계좌: 배당주식 비중을 더 이상 늘리지 않고 있습니다.

(2) 펀드(1호, B, 법인) 등 숙향의 명의로 된 계좌: 배당수익률이 높은 종목이 싸게 나오면 매수하되 아내 명의로 된 계좌 정도는 아니지만 어쨌든 적극적인 배당주 매수는 하지 않고 있습니다.

(3) 펀드(아이)와 펀드(친구): 금융소득종합과세 부담이 없으므로 주로 배당수익률이 높은 종목을 편입하는 기존 방식을 유지합니다.

2018년 10월 11일, 패닉 속에서 주식 비중을 유지하다

불안불안하더니 새벽에 끝난 미 증시 폭락 소식과 함께 우리 증시도 크게 내렸습니다. 투매가 일어났다고는 볼 수 없지만 심리적으로는 거의 패닉 수준인데요. 현금을 놔두는 성격이 아닌지라 지난달에 중앙에너비스를 매도해서 만들어진 현금은 야금야금 주식을 사

---

* 현금 비중이 12.2%나 됐던 이유는 예스코홀딩스가 4만 5,000원에 공개 매수한다는 공시가 나온 후 크게 오른 주가에 보유량의 3분의 2를 매도했기 때문입니다.

는 통에 현재 현금 비중은 겨우 2.8%입니다. 그나마 늘 켜두는 숙향 명의의 계좌엔 주식뿐이고 아내, 아이들, 친구 계좌에만 현금이 남아 있었습니다.

새로운 종목 발굴 없이 보유 종목에 대해 저가 매수를 시도했고 현금 비중은 1.9%로 낮아졌습니다. 0.9% 줄었지만 주가가 많이 하락했으므로 어제 기준으로는 1.0% 이상 줄었겠죠. 신영증권 보통주와 우선주, 에스텍과 DRB동일 등을 매수했는데, 어제까지 매물이 없어 사지 못했던 주식을, 오늘은 가격을 낮춰 팔겠다는 사람들이 많아서 어제보다 2~6%까지 낮은 가격으로 매수할 수 있었습니다.

시장을 살펴봅니다. 오늘 하루 KOSPI 지수는 98.94(4.4%), KOSDAQ 지수는 40.12(5.4%) 하락했으니, 지수만 보면 확실히 오늘은 폭락한 날이네요. 미국은 다우 3.2%, 나스닥 4.1%, S&P500 3.3% 하락했고 일본 3.9%, 중국 상하이 5.9%, 홍콩 항셍 4.0% 하락했으므로, 함께해서 외롭지는 않습니다.

미국 달러 대비 환율은 오늘 하루 10.40원 절하되었는데요. 이번 달에만 1,109.30 → 1,144.40으로 35.10원(3.2%)이나 가치가 떨어졌는데 미국과 우리나라의 금리 차이 문제로 보입니다.* 9월 마지막 날부터 외국인의 매도가 시작되었고 오늘까지 8거래일 동안 약 2.3조를 순매도하고 있습니다. 시장이 좋을 수 없는 상태인 것이죠.

---

* 작년 말, 1달러당 원화 환율은 1,070.50으로 오늘 환율 1,144.40과 비교하면 73.90원, 6.9% 절하, 즉 원화 가치가 떨어졌습니다.

작년 말과 비교한 우리나라 주식시장

- KOSPI: 2,467.49 → 2,129.67 / −337.82 (−13.7%)

- KOSDAQ: 798.42 → 707.38 / −91.04 (−11.4%)

문제는 이번 달 들어 증시 하락폭이 장난이 아니란 건데, 특히 KOSDAQ 시장이 엄청나군요. 9월 말 대비 오늘 현재 양대 시장지수를 비교해봅니다.

- KOSPI: 2,343.07 → 2,129.67 / −213.40 / (−9.1%)

- KOSDAQ: 822.27 → 707.38 / −114.89 / (−14.0%)

예전에 증권사 객장이 북적거리던 시절, 주식시장에 상주하던 분들이 하던 말씀이 생각납니다.

"빠질 거면 질질 흘러내리지 말고 차라리 왕창 빠져버려라. 그래야 빨리 올라오니까." 그래서 오늘의 큰 폭 하락은 (평가이익이 크게 줄어든 탓에 기분이 좋을 리는 없지만) 그렇게 나쁘게 보지 않습니다. 내일도 빠진다면 1.9%나 남은 현금을 주식으로 바꿀 수 있는 기회로 삼으려고 합니다.

투자자산의 평가 수익률은 +7.2%로 KOSPI 지수 대비 20.9% 선방하고 있습니다. 작년에 삼성전자와 일부 바이오 대형주들의 잔치로 KOSPI 지수가 21.8% 오르기도 했지만 2011년 11.0% 하락한 이후(1825.74) 2012년부터 지금까지 따져보았더니 시장은 거의 오른

게 없더군요.

KOSPI 지수: 1825.74 → 2129.67, +303.93(+16.6%)로 6년 10개월이 지났으니 연평균 2.4% 상승에 불과합니다.

주가는 경제성장률도 못 쫓아갔습니다. 그렇다면 물가상승률도 보전받지 못했다는 뜻이므로 흔히 말하는 (사실은 숙향도 꽤 신경을 쓰고 있었던) 10년 주기설에 의한 주가 폭락은 걱정할 필요가 없다고 보면 되겠네요.

우리나라 증시 흐름에 대해 정치 문제·영향을 들먹이는 사람들이 있는데, 확실히 그런 경향은 있어 보입니다. 남북한 화해 무드는 (짐 로저스처럼 전 재산을 북한에 투자하겠다는 빅마우스도 있지만) 분명 호재라고 생각합니다만, 무기 판매상들이 힘을 발휘하는 미국이나 그냥 (우리나라가 잘되는 게) 싫은 일본은 이런 분위기를 결코 반기지 않을 것으로 보기 때문에 과연 잘 진행될지 의문입니다. 그럼에도 2008년과 같은 불상사는 있을 수 없고, 그러므로 주식 비중을 줄일 필요도 없다는 것이 오늘의 결론입니다.

2018년 10월 23일, 잔인한 10월을 선방하며 보내다

오늘 하루 KOSPI 지수는 55.61(2.6%), KOSDAQ 지수는 25.15(3.4%) 하락했습니다. 10월 11일 주가 폭락은 그날 새벽에 끝난 미국 증시가 많이 하락함으로써 예고를 했었다면 오늘은 순전히 우리나라 자체 분위기에 의한 거라고 할까요.

한 가지 조짐은 있었는데요. 전날 싱가포르 테마섹에서 보유하고 있던 셀트리온 주식 일부(발행주식의 2.9%)를 8% 싼 가격인 24만 7,000원에 블록딜로 매도했다는 뉴스가 있었습니다.

한편으로는 아시아의 다른 증시들 모두(일본 2.7%, 중국 상하이 2.3%, 홍콩 항생 2.9%) 하락한 것을 보면 우리나라만의 문제는 아니었다고 볼 수 있고요. 끝날 기미를 보이지 않는 미·중 무역전쟁의 영향일 수도 있습니다. 하여튼 기업만을 보는 숙향으로선 이 이상으로 들여다볼 필요는 없겠죠. 더 알아본다고 해서 파악할 능력도 없을뿐더러 그런 일 하라며 높은 연봉을 받고 있는 사람들이 어련히 알아서 할 일입니다.

작년 말과 비교한 우리나라 주식시장

- KOSPI: 2,467.49 → 2,106.10 / −361.39 (−14.6%)
- KOSDAQ: 798.42 → 719.00 / −79.42 (−9.9%)

아직 일주일도 더 남은 잔인한 10월 한 달 동안의 주식시장

- KOSPI: 2,343.07 → 2,106.10 / −236.97 (−10.1%)
- KOSDAQ: 822.27 → 719.00 / − 03.27 (−12.6%)

2008년 금융위기를 겪어 보지도 못한 사람들이 금융위기를 들먹이곤 하는데, 저는 그런 상황으로는 보지 않습니다. 미국이 금리를 계속 올리고 있다는 것은 경제가 좋다는 뜻이고 반면 현재 실적과 관계없이 앞으로 대박을 터뜨릴 것으로 추정하는 바이오 등의 주식들에는 악재로 작용하겠죠. 문제는 이게 시장 전반적으로 영향을 미칠 테니 속된 말로 먹은 것 없이 깨질 수 있다는 겁니다. 과연 그럴까요? 2008년 정도는 아니겠지만 어느 정도 각오는 필요하지 않을까 싶긴 합니다.

좋게 본다면 오늘의 큰 폭 하락은 지난 11일의 하락에 이어 두 번째이므로 이 상황에는 맞지 않을 용어이지만 지수상으로는 쌍바닥을 쳤을 가능성도 있습니다. 다만 미·중 무역전쟁으로 인해 실제로 세계적인 성장 둔화로 인해 경기가 악화된다면 좀 더 심각해질 수 있겠고요. 화면으로 만나는 트럼프란 인간이 워낙 막무가내라서 말입니다.

이제 남은 현금은 0.8%, 오늘 몽땅 주식으로 바꿀까 고민했으나 현금이 0이 되는 순간 더 빠질 것 같은 기분이 들어서 최대한 아껴서 매수하고 있습니다. 오늘 현재 총투자자산의 평가 수익률은 +8.9%로 KOSPI 지수 대비 23.5% 선방하고 있습니다.

10월은 한 달 동안 KOSPI 지수는 13.4%, KOSDAQ 지수는 7.5% 하락하면서 시장에 대해 우려하는 뉴스가 많았는데요. 저의 포트폴리오는 오히려 5.9% 늘었음에도 워낙 분위기가 흉흉해서 여러 차례 시장에 대한 제 생각을 정리하면서 스스로를 안심시키기 위해 애썼습니다.

2018년 12월 6일, 유난히 정치 이슈로 오르락내리락하는 주식시장

패닉에 가까웠던 10월을 보내고 11월 시장은 반등했습니다. 10월 하락폭의 3분의 1도 회복하지 못했지만 말이죠. 11월 말 미국 대통령 트럼프와 중국 주석 시진핑의 회담이 성공적이었다는 평가에 의해 12월 첫날 증시는 제법 큰 폭으로 상승했습니다. 하지만 바로 그날 밤 양자 회담에 대한 해석이 달라지면서 세계 증시는 하락으로 돌아섰고 급기야 오늘 중국 화웨이의 중요 인물이 제재국에 상품을 판매했다는 이유로 미국에 의해 체포되는 상황이 벌어졌습니다.

세계 최강 미국 대통령 트럼프의 묘한 행동에서 나오는 서늘한 기운이 온 세계를 덮었습니다. 정치는 경제, 특히 주식시장과는 무관한 것으로 알고 있는데 작금의 상황은 전혀 그렇지 못합니다. 비상식이 상식화되는 듯한 분위기가 영 못마땅하지만 그래도 옛사람들의 경험에서 나온 시장의 격언은 결국 옳았다는 것을 믿고서 차분하게 지내려고 합니다.

오늘 하루 KOSPI 지수는 32.62(1.6%), KOSDAQ 지수는 22.74(3.2%) 하락하면서 KOSPI 지수는 2,068.69, KOSDAQ 지수는 678.38로 마감했습니다. KOSPI 지수 2100선과 KOSDAQ 지수 700선 유지를 당연시하는 분위기였는데, 어제 이미 불안하다 싶더니, 너무 쉽게 깨고 내려갔습니다.

10월에 몇 차례 투덜거렸듯이 지금 하락의 가장 큰 이유는 미·중 무역전쟁에 있고 그 근원은 미국 내통령 트럼프에 있습니다. 그런데 요즘 벌어지는 상황을 보니 중국의 불공정에도 문제가 많이 있더군요. 사실 우리나라가 한창 경제개발에 열 올릴 때를 생각해보면 기술을 훔쳐 온다거나 (지금도 여전하듯이) 소프트웨어 카피는 당연했거든요. 정상적으로 할 정도의 여유가 없었으니까요.

하여튼 중국의 이런 문제는 우리나라도 피해 당사국에 들어가는 상황이라 미국의 강한 간섭은 필요했고 당분간 어렵더라도 바른 방향으로 가고 있으므로 감수해야 할 일이라고 봅니다. 하지만 트럼프가 이렇게 계속해서 트러블을 일으키는 것은 다른 이유가 있지 않을까 하는 의심을 하게 됩니다. 대통령 선거 과정에서의 러시아 개입설이나 기타 이유로 탄핵까지 갈 수도 있는 사건에서 벗어나기 위한 의도된 행동이 아닌가 하는 거죠.

10월에 떠올렸던 2008년의 공포는 당시에도 그런 정도는 아니라는 판단을 내렸고 우리나라의 외환보유고나 무역흑자 상태를 본다면 원화 가치는 저평가되었고 주식시장 역시 저평가되었다고 생각합니다. 주식을 포기할 이유는 없으며 돈이 있다면 사야 한다는 게 오늘의 결론입니다.

작년 말과 비교한 12월 6일 현재 시장지수

- KOSPI: 2,467.49 → 2,068.69 / −398.80(−16.2%)
- KOSDAQ: 798.42 → 678.38 / −120.04(−15.0%)

현금 비중이 5.5%까지 늘었습니다. 최근 자사주를 매수하고 있는 동일기연을 절반 정도 매도해서 만든 건데요. 매도할 가격이라고는 생각하지 않지만 30만 주 자사주 매수량 소진이 임박했고 현재 가격 이상으로 매수하려는 의지가 보이지 않기 때문입니다. 이 현금으로는 첫째 자사주 매수가 끝난 다음 주가가 하락하면 물타기를 하기 위한 용도, 둘째 주가가 많이 하락한 다른 주식을 매수하는 용도로 사용하려고 합니다.

놀랍게도 현재 총투자자산 평가 수익률은 +12.0%로 KOSPI 지수 대비 28.2% 선방하고 있네요. 올해 들어 가장 부진한 수익률을 보여주고 있는 펀드(법인)가 6.5%로 여전히 꼴찌이고 1분기 이후 펀드 포트폴리오를 거의 그대로 유지하고 있는 펀드(친구) +19.2%와 펀드(아이1) +18.1%, 펀드(아이2) +20.5% 등이 선두에 있습니다.

2019년, 한일 경제전쟁이라는 변수가 있었던 한 해

KOSPI 지수는 7.7% 상승했고 저의 투자수익률은 14.3%로 시장을 6.6% 앞서는 (지표상으로는) 평화로운 한 해였지만 일본의 아베가 우리나라 반도체 필수 소재에 대한 수출 통제를 실시하는 통에 시장이 요동치면서 적잖이 마음고생을 하기도 했습니다.

2019년 5월 30일, 주가가 싸다는 것만큼 호재는 없다

KOSPI 시장 기준 어제부로 작년 말 대비 마이너스로 돌아섰습니다. 연초 첫날 무려 -1.5%나 빠지면서 조바심을 나게 했고 이후 잠깐 2,000선을 깨는 등 불안하게 시작했지만 1월 9일 하루 1.9% 상승으로 작년 말 지수를 회복한 이후 4월 17일 2252.05로 2018년 말 대비 +10.3%로 최고 지수를 보이는 등 시장은 올해 내내 플러스권에서 움직였는데요.

이번 달 들어 시장의 주도 세력인 외국인들의 적극적인 매도(5월 중 29일까지 2.7조 순매도)와 함께 줄곧 흘러내리면서 불안한 움직임을 보이더니, 어제 하루 1.2% 하락하면서 작년 말 대비 −0.9%로 마감했습니다. KOSDAQ 지수는 아직 +2.3%이지만 최근 바이오 주식들의 움직임을 보면 KOSPI 지수의 뒤를 따를 것으로 보입니다.

다음은 KOSPI 시장 외국인 매매 동향을 시장이 끝난 다음 엑셀로 정리한 것으로, 즉 임의로 계산한 금액입니다.

- 1월: +3.9조
- 2월: +0.4조
- 3월: +0.3조
- 4월: +2.4조
- 5월: −2.7조

5월 29일까지 올 한 해 외국인은 4.3조 순매수한 것으로 나오는데, 역시 악재에 민감한 우리나라 주식시장이군요. 5월 29일 현재 작년 말과 비교한 주식시장과 투자자산 평가액을 비교해봅니다.

- KOSPI 지수: 2,041.04 → 2,023.32 / −17.72 (−0.9%)
- KOSDAQ 지수: 675.65 → 691.47 / +15.82 (+2.3%)

총투자자산 수익률은 +12.4%로 KOSPI 지수 대비 13.2% 잘하고 있습니다. 똑똑한 몇 녀석이 수익률에 도움을 주었고 시장이 약하면 시장에 비해 덜 빠지는 가치주들의 전형적인 주가 움직임 덕분입니다. 잔뜩 움츠린 마음을 이기지 못하고 워낙 소극적으로 매수하다 보니 현금 비중은 3.6%를 유지하고 있습니다. 오늘도 주가가 하락한다면 매수로 대응하겠지만 2년 후로 닥친 한 종목당 대주주 인정 3억과 계좌에 따라 배당금을 일정액 이하로 묶어야 하는 제한이 걸려서 고민입니다.

이를 타개하기 위해서는 새로운 주식을 발굴해야 하는데, 갈수록 심해지는 게으름과 집중력, 끈기 부족 등으로 인해 쉽지 않습니다. 일껏 발견한 종목조차 이미 보유하고 있는 주식들과 비교하면 굳이 새로운 녀석을 편입할 필요성을 느끼지 않게 됩니다. 너무 깊은 정이 들었나요?

2018년을 시작하면서 '열정'을 화두로 삼았는데, 올해는 그런 게 없었네요. 2018년 시장이 많이 내렸음에도 플러스 수익을 얻었다는 데 대한 만족감이 너무 컸던 게 이유였을 것으로 짐작됩니다. 2019년이 시작된 지 벌써 12분의 5가 지났지만 5월부터 주 3일 근무와 함께 은퇴 계획이 시작된 만큼 다시 '열정'을 화두로 삼고 분발하려고 합니다.

우리나라 주식시장의 평균 PBR이 0.8이라는 뉴스가 나오더군요. 굳이 그런 뉴스가 아니더라도 일부 가치 계산이 불가능한 주식들을 제외한다면 상장된 대부분의 주식들이 싸 보이는 게 현실입니다. 오늘, 내일 혹은 다음 달 올해 말까지 불안해 보이더라도 그보다 더 먼 미래를 본다면 지금은 주식을 매수힐 때라고 생각합니다. 당연히 불안감을 이기지 못해 매도할 시점은 아니겠지요.

증권가의 속설로, 주가가 싸다는 것만큼 호재는 없고 주가가 비싼 것보다 큰 악재는 없다는 말씀을 명심하고 자신 있게 대응하려고 합니다.

2019년 7월 26일, 요동치는 국제 정세 속에서 원칙을 지키다

낮게 깔아둔 매수호가에도 계속해서 체결 확인이 들어옵니다. 사겠다고 주문 냈으니 체결이 되었다면 분명 반길 일이지만 마음이 그렇지 못합니다. 예전에 바닥인줄 알았더니 지하가 있었고 지하가 1층이 아니라 2층, 3층 계속 있더라는 농담을 하곤 했는데, 지금 상황이 꼭 그렇게 느껴집니다.

이걸 다행이라고 해야 할지 모르겠지만 현금 비중이 거의 없었던 계좌에 현금이 제법 들어와 있습니다. 공개하는 계좌에는 평소와 다름없이 주식으로 꽉 차있지만 다른 계좌에서는 텔코웨어와 대동전자 매도, 그리고 신영증권 상당량 매도 덕분에 5월 말 2.2%, 6월 말 7.0%였던 현금 비중이 7월 17, 18일에는 20%를 넘기기도 했었습니다. 어제 현재 13.4%인데, 지금처럼 계속 체결이 된다면 월말쯤에는 이 역시 바닥을 드러낼지도 모릅니다.

계좌가 주식으로 꽉 차게 되면 시장이 본격적으로 바닥을 향해 곤두박질치는 경향이 있었기에 우리나라 주식시장을 위해서라도 현금을 모두 사용하지 않으려고 합니다. 과연 그럴 수 있을까요.

미국이 중국을 경계한 것이 미·중 무역전쟁이라면 일본이 한국을 경계한 것이 이번 아베의 만행이란 가설이 그럴듯하게 들립니다. 그렇다면 트럼프의 한마디면 풀릴 수도 있겠다고 생각했던 저의 단순하고 편한 예상은 물 건너갔다고 봐야겠지요. 우리나라 기업의 저력이 어느 정도나 되는지가 이번 전쟁의 승패를 판가름 내게 되나요?

기업만을 보는 저의 좁은 시야에서는 달리 방법이 없고 그냥 하던 대로 할 수밖에 없다는 결론에 이르게 됩니다. 조금 더 낙관적인 예상을 한다면 당장 우리나라가 가장 큰 피해국이지만 결국 일본도 피해를 볼 수밖에 없는 것이고, 세계 여론도 순전히 경제적인 이유만으로도 일본에 대한 비난이 커질 것으로 보입니다.

지금의 불안스런 마음을 글을 쓰면서 달래는 동안 계속해서 매수 체결 확인이 들어오는군요. 엘오티베큠 7,270원, 7,200원, 7,170원, 부국증권 20,400원, 텔코웨어 15,250원, 2008년과는 전혀 다른, 그래서 폭락 같은 것은 없다고 생각했던 제 판단은 잘못된 걸까요? 아직 그 판단을 바꿀 마음은 없다는 게 제 마음입니다.

2019년 7월 29일, 빠진 주가에 매수로 대응하다

주식시장이 공포 분위기네요. 오늘 주가 하락은 아베가 8월 2일 각의에서 우리나라를 화이트리스트에서 제외하는 결의를 할 것이라는 소식이 영향을 미쳤을 테고 꾸준하게 매수하던 외국인이 (양은 많지 않지만) 매도로 돌아선 것이 하락폭을 크게 만들었을 것으로 짐작됩니다. 오늘 하락으로 양 시장 모두 작년 말 주가에 비해 마이너스로 떨어졌습니다.

저의 총투자자산 평가 수익률은 +10.6%로 시장(KOSPI 지수)에 비해 11.2% 선방하고 있습니다. 상반기까지 불려두었던 수익을 다 까먹는 것은 아닌지 겁이 납니다. 매수가를 꽤나 낮게 냈음에도 체결된 양이 제법 많아서 현금 비중은 13.1% → 11.0%로 줄어들었습니다.

아직 매수할 현금이 11%나 있다는 것이 다행입니다. 뉴스에 나온 대로 8월 2일 아베가 결의한다면 그날이 우리 주식시장에서는 터닝포인트가 될 수도 있겠네요. 내일, 모레 주가가 빠진다면 매수로 대응할 뿐입니다.

2019년 8월 8일, 시장을 움직이는 큰손에 대한 고찰

저는 투자 경력이 무려 35년인데도, 시장이든 개별 종목이든 바닥이나 천장에 대해 맞추기는커녕 징후조차 눈곱만큼도 모릅니다. 투덜거리다 보니 주가는 더 이상 빠지지 않았고, 이제 더 이상 빠지지 않으려나 겁을 집어먹고서 지켜보고 있노라면 주가는 어느새 상당폭 올라 있더라는 게 적당한 표현이지 싶습니다. 꼭지도 엇비슷하게 묘사할 수 있겠죠.

엊그제까지 반대 매매든 겁에 질려 투매했든지 간에 매도하던 개인이 오늘 돌변해서는 매수하고 있습니다. 개인이 매수하고 있으니 아직 바닥은 멀었다고 얘기하기 쉽지만 제 경험으로는 반드시 그런 것만은 아니었던 것 같습니다. 주식 매매란 것이 사는 쪽이 있으면 파는 쪽이 있기 마련이므로 오늘 개인이 강력하게 매수하니까 상대적으로 높은 가격에 외국인이 매도하고 있다고 보는 게 합리적인 판단이 아닐까 싶습니다. 혹은 엊그제 개인들의 투매 물량을 매수했던 외국인 트레이더들이 수익 실현을 하고 있다고 볼 수도 있겠죠.

그리고 돈 냄새는 재빠르게 맡으면서 행동까지 적극적인 외국인이 내일이라도 적극적으로 매수하기 시작한다면 시장은 어느새 상승 국면으로 들어갑니다. 그렇게 되면 이번 하락장의 바닥은 어제가 되겠죠. 스마트머니를 외국인이나 기관으로 생각하는 경향이 있는데, 제 생각으로는 개인 큰손이 더 가깝습니다. 돈이 충분하면서 정보에도 밝은 개인 큰손!

오늘 반등은 일본에서 수출에 제동을 걸었던 세 가지 품목 중에서 1건을 수출 승인했다는 언론 보도가 영향을 주지 않았을까 싶습니다. 이유가 무엇이든 간에 일본이 이런 정도에서 싸움을 중지하려는 움직임으로 판단한 스마트머니가 적극적으로 매수했다고 볼 수 있거든요. 또는 8월 5, 6일 이틀 동안 개인들이 투매를 했는데, 이걸 바닥의 징조로 판단했을 수도 있겠죠. 어쨌든 현재 시장지수는 더 빠지기는 어려운 위치에 있습니다. 흔히 바닥을 얘기하고 싶을 때 꺼내 드는 시장 PBR이 너무 낮은 위치에 있습니다.

외국인이나 기관에 대해 엄청난 거물로 착각하는 경향이 있습니다. 하는 짓거리를 보면 펀드매니저라는 자들은 (대부분) 대표적인 레밍스 무리들인 데다 큰돈을 운용하지만 별로 책임감도 없는, 다만 시장에 뒤져서 직업을 잃지나 않을까 전전긍긍하는 그 정도인데 말이죠. 그들이 힘을 발휘할 때는 상승상이 계속되어 몸이 달은 이들이 돈을 가져다 맡기는 통에, 주식을 (적극적으로) 매수하기 때문에 주가가 오를 때 또는 하락장을 만나서 돈을 맡긴 이들이 빼가는 통에, 묻지도 따지지도 않고 주식을 마구 팔아대는 통에 주식시장을 퍼렇게 멍들게 만들 때, 그 말고 있나요?

펀드매니저에 대해 지나치게 못되게 말했는데, 그들의 근무 환경이 그들을 그렇게 평가할 수밖에 없다는 것이지 개개인은 대부분 명석한 투자자라고 생각한다는 점을 밝힙니다.

2019년 11월 6일, 여행 전 투자 현황을 정리해보다

여행사 패키지를 이용해서 동유럽 여행을 다녀오려고 합니다. 7박 9일로 동유럽 4개국에 발칸 2개국을 더해 6개국을 돌아볼 예정이므로 주마간산이 되겠네요. 지난 3월 이탈리아 여행 때 들렀던 아울렛 쇼핑이 괜찮아서 이번에도 아울렛 쇼핑이 포함된 일정을 찾다 보니 그야말로 주객이 전도된 결정을 했습니다.

집을 나설 때까지 2시간쯤 여유가 있기에 현재 투자 현황을 정리합니다. 작년 말 이후 11월 5일 현재 양대 시장의 변동률입니다.

- KOSPI 지수: 2041.04 → 2142.64 / +101.60 (+5.0%)
- KOSDAQ 지수: 675.65 → 672.18 / −3.47 (−0.5%)

상대적으로 움직임이 활발한 KOSDAQ 지수가 10월부터 분발하더니 이제 곧 플러스 수익률을 보여줄 모양입니다. 하지만 한물간 것으로 보이는 바이오 주식들이 지수를 이끌어야 한다는 점에서 전망이 썩 밝아 보이지는 않습니다. KOSPI 지수 역시 삼성전자가 끌고 온 경향이 있으므로 부담스럽기는 마찬가지인데요. 금융주 등으로 매기가 확산되어야 할 텐데 지수를 받치는 물주들 중에서 그런 용기를 낼 자가 나타날지 의문입니다. 11월 들어 거래일 3일 동안 외국인의 적극적인 매수를 보면 (무리한) 지수 올리기는 좀 더 계속될 수도 있을 것으로 보입니다. 그럴 경우 저의 투자수익률은 KOSPI 시장과의 플러스(+) 괴리율을 조금씩 줄여나갈 가능성이 높아지겠지요.

저의 투자수익률은 +15.1%로 KOSPI 지수보다 10.1% 더 많은 수익률을 얻고 있습니다. 현금 비중은 3.2%인데, 이와 별도로 10월 1일 설립한 법인에 일부 현금이 가수금으로 빠져 있습니다. 법인 계좌에서 매수하고 있는 주식은 개인 계좌에서 보유하고 있는 주식과 동일하지만 상대적으로 배당수익률이 높은 주식 비중이 높은 편입니다.

여행을 떠나기 전에 예약 주문을 넣을 때도 있고 그냥 갈 때도 있는데 어제는 펀드(1호)와 펀드(아내) 등 몇 개 계좌에서 열심히 매도 주문을 넣었습니다. 특히 매매가 되면 바로 확인 문자가 들어오는 CMA 계좌에서는 전 종목을 종목당 5~6개의 가격으로 주문했습니다. 끼가 있는 녀석 몇 개가 골든벨을 울려주었으면 하는 (헛된) 바람을 가져봅니다.

이번 여행에서 읽을 책으로는 《벤저민 그레이엄의 투자강의(The Rediscovered Benjamin Graham)》와 《순자》 두 권을 챙겼습니다.

2020년, 예측 불허한 팬데믹으로 어수선한 현재

코로나19 사태는 팬데믹으로 발전했습니다. 엄청나게 풀린 돈이 몰리는 초대형 주식과 최고의 테마인 코로나19 관련 주식들만이 초강세를 보이는 통에 저와 같은 전통적인 가치투자자들은 어느 때보다 소외감에 힘겨운 나날을 보내고 있습니다.

2020년 6월 30일, 최악의 위기 속 가치투자자의 마음가짐

KOSPI 지수는 4.1% 하락했고 저의 투자수익률은 6.8% 하락하면서 시장보다 2.7% 더 못하고 있습니다. 2020년 상반기는 2017년과 매우 흡사한 현상이 벌어지면서 저는 똑같은, 어쩌면 더 큰 곤경에 처했습니다. 코로나19 충격으로 올해 최저점을 기록했던 3월 이후 미국을 비롯한 세계 각국이 금리를 내리고 돈을 풀어대는 통에 주식시장은 코로나19 이전은 물론 그 이상으로 올랐습니다. 매수세는 코로나19 수혜 주식으로 분류된 바이오와 비대면 주식 등으로 극단적으로 치우치면서 불안정한 상황을 심화시키고 있습니다. 연말까지 어떻게 진행될지 모르지만 저로서는 하던 일을 할 뿐 투자관을 바꿀 생각은 없습니다. 주가는 평균 회귀 현상이든 가치에 걸맞은 주가를 찾아가든 상식이 통할 것이고 결국 보상 받을 것을 믿기 때문입니다.

암울했던 2020년 3월 어느 날의 풍경

(1) 아이들이 아빠에 대해 걱정한다면서 속내를 드러낸 아내와의 대화

아내: (4월 퇴사를 앞둔 저에게) 사장님께 요즘 경제 상황이 너무 어려우니까 회사에 좀 더 다니겠다고 부탁드리면 안 될까?

숙향: 에고, 너무 걱정하지 마세요! 그리고 작년에는 내가 관두겠다고 했지만 회사에서 붙잡았고 이번에는 쫓겨났는데, 무슨 부탁을 해요.

아내: 그래도….

숙향: 걱정 마세요. 주가가 반 토막 나더라도 우리는 전혀 문제없습니다.

아내: ….

숙향: (나름 안심시키려는 목적으로) 들어오는 배당금은 주식 안 사고 현금으로 갖고 있을게요. 그러면 올해 쓸 돈은 충분합니다. 걱정 붙들어 매세요.

(2) KOSPI 지수가 8.4% 폭락했던 3월 19일. 평소 평가 수익률로만 시장지수와 비교해보곤 했는데, 그날은 평가손실 금액을 확인하게 되었습니다. 2008년 한 해 평가손실률이 41.1%였는데, (겨우) 8.7% 평가손실률인데도 2008년 한 해 평가손실액보다 금액이 더 많더군요. (순간 놀랐으나) 투자금이 그만큼 늘었다는 뜻이니, 축하할 일입니다.

(3) 3월 스페인 여행을 위해 준비했던 유로화를 원화로 바꿨습니다. 다시 여행을 갈 때쯤이면 환율이 안정될 테니까 그때 다시 환전하면 되므로 환차익을 얻기로 한 건데요. 연초에 1,280원대에 환전했기에 1,380원 이상을 목표로 저보다 은행 거래가 잦은 큰아이

에게 부탁했습니다. 유로화를 맡긴 날은 안 됐는데, 바로 다음 날 1,385원에 환전했습니다.

세상이 혼란스러우면 원화 값은 왜 이렇게 약해지는지… 워낙 무역 비중이 높은 국가라 그렇다고는 하지만, 이런 상황을 만날 때마다 답답합니다. 재정이 형편없는 미국이나 일본은 기축통화랍시고 저렇게 편해 보이는데, 탄탄한 재정을 자랑하는 우리나라 원화가 이런 푸대접을 받는다는 게 도대체 납득이 가지를 않습니다.

⑷ 답답하고 다급한 마음이 들면 법정 스님의 말씀을 찾곤 합니다.

세상살이에 경험이 많은 지혜로운 노인은 어떤 어려운 일에 부딪힐 때마다 급히 서두르지 말고 좀 더 기다리라고 일러준다. 한 고비가 지나면 좋은 일이 됐건 언짢은 일이 됐건 안팎의 사정이 달라지는 수가 많다. 노인들은 풍진 세상을 살아오는 과정에서 시간의 비밀을 터득했기 때문이다.

사람의 머리로는 해결할 수 없는 문제를 시간은 가끔 해결해주는 수가 있다. 그래서 참는 것이 덕이란 말도 있지 않은가. 지금 당장 해결하기 어려운 문제는 우선 하룻밤 푹 자고 나서 다음 날 다시 생각해보는 것이 좋다. 해결하기 어려운 문제일수록 조급히 해결해버리려고 서두르지 말고, 한 걸음 물러서서 조용히 이모저모를 살펴보는 것이 지혜로운 해결책이 될 것이다.

– 법정, 《오두막 편지》, p. 25.

PART 2

가치투자 실전

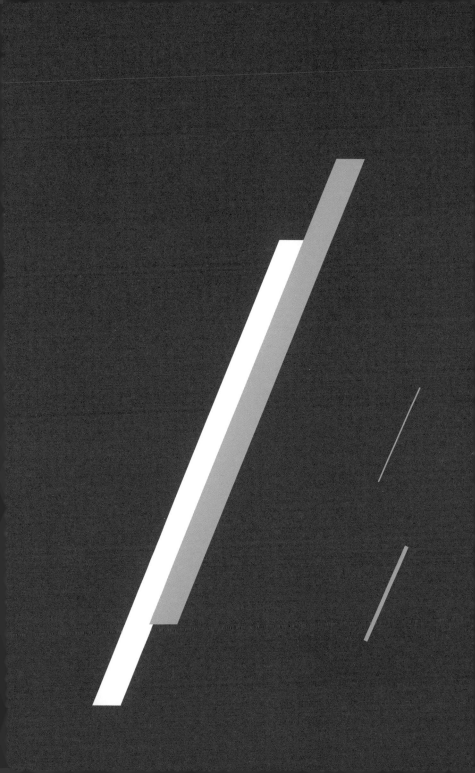

Chapter 3

투자 개론

저는 한 번 주어진 삶을 멋지게 살고 싶었고 주식 투자는 그런 삶을 가능하게 합니다.
우리가 돈으로부터 자유로워지기 위해 반드시 투자해야 하는 이유를 살펴봅니다.

모든 장기 투자자들의 목적은 단 하나, 세후 총수익률의 극대화다.
– 존 템플턴 / 제임스 몬티어, 《100% 가치투자》, p. 267.

⫶ 자유롭게 살고 싶다

우리나라가 가난했던 1960~1970년대 저의 어린 시절은 빨리 어른이 되어 돈을 벌어야 한다는 생각뿐이었습니다. 1978년 가을 직장인이 된 다음부터는 미래를 위한 저축이, 1989년 결혼한 다음에는 가족에 대한 책임감이 제 생활의 모두였습니다.

아마 첫째 아이가 유치원에 들어갈 무렵일 텐데요. 우리 가족에 대한 무한 책임감과는 별개로 직장인으로서의 생활에 권태감이 엄습했습니다. 그래서 다람쥐 쳇바퀴 도는 것 같은 생활을 벗어나 좀 다르게 살 수는 없을지 고민하게 되었는데요.

비교적 일찍 눈을 뜬 주식 투자에서 수익을 낼 수 있다는 자신감이 있었고 직장 업무와 관련된 금융에 밝았던 것이 도움이 되었습니다. 직장에 다니지 않으면서 살기 위해서는 얼마만큼의 비용이 필요한지에 대해 주위 친구들과 토론하기도 하고 직접 계산하기 시작했습니다.

전작에서 밝혔듯이 저는 40세가 시작되는 2000년 1월 1일, 실행에 옮겼습니다. 하지만 원했던 자유로운 생활은 벤처 투자 실패로 시작부터 삐걱거렸고 다시 직장에 다니면서 금방 수습하고 위기를 넘겼나 싶던 2004년 봄, 전 재산을 투자했던 동업자의 배신으로 말미암아 거의 파산 상태에 빠졌습니다. 동업자의 전화를 받고서 다리에 힘이 풀려 주저앉았던 그날은 유난히 봄 햇살이 따뜻했던 것이 기억에 생생합니다. 당시 나이 44세의 백수는 재산이라고는 살고 있는 아파트 하나뿐이었고 결혼하면서 전업주부가 된 아내와 중학교 1학년, 초등학교 4학년 아이 둘에 어머니까지 다섯 가족의 가장이었습니다.

다행히 주위의 도움 덕분에 재기할 수 있었습니다. 친구의 도움으로 취직한 회사는 1999년 퇴사했던 직장에서 받았던 연봉의 2분의 1 혹은 그보다 못한 급여였지만 감지덕지 다녔고, 즐기던 골프나 해외여행은 포기했으며, 술자리는 소주 1차로 끝내는 식으로 개인 용돈을 최소한으로 줄였습니다. 무엇보다 빨리 안정을 찾을 수 있었던 것은 때맞춰 침체기를 벗어나고 있던 주식시장에 적극적으로 참여했던 덕분입니다.

나중에 실패 원인을 분석했을 때, 구체적인 계획이 부족했다는 것을 알게 되었습니다. 은퇴 계획에 따른 매년 필요 경비는 확정했으나 경비 조달에 대해서는 막연하게 보유하고 있는 현금 운용으로 어떻게든 되겠지 하였는데, 즉 자금 조달 계획이 없었던 것이죠.

처음에는 잃어버린 10년이었다고 자조했지만, 어느 순간 세상을 쉽게 봤던 저를 건전하고 듬직한 인간으로 다시 태어나도록 만들기 위해 꼭 필요했던 과정이었다는 것을 깨닫게 되었습니다.

부자의 삶이란 무엇인가?

부자로 살고 싶지 않은 사람은 없을 겁니다. 그렇다면 부자, 부자의 삶은 어때야 할까요? 저는 어디선가 보았을, 돈에서 자유로운 사람이라면 부자라는 말에 동의합니다. 또한 억만장자라는 숫자로 표시되는 돈이 아닌, 돈에 구애받지 않는 삶을 영위하는 사람을 부자라고 생각합니다. 공감이 가는, 대가들이 말하는 부자의 정의를 살펴봅니다.

> 백만장자란 남에게 의존하지 않고 자신의 의지대로 살아가는 사람을 말한다. 남의 간섭을 받지 않고 자기 삶의 주인이 될 수 있는 사람만이 진정한 의미의 백만장자라고 할 수 있다.
>
> – 앙드레 코스톨라니, 《돈, 사랑한다면 투자하라》, p. 8.

미래에셋은퇴연구소장을 지낸 강창희 님이 어느 목사님의 설교에서 들었다며 경제적 자립에 대해 얘기했는데, 바로 부자의 삶입니다.

> 진정한 경제적 자립이란 주어진 경제적 상황에 자기 자신을 맞춰 넣는 능력을 기르는 것이다. 돈에 대한 욕구를 스스로 채울 수 있다며 돈 버는 능력을 절대시하는 사람은, 반드시 돈의 노예로 전락하기 마련이다. 우리에게는 '분수에 맞게 살라'는 옛날부터 전해 내려오는 상식의 지혜가 있다.

뭐니 뭐니 해도 부자의 마음은 존 보글의 책 《월스트리트 성인의 부자 지침서(Enough)》에서 보았던, 조셉 헬러의 자세가 아닐는지요. 카지노를 이기고 월가에서도 성공한 에드워드 소프 역시 이 일화에서 큰 교훈을 얻었다고 합니다.

> 조셉 헬러와 커트 보네거트는 한 억만장자가 주최한 파티에 참석했다. 보네거트는 헬러가 소설 《캐치-22》로 번 돈 전부보다 이 파티 주최자가 단 하루에 버는 돈이 더 많다며, 헬러에게 기분이 어떤지 물었다. 헬러는 자신에게 부자들은 결코 가질 수 없는 것이 있다고 말했다. 보네거트는 어리둥절해하며 무엇인지 물었고 헬러가 답했다.
>
> "이만하면 충분하다는 인식이죠."
>
> – 존 C. 보글, 《월스트리트 성인의 부자 지침서》, p. 238.

소프는 이렇게 말합니다.

> 월스트리트에서 성공은 최대한 많은 돈을 버는 것이다. 우리에게 성공은 멋지게 사는 것이다.

부자가 되어야 하는 이유

자본주의 사회, 특히 천민자본주의라며 우리 스스로를 비하할 정도로 '돈'이 위세를 떨치고 있는 대한민국에서 살기 위해서는 부자가 되어야만 할 의무감까지 느끼게 됩니다. 물질적인 부, 그까짓 거 하며 대수롭지 않게 넘기고 초연하게 사는 방법도 있겠지만, 대부분의 사람에게는 어려운 선택일 뿐만 아니라 부양해야 할 가족이 있을 때는 혼자만의 생각으로 살 수 없습니다.

보통 사람은 자기보다 열 배 부자에 대해서는 욕을 하고, 백 배가 되면 무서워하고, 천 배가 되면 그 사람 일을 해주고, 만 배가 되면 그 사람의 노예가 된다.

《사기》를 쓴 사마천이 이런 말을 했다는데, 2100년이 지난 지금의 상황은 더하면 더했지 덜하지는 않을 겁니다. 우리 주변에서 항상 볼 수 있는 모습이니까요.

경제적으로 궁핍한 생활은, 돌이라도 씹어 먹을 수 있다는 젊은 시절은 푸념하며 살아갈 수도 있겠지만 힘없는 늙은이가 되었을 때를 상상하면 끔찍하기만 합니다. 그래서 기준도 불확실한 부자가 된다기보다는 자기 분수에 맞춰 만족할 수 있는 수준의 삶을 계획하고 이를 충족시킬 수 있는 부의 축적이 필요합니다. 누군가에게는 이런 조건이 태어나면서부터 주어지기도 했겠지만 대부분의 사람은 그렇지 못합니다.

그래서 대부분의 사람은 미래를 위한 저축이 필요합니다. 저축을 하는 김에 이왕이면 높은 수익률로 불릴 수 있는 자산에 투자하면 더 좋겠지요. 저는 그 방법을 주식 투자에서 찾았습니다.

앙드레 코스톨라니가 책에서 소개하는 프랑스의 천재적인 사업가

마르셀 다소에 대한 일화에서 부자의 삶을 느껴봅시다.

다소 씨는 여름휴가를 언제나 (스위스) 그스타드의 팔레스 호텔에서 보냈는데 수많은 동료와 친구들을 대동하고 유쾌한 시간을 즐겼다. 40년이 넘도록 그는 그곳에서 같은 안마사로부터 안마를 받았는데 어느 해 여름 그 안마사가 나이가 너무 들어 해고를 당했다며 그에게 작별 인사를 하러 왔다.

다소 씨는 이것으로 우리 관계가 끝나서는 안 된다며, 바로 지배인을 불렀다. 왜 그 친절한 안마사를 내보내는 거요? 그가 너무 늙었습니다. 몇 살인데? 72세요. 당신은 그것을 늙었다고 생각하는 거요? 나는 94살이야.

다소는 응수한 뒤 만약 그 안마사를 해고시킨다면, 자신은 그의 모든 일행들과 함께 호텔을 떠나겠다고 덧붙였다. 당연히 그는 그 다음 해에도 그 안마사의 시중을 받을 수 있었다.

– 앙드레 코스톨라니, 《투자는 심리게임이다(Kostolanys Borsen–psychologie)》, p. 198.

젊은이의 일자리를 위해 혹은 다른 고객의 선호도를 감안할 때, 72세의 안마사는 해고되는 것이 마땅했을지도 모릅니다. 저는 다소 씨의 (돈의) 영향력이 늙은 안마사로 상징되는 약자를 보호해줄 수 있다는 것에 관점을 두었습니다. 90세가 되어서도 주위 약자에게 도움이 되어줄 수 있는 힘이 있다면 그것도 괜찮겠죠.

저는 앞으로 5년 후(수령일자를 늦출 예정이므로)에 수령할 국민연금은 타인을 위해 쓰겠다며 주위에 떠벌리고 있습니다. 자랑하기 위해서가 아니라 이렇게 해두면 나중에 체면 때문에라도 지킬 수밖에 없을 테니까요. 딱히 사용처를 정해둔 것은 아니지만 현재 하고 있는 소액 기부금은 연금을 활용할 계획이고 형편이 여의치 않다면 식당에서 서빙하는 분에게 가끔 건네는 1만 원짜리 한 장도 연금에서 사용할 수 있겠죠. 빌 게이츠처럼 그들의 부를 멋지게 사용하는 모습을 보면 좀 더 많은 부를 갖기 위해 노력했었어야 하는 게 아닐까 하는 후회하는 마음이 들 때도 있습니다. 하지만 제가 재산을 늘리는 방법은 주식 투자가 유일했고 제 능력으로는 지금 재산이 (아마도) 최선의 결과임을 알기에 피식 웃고 맙니다.

〰 욕심 – 돈, 만족에 대해

돈으로 상징되는 잘살고 싶은 욕망은 오래 살고 싶어 하는 만큼이나 인간의 본성인지라 이를 견제하는 많은 현인들의 말씀을 곱씹으면서 자신을 다듬어나가려고 합니다.

이 나라의 돈은 오래전부터 가치의 저장이나 측정, 교환, 유통, 지불, 결제의 수단을 넘어서서 인간과 세계를 지배하는 권력으로 군림하고 있다. 돈의 위상은 법의 보호를 받고 돈의 작동은 시장경제의 축복을 받는다. '보이지 않는 손'이 아니라 '보이지 않는 채찍'을 휘두르는 이 권력의 지배는 완벽하고도 철저해서 그 지배권으로부터의 이딜은 곧 죽음이나. 그래서 이 나라의 돈은 화폐라기보다는 알파벳 대문자를 써서 'DON'으로 표기해야만 그 유일신다운 전능의 위상에 합당

할 것이다.

– 김훈, 《라면을 끓이며》, 〈돈〉, p. 173.

내가 재벌이 되겠다, 하는 것은 욕심이 아닙니다. 욕심은 내가 세운 목표를 달성
하기 위해 노력하지 않을 때 하는 말입니다. 좋은 대학을 가고 싶은데 공부는 하
기 싫다. 실력은 안 되는데 성적은 잘 받고 싶다. 이런 것이 욕심입니다. 목표를
세우고 그 목표를 향해 노력하는 것은 욕심이 아닙니다.

욕심인지 욕심이 아닌지의 기준은 간단합니다. 그 목표가 달성되지 않았을 때
좌절하고 절망하면 그것은 욕심입니다. 그러나 안 되었을 때, 이래서 안 되네. 저
렇게 해볼까? 어, 이것도 안 되네. 요렇게 해볼까? 이렇게 탐구하면 아무리 큰 목
표를 세워도 그것은 욕심이 아닙니다.

– 법륜, 《야단법석》, p. 198.

돈 그리고 돈에서 얻는 만족에 대한 몇 분의 글을 살펴보았습니
다. 불가에서 '소욕지족(小慾之足)'이라고 했듯이, 자기 분수에 맞는
삶에 만족하려는 자세는 돈으로부터 받게 되는 스트레스를 덜어줍
니다. 현실적으로는 가치투자라는 건전한 투자법으로 주식 투자를
해서 불려 나간다면 자기 분수에 맞는, 즉 돈으로부터 자유로운 삶
을 가능하게 합니다. 적절한 운이 따라준다면 상상할 수 없는 부자
가 될 수도 있겠지만, 적어도 자신의 의지대로 살 수는 있겠지요.

⅚ 부자가 되는 방법

앙드레 코스톨라니는 자신의 저서 《돈, 사랑한다면 투자하라》에서 단기간에 백만장자가 되는 세 가지 방법을 일러줍니다.

(1) 부동산, 유가증권, 상품 등에 투자해서 큰돈을 버는 것

(2) 부유한 배우자를 만나는 것

(3) 독창적인 아이디어로 장사나 사업에서 크게 성공하는 것

제가 선택할 수 있는 방법은, 대부분의 사람이 그렇듯이 1번입니다. 그리고 유가증권, 그중에서도 주식 투자가 유일한 방법입니다.

MBA를 졸업하는 학생이 버핏에게 어떻게 하면 당신처럼 빨리 부자가 될 수 있느냐고 묻는다면 어떤 답을 주겠느냐는 질문에 대해 버핏은 명쾌한 답과 함께 그레이엄의 말씀을 더했습니다.

나는 벤 프랭클린이나 호레이셔 앨저의 말을 인용해서 대답하지는 않겠다. 다만 한 손으로 월스트리트를 가리킬 것이다.

그레이엄은 아주 특별한 투자 원칙이나 일시적인 유행에 편승하는 투자를 말하지는 않았다. 그는 건전한 투자에 관해서만 말했다. 나는 사람들이 너무 서두르지만 않는다면 건전한 투자로도 큰 부를 이룰 수 있다고 생각한다. 적어도 그것은 결코 당신을 기닌하게 만들지는 않을 것이다.

— 재닛 로우, 《워렌 버핏, 부의 진실을 말하다(Warren Buffett SPEAKS)》, p. 114.

⫻ 재산 3분법 − 포트폴리오 관리

재산을 안전하게 관리하는 방법으로는 동서고금을 막론하고 가장 현명한 자산관리법으로 알려져 있는 것이 재산 3분법입니다. 즉 재산을 부동산, 주식, 현금(예금)으로 삼등분해서 보유하면 적절한 수입을 얻는 동시에 재산 가치를 안전하게 유지할 수 있다는 것이죠. 비슷한 말로 '교토삼굴(狡兔三窟)'이란 말이 있는데 영리한 토끼는 굴을 3개 갖고 있기 때문에 위기를 벗어날 수 있다는 뜻입니다.

저는 이 방법을 일반화해서 모든 사람에게 권하는 분위기에 불만을 갖고 있습니다. 재산 3분법은 이미 부자, 즉 재산을 더 불리기보다는 안전하게 지키는 것을 더 중요하게 여기는 사람이 선택할 방법이지 절약해서 모은 돈을 어떻게든 최대한 많이 (물론 안전하게) 불려야 하는 사람에게 어울리는 방법이 아니기 때문입니다.

현재 부자가 아닌 많은 사람들은 앞으로도, 그리고 내 생에는 부자가 될 수 없다고 진작에 판단을 내렸을지도 모르겠습니다. 왜냐하면 예측 가능한 정상적인 수입으로는 아껴 모은다고 하더라도 뻔한 결과가 나오거든요. 그래서 매주 로또에 운을 걸기도 하지만 잃을 확률이 높다는 점에서 결코 좋은 방법은 아닙니다.

저는 돈을 불리는 방법을 바꿔 꾸준히 실행해나간다면 지금은 몰라도 은퇴 후에는 부자로 살 수 있다고 생각합니다. 제가 부자로 은퇴하는 방법은 다음과 같습니다.

가족이 있는 가장이라면 가장 먼저 해야 할 일은 안정된 삶을 보장하는 공간인 주택 마련입니다. "집값이 얼만데, 미쳤냐?"라고 할지 모르겠으나 굳이 가성비 낮은 서울을 고집하지 않는다면 어렵지 않습니다. 더구나 지금처럼 저금리 환경은 적당한 빚을 얻어 주택을 마련하기에 최적의 시기입니다. 그리고 꼭 필요한 최소한의 보험을 제외한 모든 여유자금은 100% 주식에 투자하는 겁니다. 이미 집도 있고 최소한의 보험에도 가입되어 있다면 지금까지 모은 돈과 앞으로 들어올 여윳돈은 모두 주식에 투자합니다.

아직 미혼이라면 목돈이 필요한 결혼이나 내 집 마련을 위한 방법으로 주식 투자에 올인할 수 있습니다. 단, 반드시 목돈이 필요한 시기가 5년 이상 남아 있어야 합니다. 과거 통계와 제 경험으로 보았을 때, 주식 투자를 통해 수익을 얻고 빠져나올 수 있는 확실한 기간은 최소 5년이기 때문입니다.

부자가 아닌 대부분의 사람은 재산을 분산투자 할 게 아니라 장기적으로 안전하면서 가장 높은 수익률을 올리는 것으로 이미 검증된 주식에 전 재산을 투자해야 합니다. 하지만 주식 투자자 10명 중에 9명은 돈을 잃는다는 게 현실이므로 주식 투자를 권하는 저에게 또 한 번 "너 미친 거 아냐?" 하는 말이 들리는 것 같습니다. 저는 안전하면서도 높은 수익률을 얻을 수 있는 주식 투자 방법을 알고 있습니다. 벤저민 그레이엄과 워런 버핏을 비롯한 뛰어난 그의 제자들이 우리에게 알려준 건전한 투자법, 즉 가치투자가 그것입니다.

〃 적절한 현금 비중

최소 5년 내 또는 은퇴할 때까지 쓰지 않고 저축할 돈은 모두 주식 투자를 하는 것을 원칙으로 합니다. 우리나라는 국민건강보험 제도가 잘 되어 있으므로 현금 비중은 소액으로 충분하기 때문입니다.

(1) 매월 정기적인 수입으로 생활비가 충분한 경우: 1~2개월 생활비 정도의 비상금

(2) 정액 수입 없이 주식 배당금만으로 생활비를 조달할 경우: 2년치 생활비

〃 멘토의 가르침

저는 서울 가까운 지방에서 넓은 아파트에 살고 있습니다. 전작에서 두 분의 멘토에 대해 말씀드렸었는데, 저에게 집을 사도록 유도했던 멘토께 다른 조언을 구했던 적이 있습니다.

1988년에 집을 샀고 덕분에 다음 해 결혼을 했는데, 문제는 아이를 낳아 키우기에는 살고 있던 아파트가 너무 좁았다는 것입니다. 그래서 더 넓은 집으로 옮기려고 하는데, 살던 집 주변은 외벌이 수입으로는 무리가 있어 출퇴근이 가능한 지방으로 이사하는 것은 어떨지 여쭈었습니다.

집을 살 때도 그랬지만 주위에서는 서울을 벗어나는 것을 말리는

분위기였고 30년이 지난 지금까지도 아파트 가격만을 본다면 무리해서라도 서울에서 넓은 평수로 옮기는 게 옳았습니다.

멘토는 어디든 넓은 집으로 가서 살라고 하더군요. 그러면서 당시 재건축을 기다리면서 연탄 보일러로 난방하는 소형 아파트에서 거주하는 사람들에 대해 얘기했습니다.

"얼마나 궁핍하니? 얼마나 살 거라고 그렇게 힘들게 사는지 모르겠다. 그 아파트를 팔면 지방에 가서 넓은 아파트를 사고도 남는 돈으로 얼마든지 편하게 살 텐데 말이야. 언제 살 수 있을지 모르는 넓은 아파트, 사실은 아파트 값 상승을 기다리며 좁고 불편한 아파트를 지키고 있는데, 그렇게 사는 게 사는 거니? 넓은 집에 가서 살아라. 그러면 네 마음은 더 여유롭고 포부도 더 커질 거야!"

〰 부자로 은퇴하는 방법

부자로 은퇴하는 방법을 삼단논법으로 정리할 수 있습니다.

나는 부자로 은퇴하고 싶다.
주식 투자는 부자가 될 수 있게 한다.
나는 주식 투자를 통해 부자로 은퇴할 수 있다.

조금 더 구체적으로 풀어봅니다.

⑴ 주식 투자는 장기적으로 보았을 때 가장 높은 수익률을 안정적으로 얻을 수 있는 투자 수단입니다.

⑵ 투자할 기업을 선정하는 네 가지 조건에 부합하는 저평가된 주식들로 포트폴리오를 구성한 다음 투자한 주식에서 수령하는 배당금과 수입에서 절약한 돈으로 주식을 늘려나가면 안정적으로 재산을 불릴 수 있습니다.

⑶ 은퇴 후 자본수입만으로 살아야 하는 시기가 되면 그동안 모아둔 주식에서 수령하는 배당금으로 필요한 생활비를 조달합니다. 즉 배당수익률이 높은 저평가된 가치주로 포트폴리오를 만들어 꾸준히 관리하면 경제적으로 안정된 은퇴 생활을 즐길 수 있습니다.

⫽ 저축 – 투자

투자의 목적은 원금 손실 없이 최대한 높은 수익을 얻는 데 있습니다. 은행예금, 부동산, 채권, 금 등 당장 생각나는 많은 투자 대상이 있지만 저는 그중에서 주식 투자가 장기적으로 가장 투자수익률이 높았고 앞으로도 그럴 것이라고 확신합니다. 이는 과거 투자 자료를 대상으로 한 통계 수치로 증명되었고 성공한 많은 대가들의 실적과 제 경험을 통해 얻은 결론입니다.

우리가 투자 대상을 찾을 때, 비교 대상(벤치마크)은 은행 정기예금이나 국공채가 될 텐데요. 이들은 위험이 거의 없으면서 기간 이자로 일정한 수익을 안겨주지만, 물가상승률을 감안하면 실제 수익은 거의 없다고 봐야 합니다. 반면 주식 투자는 과거 통계에 의하면 10년 이상인 경우 100% 가능하고 5년 이상인 경우 거의 원금 손실이 없으면서 은행에 맡겼을 때보다 몇 배 더 높은 수익률을 얻을 수 있습니다.

상식적으로 보더라도 주식시장, 즉 주가는 길게 보면 무조건 올라가게 되어 있습니다. 흔히 시장은 우상향한다고 얘기하는데 이에 대한 근거는, 경제는 오르내림은 있을망정 시간이 흐름에 따라 꾸준히 성장할 것이고, 물가 역시 인건비 인상 등의 요인으로 상승하기 때문입니다. 기업에 한정해서 본다면 경제가 성장하는 만큼 매출 증가로 이어지고, 물가가 상승하는 만큼 판매가 인상으로 흡수하기에 결국 시간이 흐르면서 기업의 수익은 늘어나게 됩니다. 기업의 수익이 늘어나고 잉여금이 쌓이면서 기업의 가치가 올라가게 되면 당연히 주가도 따라서 오르게 되는 원리입니다.

≋ 주식 투자는 두 가지 목적을 위해

경기순환과 주가 자체의 변동성으로 인해 아무리 가치에 비해 싼 주식을 보유하고 있더라도 주가는 매수가보다 더 싸게 거래될 수 있습니다. 역사적으로 5년 이상 투자했을 때, 거의 100% 원금 손실을 입지 않았으므로 주식을 매수할 때는 최소 5년 이상 쓰지 않을 자금만으로 해야 합니다. 이런 이유로 주식 투자자는 필연적으로 장기 투자자가 되어야 하는 것입니다.

따라서 주식 투자는 두 가지 목적을 위해서 하는 것이 바람직합니다.

(1) 자녀들의 미래 대비: 대학등록금 및 결혼자금
(2) 은퇴 후 자본소득으로 살아야 할 때를 대비

주식 투자의 장점

주식은 한 번 노하우가 쌓이면 스트레스 없는 부의 창출이 가능하다. 부동산 투자는 세입자와의 갈등, 세금, 이자, 수리비용 등 추가적인 비용과 무엇보다 사람과의 마찰이 동반될 수밖에 없지만 주식은 이런 갈등 요인이 없다.

직접 사업을 하게 될 경우 다양한 변수에 부딪히게 되고, 그만두고 싶어도 그만둘 수 없지만 주식 투자는 사업이 잘못되고 있다는 생각이 들면 언제든지 '탈출'해서, 잘되는 사업으로 투자금을 옮기면 된다. 또한 내가 직접 사업체를 운영하지 않더라도 사업의 성과를 같이 누릴 수 있다.

종목 발굴 능력만 갖출 수 있다면 주식은 완전 다른 차원의 재산 증식 수단이 될 수 있다. 주식 투자라고 하면 위험한 것으로 치부되기 일쑤지만, 이것은 많은 사람들이 준비되지 않은 상태에서 주식시장에 뛰어들면서 생긴 편견일 뿐이다. 자신만의 투자 철학과 원칙을 가진 투자자들의 성과는 전혀 다를 수 있다.

– 이건규, 《투자의 가치》, p. 11.

⫻ 투자 방법

주식 투자·매매 방법은 대략 다섯 가지 전략을 사용합니다. 이에 대해 간략하게 정리해봅니다.

(1) 추세추종 전략

시장의 추세는 항상 옳기 때문에 시장이 움직이는 방향으로 따라가는 투자법으로 현재 주가(또는 시장) 움직임을 쫓아서 주가가 오르면 사고 내리면 파는 전략입니다. 가장 뛰어난 투기꾼으로 알려진 제시 리버모어를 원조로 조지 소로스를 이 전략으로 가장 성공한 투자자라고 할 수 있습니다.

참고도서	
에드윈 르페브르	《어느 주식 투자자의 회상(Remi- niscences of a Stock Operator)》
제시 리버모어	《주식 매매하는 법》
잭 슈웨거	《시장의 마법사들(Market Wizards)》
커티스 페이스	《통찰력으로 승부하라(Trading from your gut)》, 《터틀의 방식(Way of the Turtle)》

(2) 차트매매 전략

기술적 분석을 바탕으로 하는 투자법으로 주가와 거래량의 움직임을 보고 매수 혹은 매도를 결정하는 전략입니다. 찰스 다우와 엘리어트 등이 원조이고 여전히 많은 승권 전문가들과 증권사 영업맨들이 이

참고도서	
김정환	《차트의 기술》

이론을 바탕으로 시장을 설명하고 전략적으로 활용합니다. 또한 대다수의 투자자들이 활용하는 투자법이기도 합니다.

저는 다행히 이 투자법으로는 수익을 내기가 너무 어렵다는 것을 진작에 알았으므로 가치투자 전략을 택했지만 실전에서 차트는 활용할 가치가 있다고 생각합니다. 따라서 이 전략을 배워 투자하는 것은 적극적으로 말리지만 차트를 잘 설명한 책 한두 권은 읽기를 권합니다.

(3) 가치투자 전략

기본적 분석을 바탕으로 하는 투자법으로 기업의 본질 가치, 즉 내재가치에 비해 싸게 거래되는 주식을 사서 주가가 제 가치에 가까이 오르면 매도해서 차익을 얻는 전략입니다. 벤저민 그레이엄이 원조로 그의 뛰어난 제자인 워런 버핏이 엄청난 성과를 보여줌으로써 최고의 투자법으로 인정받고 있습니다. 단순한 투자법이지만, 인간의 본성에 반하는 다수의 어리석음으로부터 멀리해야 한다거나 인내를 필요로 한다는 점에서 실행하

참고도서	
벤저민 그레이엄	《현명한 투자자(The Intelligent Investor)》
존 네프	《가치투자, 주식황제 존 네프처럼 하라 (John Neff on Investing)》
로렌 템플턴 외	《존 템플턴의 가치투자 전략(Investing the Templeton Way)》
데이비드 드레먼	《데이비드 드레먼의 역발상 투자 (Contrarian Investment Strategies)》
앤서니 볼턴	《투자의 전설 앤서니 볼턴(Investing Against the Tide)》
필립 피셔	《위대한 기업에 투자하라(Common Stocks and Uncommon Profits)》, 《보수적인 투자자는 마음이 편하다 (Conservative investors sleep well)》
피터 린치·존 로스차일드	《전설로 떠나는 월가의 영웅(One Up on Wall Street)》, 《피터 린치의 이기는 투자 (Beating the Street)》, 《피터 린치의 투자 이야기(Learn to Earn)》

기에 쉽지 않은 투자법입니다.

성장주 투자를 이 범주에 넣는 게 적당할 것 같습니다. 현재 가치와 비교한 것이 전통적인 가치투자 전략이라면, 미래 가치와 비교해서 싼 주식에 투자하는 것이 성장주 투자니까요. 필립 피셔를 원조로 피터 린치 역시 성장주 투자자로 볼 수 있습니다.

제가 생각하기에는 전문 지식이 부족하고 투자에 많은 시간을 할애할 수 없는 개인 투자자들에게 가장 적합한 투자법입니다.

(4) 랜덤워크 전략

시장은 예측할 수 없으며 효율적이기 때문에 분석이나 예측을 통해 시장을 이길 수 없으므로 시장이 움직이는 대로 맡기는 투자법입니다. 여전히 경제학의 주류 이론의 자리를 지키고 있는 효율적 시장 가설을 바탕으로 존 보글이 만든 인덱스펀드는 대부분의 투자자들은 물론 다수의 전문 투자자들 역시 시장을 이길 수 없다는 현실에서 일반 투자자들이 선택하기에 적절한 투자법입니다. 워런 버핏을 비롯해 많은 가치투자의 대가들이 인덱스펀드를 극찬하고 있습니다.

투자에 많은 시간을 들일 수 없고 주식이 장기적으로 어떤 투자자산보다 높은 수익률을 올리는 투자자산이라는 것을 믿는 투자자에게 가장 적합한 투자법입니다.

참고도서	
버튼 멜킬	《시장 변화를 이기는 투자(A Random Walk Down Wall Street)》
존 보글	《모든 주식을 소유하라(The Little Book of Common Sense Investing)》, 《투자의 정석(John Bogle on investing)》

(5) 경기순환 원리를 이용한 전략

모두가 살기 힘들다며 아우성이고, 뉴스를 보았을 때 경기가 언제 살아날지에 대한 내용으로 시작한다면 확실히 경기가 최악인 시기로 볼 수 있는데, 이럴 때 주식을 매수합니다. 그리고 사람들이 소비하느라 분주하고 뉴스에서는 해외여행객 사상 최대라고 이야기한다면, 경기가 정점을 칠 때이므로 이때 매도해서 현금을 챙깁니다. 저는 경제 흐름을 꿰뚫어 볼 수 있는 투자에 있어 최고 고수들이 취할 수 있는 투자 전략이라고 생각합니다.

참고도서	
우라가미 구니오	《주식시장 흐름 읽는 법》
앙드레 코스톨라니	《돈, 뜨겁게 사랑하고 차갑게 다루어라(Die Kunst ueber Geld nachzudenken)》, 《실전 투자강의》, 《투자는 심리게임이다》
사와카미 아스토	《사와카미 장기투자》, 《불황에도 승리하는 사와카미 투자법》

(6) 숙향의 투자법

타고난 품성과 교육, 개인 혹은 사회국가적으로 처한 주위 환경 등 많은 요인들이 각자의 주식 투자 성향을 결정한다고 봅니다. 저는 가치투자를 무엇보다 마음이 편하다는 점에서 최고의 투자법이라고 주장하지만 이 가치투자법에도 크게 두 가지 방법이 있습니다. 철저하게 자산과 수익 면에서 저평가된 주식에 분산투자하는 꽁초 줍기 식으로 표현되는 그레이엄 방식이 있고, 버핏으로 대표되는 독점을 누리면서 꾸준한 성장을 예상할 수 있는 기업에 집중 투자하는 방식이 있습니다.

저는 가치투자의 원조로 불리는 벤저민 그레이엄의 투자 원칙에 공감하지만 저에게 편안한 방식으로 살짝 조정해서 실행하고 있습니다.

투자와 투기

가치투자자는 투기가 아닌 투자를 합니다. 그렇다면 투자와 투기에 대한 엄밀한 구분이 선행되어야 하겠지요. 많은 대가들이 이 둘에 대해 정의를 내렸지만, 저는 가치투자의 선구자인 벤저민 그레이엄이 일찌감치 투자와 투기에 대해 명확하게 정의한 것을 시금석으로 삼고 있습니다.

투자란 철저한 분석을 통해 원금을 안전하게 지키면서도 만족스러운 수익을 확보하는 것이다. 그렇지 않다면 투기다. 그러나 시장이 붕괴되어 가장 매력적인 가격이 되었을 때는 오히려 주식을 투기적이라 생각하고, 반대로 시장이 상승해서 위험한 수준이 되었을 때는 실제로 투기를 하면서도 투자라고 착각한다.

* 철저한 분석: 안전과 가치의 확고한 기준에 비추어 사실을 연구한다는 뜻이다.

* 만족스러운 수익: 적정 수익보다 넓은 개념으로 현재 금리와 배당수익률은 물론 자본이득이나 이익도 포함하기 때문이다. 만족스러움은 주관적인 표현이다. 이는 투자자가 현명하게 판단해서 수락한다면 아무리 낮은 수익이라도 상관없다는 뜻이다.

– 벤저민 그레이엄·데이비드 도드, 이건 옮김, 《증권 분석(Security Analysis(3rd Edition))》, 리딩리더, p. 76.

실제 투자를 하다 보면 이렇게 명확했던 투자와 투기의 구분이 애매해지는 것을 느낄 수 있는데요. 그레이엄은 투자를 해야만 성공한 투자자가 될 수 있다며 거듭해서 독려합니다.

> 가격이 상승하면 투자 종목이 투기 종목으로 바뀌듯이, 가격이 내리면 투기 종목도 투자 종목으로 바뀔 수 있다고?
> 지불하는 가격보다 가치가 높다는 사실을 합리적인 계산으로 보여줄 수 없다면 진정한 투자가 아니다.
>
> – 벤저민 그레이엄·데이비드 도드, 이건 옮김, 《증권 분석(Security Analysis(3rd Edition))》, 리딩리더, p. 529.

유머스런 앙드레 코스톨라니가 자신의 명저 《돈, 사랑한다면 투자하라》에서 이에 대해 내린 정의는 하나의 방편으로써 귀담아들을 만합니다.

> 굳이 구분하자면, 그 차이를 결정하는 요인은 질이 아니라 양이라고 할 수 있다. 거액 자산가가 위험 요인이 큰 광산주나 석유주를 최소한의 자금으로 매수한다면 그것은 투기가 아니라 치밀한 계산 끝에 결정한 위험을 감수한 투자다. 그러나 소액 투자자가 자신의 자산운용 범위를 초과해, 다시 말해 신용대출을 받아서 100% 안전한 채권, 부동산, 신탁채권 등을 매수한다면 그것은 투자가 아니라 무모한 투기다. 실제로 투자와 투기의 경계는 모호하다. 정확한 투자가 곧 훌륭한 투기이며, 성공적 투기는 훌륭한 투자다.
>
> – 앙드레 코스톨라니, 《돈, 사랑한다면 투자하라》, p. 281.

저는 주식 투자 목표 수익률을 은행 정기예금 금리의 2배에 둡니다. 이런 정도의 수익률은 투자에 많은 시간을 할애하지 않으면서, 즉 철저한 분석 없이도 쉽게 달성할 수 있습니다. 실현 가능한 목표를 설정하는 것이 무리하지 않는, 즉 투기가 아닌 투자를 가능하게 합니다.

⟍ 벤저민 그레이엄의 세 가지 교훈

워런 버핏은 벤저민 그레이엄에게서 투자의 85%를, 필립 피셔로부터 15%를 배웠다고 하면서 기회가 있을 때마다 그의 스승인 벤저민 그레이엄을 찬양합니다. 그레이엄의 세 가지 교훈은 벤저민 그레이엄의 핵심 이론을 다루고 있는데, 우리 가치투자자들이 금과옥조로 삼아야 할 가르침입니다.

교훈 1. 기업 소유권으로서의 투자

투자와 투기를 구별하는 것이 중요하며, 오로지 투기가 아닌 투자만을 하라. 투자는 사업과 닮았을 때 가장 현명한 것이므로 주식을 가격에 따라 사고파는 종이 쪼가리가 아닌 진짜 회사에 대한 소유권으로 봐야 한다.

교훈 2. 미스터 마겟

의견이 아니라 사실에 근거해서 투자해야 한다. 우리가 기업의 실질 가치를 알고 있다면 이익이 되는 경우에 한해서 그 주식을 사거나 팔면 된다. 그날의 기분에 따라 가격을 매기는 미스터 마켓의 변덕에 같이 흔들리지 말고 그를 현명하게 이용하라. 변동성을 이용하라.

교훈 3. 안전마진

잃지 않는 투자를 위해 필요한 것은 가치에 비해 가격이 싼 주식, 즉 안전마진이 충분히 확보된 주식에 투자하는 것이다. 안전마진은 최악의 상황이 벌어지더라도 투자금을 안전하게 보존할 수 있는 안전장치다. 안전마진에 기반해서 안전한 포트폴리오를 구성할 수 있다.

1994년 워런 버핏은 그레이엄 탄생 100주년을 맞아 바친 헌사에서 위의 세 가지 교훈에 대해 다음과 같이 말했습니다.

"이 세 가지 교훈은 앞으로 100년이 지나도 본질적으로 '건전한 투자'의 주춧돌로 남아 있을 것이다. 이것이야말로 그레이엄의 모든 것이었다. 그레이엄의 핵심은 현명한 투자가 아니었다. 일시적 유행이나 시류도 아니었다. 바로 건전한 투자였다. 건전한 투자란 너무 서둘지만 않는다면 누구라도 대단한 부자로 만들어줄 수 있을 정도로 멋진 것이다. 더욱 멋진 것은 이것이 절대 사람을 가난하게 만들지 않는다는 것이다."

– 폴 오팔라, 《100만 원만 있어도 워런 버핏처럼 가치투자하라(The Entrepreneurial Investor)》, p. 70.

⟨⟨ 워런 버핏이 말하는, 투자자가 명심해야 할 세 가지

워런 버핏은 그레이엄의 저서 《현명한 투자자》 8장(투자와 시장 변동성)과 20장(안전마진), 그리고 케인스의 저서 《고용, 이자 및 화폐의 일반이론》 12장(The State of Long-term Expectation)을 이해한다면 다른 무엇도 읽을 필요가 없다고 했습니다. 두 가지 항목은 앞서 벤저민 그레이엄의 세 가지 교훈 중 교훈 2와 3을 참조하시고, 세 번째로 명심해야 할 케인스의 가르침은 다음과 같습니다.

> 전문가의 투자는 신문사가 주최하는 미인 대회 투표에 비유할 수 있을 것이다. 투표에 참여한 사람은 신문에 실린 100장의 사진을 보고 최고 미인 6명을 골라야 한다. 이때는 자신이 가장 예쁘다고 생각하는 얼굴이 아니라 경쟁자가 선호할 만한 얼굴을 선택해야 한다. 우리는 평균적으로 예상하는 평균 의견이 무엇일지 예측하는 데 지적 능력을 집중하는 3차원 퍼즐 게임에 도달했다.
>
> – 마이클 배트닉, 《투자 대가들의 위대한 오답노트(Big Mistakes)》, p. 173.

⟨⟨ 투자자의 조건 – 건전한 투자자가 갖춰야 할 세 가지 전제

저는 어떤 이유로든 주식에 투자할 것을 결심했다면 조엘 그린블라트기 《주식시장을 이기는 작은 책(The little book that still beats the market)》에서 정의한 세 가지 전제를 믿고서 접근해야 한다고 생각합니다. 이 세 가지 조건은 투자를 하면서 만나게 되는 이런저런 상황에서 굳건히 버틸 수 있는, 그래서 원하는 것을 이룰 수 있는 버팀목이 되기 때문입니다.

(1) 당신은 장기적으로 투자하고 싶은 얼마간의 돈을 가지고 있다. 이 경우 장기란 일상생활을 해나가는 데 앞으로 적어도 3~5년 정도, 아니면 더 오랫동안 이 돈이 필요하지 않다는 뜻이다.

(2) 당신은 투자에서 가능한 한 많이 벌고 싶지만, 그렇다고 불합리하게 높은 리스크를 감수하고 싶지는 않다.

(3) 당신은 장기적으로 볼 때 높은 투자수익을 가져다줄 가능성이 가장 높은 것은 주식시장이라는 이야기를 들었고, 그래서 주식시장에 대부분의 돈을 투자하려고 한다.

투자를 하기로 결정했고 가장 수익률이 높으면서 안전한 투자는 주식 투자이며, 특히 가치에 비해 싼 주식을 사서 기다리는 가치투자법임을 인정했다면 이제 믿고 투자를 시작하는 일만 남았습니다. 자신과 자신의 결정을 믿고 실행하라는 메이저리그의 뛰어난 투수인 샌디 쿠팩스의 말은 우리 투자자에게도 꼭 필요한 자세를 일러줍니다.

아무리 올바른 공이라도 반신반의하면서 던지는 것보다는 논리적으로 좀 어긋난 공이더라도 전심전력으로 던지는 편이 낫다. 반신반의한다는 것은 그게 과연 올바른 선택인가 의심을 품거나, 이 순간에 그 공이 제대로 들어갈까 하고 걱정하는 것을 말한다. 투수는 지금 자기가 선택한 것이 최선이라는 확신을 가져야 한다. 즉 지금 던지려고 하는 공을 '던지고 싶다'는 의욕이 있어야 한다.

– 레너드 코페트, 《야구란 무엇인가(New thinking fan's guide to baseball)》, p. 113.

〃 자립 – 공부

투자자는 누구도 믿어서는 안 됩니다. 주식 투자자는 뛰어난 투자자를 모방하거나 뛰어난 투자자의 경험을 통해 배우고 자신의 경험을 더해 스스로 일어서야 합니다. 그러기 위해서는 많은 노력이 필요합니다. 워런 버핏의 스승으로 불리는 찰리 멍거는 훈련(노력)의 중요성을 강조합니다.

나는 훈련의 가치를 믿습니다. 훈련을 통해 다른 사람들이 밝혀낸 최고의 방법을 마스터할 수 있습니다. 그냥 가만히 앉아서 모든 것을 스스로 상상해서 만들어낼 수 있다고 믿지 않습니다. 어느 누구도 그렇게 영리하지는 못합니다.

– 로버트 해그스트롬, 《워런 버핏, 집중투자(The Warren Buffett Portfolio)》, 〈최고로부터 배우기〉, p. 283.

실력을 늘리기 위한 최선의 방법을 묻는다면, 저는 대가들의 지식과 경험을 배울 수 있는 독서라고 생각합니다. 투자에서만이 아니라 멋진 삶을 위해서도 독서의 중요성은 아무리 강조해도 지나치지 않는데, 책을 쓰면서도 기회가 있을 때마다 이런 저의 생각을 드러내려고 애썼습니다.

> 사업보고서를 잘 분석한다고 해서 주식을 싸게 사고 비싸게 파는 타이밍에 대한 답을 얻을 수는 없다. 그러나 투자하기에 앞서 사업보고서의 중요 정보와 재무제표를 제대로 분석한다면 투자한 기업에 대한 확신을 가질 수 있다. 이는 투자자에게 매우 중요한 것이다. 환율, 금리, 정책 등 여러 거시경제적인 이유로 주가가 하락해도 인내심을 가지고 기업을 바라볼 수 있는 힘은 투자에 대한 확신으로부터 나오며, 그 확신은 기업을 제대로 분석한 사람만이 가질 수 있는 것이기 때문이다. 이는 '주식을 샀으니 그냥 보유한다'는 것과는 차원이 다른 이야기다.
>
> – 박동흠, 《박 회계사의 사업보고서 분석법》, p. 11.

전업 투자에 대해

세월이 흐르면 시간제 투자자는 싫어도 어차피 전업 투자자가 됩니다. 그럼에도 서둘러 전업하고 싶어 하는 분들을 볼 수 있습니다. 저는 정확히 40세에 (당시엔 실력으로 생각했지만) 순전히 운이 좋아서 만들어진 재산에 만족하고는 은퇴를 단행했다가 4년도 지나지 않아 파산 지경까지 몰렸을 때, 직장에서 받던 월급의 소중함을 절감했습니다. 제가 전업을 서두르는 분들을 비난할 자격은 없지만, 저를 반면교사로 삼아 전업에 대해 한 번 더 생각해주었으면 합니다.

매일처럼 들르는 인터넷 카페에서는 수시로 전업 투자를 고민하는 분들의 글을 만납니다. 시장에서 큰돈을 벌 수 있는 비법을 찾았다면 모를까 저처럼 가치투자를 지향한다면 (투자 공부에 많은 시간을 할애할 필요가 없으므로) 주식 투자를 위해 직장을 그만둘 필요는 없습니다.

직장에서 받는 스트레스 때문에 전업 투자를 고민한다면 정말 말리고 싶습니다. 웬만한 투자금으로 안정된 생활비를 벌 수 있을 정도로 주식시장은 만만한 곳이 아닙니다. 직장에서 매월 고정적으로 받는 급여만큼 안정된 수입이 없더라는 것을 굳이 경험으로 알 필요는 없겠죠.

지금은 연 1% 이자를 주는 은행예금을 찾기 힘든 초저금리 시대입니다. 저축은행과 새마을금고까지 열심히 뒤적거려도 연 2%짜리 정기예금을 발견하기 어려운데요. 월 300만 원, 연봉으로 3,600만 원을 받는 직장인이라면 (연 2% 정기예금을 들었다고 하더라도) 무려 현금 18억 원을 은행에 예금하고 있는 자산가와 같습니다. 어마어마하죠?

때로는 소박한 투자금으로 전업을 시도하려는 분이 있습니다. 그렇게 길지도 않은 투자 기간에 (상당한 행운의 도움을 받아서) 얻은 높은 투자수익률이 밝은 미래를 꿈꾸게 했겠지만, 그야말로 허황된 꿈을 꾸고 있는 것이죠. 당장 2008년의 금융위기만 겪었더라도 이런 생각을 할 수 없습니다. 2020년 현재 진행 중인 코로나19라는 엄청난 전염병이 마비시킨 경제 상황도 이렇게 진행될지 앞날이 캄캄합니다. 나심 탈레브가 말했던 '검은 백조'는 의외로 자주 나타납니다. 매번 위험을 피할 수 있을 정도로 운이 좋은 사람은 없을 겁니다. 저는 특별한 재능의 소유자가 아니라면 전업 투자는 절대로 하지 않았으면 합니다.

가치투자를 지향하는 투자자는 개인사업가 혹은 직장인으로서 본업에 충실하면서 남는 자투리 시간이나 휴일을 잠깐씩 활용하는 것으로 투자할 시간은 충분합니다. 다만 총명한 두뇌의 소유자로 최고의 트레이드로 명성이 높았던 제시 리버모어 수준의 소질을 갖췄거나 자신만의 확실한 목표가 있다면 굳이 얽매인 생활에 연연할 필요는 없겠지요. 이는 극히 예외적인 분에 해당하므로 그런 분이라면 애당초 이 책은 겉표지만 보고서도 내팽개쳤을 테니, 이런 주장을 한다고 저를 비난할 분은 거의 없을 것으로 믿습니다.

〽 주식 투자에서 버는 것은 소득이 아니다

평생 투자자로 살았던 앙드레 코스톨라니는 자신의 저서 《실전 투자강의》에서 주식 투자로 생활비를 번다는 생각은 절대 하지 말라는 조언을 들려줍니다.

> 많은 젊은 투자자들이 그러는 것처럼 주식 투자로 생계를 유지할 수 있을 것이라고 생각하지 말라.
>
> – 앙드레 코스톨라니, 《실전 투자강의》, p. 158.

뛰어난 투자자라고 할 수 있는 상위 1% 투자자에게는 해당되지 않는 말이지만 나머지 99%는 새겨들어야 할 말이라고 생각합니다.

저는 투자한 주식에서 나올 배당금으로 은퇴 후의 삶을 꾸릴 계획이지만, 20년 전 40세에 은퇴를 단행했을 때는 막연히 주식 투자에서 버는 수입으로 생활비를 대겠다고 생각했었는데요. 그리고 처참한 실패를 경험한 다음, 제 생각이 잘못되었음을 깨우쳤습니다.

주식 투자를 통해 얻은 수익의 성격이 무엇인지에 대한 앙드레 코스톨라니 옹의 혜안을 봅니다.

문 훌륭한 투자자라면 1년에 얼마를 벌 수 있는가?

답 주식 투자로는 1년에 얼마 소득이 있다고 말할 수 없다. 나는 주식 투자자를 1년에 얼마 번다는 것으로는 절대 성공을 잴 수 없다고 생각한다. 주가 차익으로 번 돈을 소득이라고 말할 수는 없다. 그것은 이익이지 소득은 아니다. 유가증권의 소득은 배당금, 금리, 쿠폰 등이다.

주식 투자를 통해 이익을 얻을 수 있고, 때로 큰 이익을 얻어 부자가 될 수도 있다. 하지만 또 손실을 입을 수도 있고, 큰 손실을 입고 파산할 수도 있다. 어느 경우든 한 달에 얼마, 1년에 얼마 이익을 봤다고 계산할 수는 없다. 예를 들어 어느 투자자가 몇 년간 아무 성과 없이 손실을 보다가 단 6개월 동안 지난 수년간 입은 손실보다 더 많은 이익을 볼 수도 있다. 요컨대 증권 거래에서의 성공을 1년에 얼마의 이익, 1년에 몇 퍼센트의 이익으로 잴 수는 없다.

– 앙드레 코스톨라니, 《실전 투자강의》 p. 169.

주식 투자로 생활비를 벌려는 생각의 위험성과 간과하기 쉬운 가장 심각한 문제를 지적하고 있습니다. 일상을 유지하기 위한 비용은 어떤 형식으로든 안정된 수입을 기반에 두어야 합니다.

〻 투자자의 자세 – 배우는 사람

투자자는 항상 배우려는 자세를 갖춘 사람이어야 합니다. 경제 흐름에 관심을 갖는 것은 물론 매사에 호기심을 갖고서 모르는 것에 대해 알려고 애를 써야 합니다. 늘 책을 가까이하고 생각을 많이 하는 것이 공부하는 사람, 즉 배우려는 사람의 자세라고 생각합니다.

저는 배우려는 자세를 견지하기 위해 노력하는 방법의 하나로 몇 개의 경구를 눈에 띄는 곳에 붙여두고 매일 보면서 스스로를 일깨우고 있습니다. 그중에서 미켈란젤로와 공자의 말씀은 기회가 있을 때마다 여러분에게 소개하는데요.

나는 아직도 배우는 중이다.

미켈란젤로는 만 87세가 되던 해에 시스틴 성당의 천장화를 완성하고 나서 스케치북 한 쪽에 이 말을 적었다고 합니다. 르네상스를 대표하는 87세의 천재 예술가가 이런 말을 하고 있다는 상상을 하는 순간, 한없이 겸손해지는 자신을 느끼게 됩니다.

學而不思 則罔 학이불사 즉망

思而不學 則殆 사이불학 즉태

배우기만 하고 생각하지 않으면 어둡고

생각만 하고 배우지 않으면 위태롭다

《논어》〈위정〉편의 한 구절인데요. 남의 지식을 배우기만 해서는 안 되고 자신의 것으로 만들기 위해 스스로 생각하는 과정이 필요합니다. 그랬을 때 대가들의 많은 투자법과 경험에서 배운 것을 나에게 어울리는 자신만의 투자법으로 만들 수 있습니다.

〽 투자자의 자세 – 낙관적인 생각

투자자는 낙관적인 사람이어야 합니다. 투자의 대가들 모두가 한결같이 강조하는 말이 인내이고 가치투자자 최고의 덕목으로 인내를 꼽기도 합니다. 인내하기 위해 전제가 되어야 할 것은 앞으로 다가올 미래가 지금보다 나을 것이라는 데 대한 믿음입니다. 미래가 지금보다 나을 거라는 것을 믿고 기다리기 위한 자세로 저는 낙관적인 마음가짐 혹은 낙천적인 성격에 있다고 봅니다.

이 낙관적인 생각은 단순히 미래가 지금보다 나을 테니까 버티자는 것과는 다릅니다. 서는 투자자가 견지해야 할 낙관적인 자세를 짐 콜린스가 명명한 '스톡데일 패러독스(Stockdale Paradox)'에서 발견했습니다. 짐 콜린스는 냉혹한 현실을 직시하되 믿음을 잃지 말라고 합니다.

콜린스가 얘기하는 스톡데일 패러독스는 다음과 같은 사실에 근거하고 있습니다. 미 해군의 제임스 스톡데일 장군은 베트남전쟁(1955~1975년) 중 8년 동안 포로수용소에 갇혀 있었습니다. 저는 실베스터 스탤론이 주연으로 연기한 영화 〈람보〉 시리즈를 즐겼던 세대인데, 이 영화의 주 배경인 베트남전쟁에서 보이는 미군 포로들의 형편은 비참하다는 단어 하나로는 설명이 많이 부족합니다.

스톡데일은 석방은커녕 언제 죽을지도 모르는 포로 생활을 8년이나 버텨냈을 뿐만 아니라 함께 수용되었던 많은 미군 포로들의 용기를 북돋우어 함께 살아남을 수 있도록 도왔습니다. 스톡데일이 말하길 포로수용소에서 가장 견뎌내지 못했던 사람들은 '낙관주의자'였다고 합니다. 이번 크리스마스 때까지는 집에 돌아갈 것이라고 말하다 크리스마스가 지나면 다음 부활절, 부활절이 지나면 다시 다음 크리스마스를 기다리며 단순히 잘될 거라 믿었던 낙관주의자들은 상심 끝에 죽어갔다고 합니다.

반면 스톡데일은 다음과 같이 생각하며 버텨냈습니다.

눈앞에 닥친 냉혹한 현실을 직시했습니다. 그리고 결국은 살아나갈 것이라는 것을 믿었습니다. 즉 성공할 거라 믿었지만 닥쳐 있는 현실을 부정하지는 않았습니다.

– 짐 콜린스, 《좋은 기업을 넘어 위대한 기업으로(Good to great)》에서 인용 · 정리

저는 가치투자가 갖춰야 할 믿음은 스톡데일이 말하는 믿음과 같은 것이어야 한다고 생각합니다.

기업의 내재가치에 비해 현저하게 싸게 거래되는 주식을 사서 보유하고 있으면 언젠가는 시장에서 그 기업의 내재가치에 어울리는 수준까지 주가를 올려줄 것입니다. 우리는 반드시 그렇게 될 것이라는 믿음을 갖고서 인내하며 기다릴 뿐입니다.

제가 선호하는 투자 종목은 시장에서 소외된 종목입니다. 그렇기에 싸게 거래됩니다. 회사가 너무 작다거나 거래량이 너무 적다는 등의 이유로 사람들의 관심을 받지 못하므로 주식시장에서는 이 회사의 존재 자체를 모르고 있는 게 아닐까 싶을 정도입니다. 그렇기 때문에 이 기업의 주가가 싼 가격에 놓여 있었던 것이죠. 얼마나 기다려야 제 가격을 찾아갈지 아무도 모릅니다. 그렇지만 이 기업은 계속해서 영업을 하고 있고 영업에서 벌어들인 수익은 기업의 가치를 더욱더 불려나갑니다. 언젠가는 시장에서 그 기업의 존재를 알아차리게 됩니다. 그때는 그동안의 인내를 보상받게 됩니다.

투자하는 대부분의 기간 동안 소외된 상태에 놓여 있는 저는 늘 다음과 같은 마음으로 시장의 흐름을 받아들입니다.

1년에 10% 수익을 얻지 못하면 2년에 20% 수익을 얻으면 되고, 2년이 지난 후에도 원하는 수익을 얻지 못했다면 3년 후에 30% 수익을 얻으면 됩니다.

저의 생각이 옳다며 응원하는 월가의 영웅 피터 린치의 말씀을 들어봅니다.

> 종종 몇 달간 혹은 심지어 몇 년간 주식 상승률과 그 기업의 내재가치는 상관관계가 없는 경우가 있다. 그러나 장기적으로 보면 기업의 내재가치와 해당 기업의 주가는 100% 상관관계가 있다.
> 인내는 보답을 받으며 성공적인 기업에 대한 투자 또한 보답을 받는다.
> – 피터 린치·존 로스차일드, 《피터 린치의 이기는 투자》, p. 522.

〃 미래 예측

가치투자는 기본적으로 내일을 예측하지 않습니다. 가치에 비해 싸게 가격이 매겨진 기업을 사서 제 가치에 어울리는 가격이 올 때까지 기다리는 것이 투자의 전부라고 할 정도이므로 미래 예측은 큰 관심사항이 아닙니다.

미래 예측에 의한 투자 결정은 예측이 들어맞았을 때 얻을 수 있는 수익보다는 예측이 빗나갔을 때의 손실 위험이 더 큽니다. 예측을 통해 투자 결정을 한다는 것은 현재 기업의 재무상태보다는 그 기업이 영위하는 산업이나 그 기업이 생산·판매하는 상품·서비스 등에 대해 앞으로 수요가 늘어날 것인가 혹은 새로운 수요가 창출될 것인가에 초점을 두고서 투자를 결정하는 것입니다. 때로는 막연한 성장성에 중점을 두었기 때문에 (시장에서는 성장주에 대해 비싼 가격을 매겨주므로) 예측이 빗나갔을 때는 큰 폭의 주가 하락으로 인한 막대한 손실이 불가피합니다.

고금을 막론하고 미래 예측에 대해 현인들의 경계하는 말씀은 넘쳐납니다.

> 내 경험에 따르면 시장의 방향을 예측하기란 대단히 어려운 데다가 일관되게 예측하기란 더더욱 어렵다. 내가 조언하고 싶은 것은 (나 이전에도 많은 이들이 말했듯) 일반적으로 시장을 예측하거나 매수·매도 시점을 선택하려는 노력은 하지 말라는 것이다. 시장이 상승세일 때 낙관주의자가 되고 하락세일 때 비관주의자가 되는 것은 사람들의 일반적 경향이다. 우리를 둘러싼 뉴스의 환경이 그렇기 때문이다.
>
> — 앤서니 볼턴, 《투자의 전설, 앤서니 볼턴(Investing Against the Tide)》, p. 115.

> 투자자들은 시간에 대한 불교적 태도를 진지하게 고려해야 한다. 요컨대 과거는 이미 지나갔고 미래는 알 수 없으므로 현재에 초점을 맞춰야 한다. 투자를 하든 안 하든 모든 투자 결정은 과거의 경험이나 미래의 희망이 아니라 현재 상황(현재 제시된 가치의 정도)에 기초해 이루어져야 한다. 모쪼록 솔로몬 왕이 신하들에게 언제나 어떤 상황에서나 진리이고 옳은 말을 찾으라고 명했을 때 신하들이 찾아낸 현명한 말, '이 또한 지나가리라'라는 말을 기억하는 것이 좋다.
>
> — 제임스 몬티어 《100% 가치투자(Value Investing)》, p. 231.

저는 예전에 예측이 빗나가 망신당한 유명인들의 사례를 보면서 저런 인물도 저렇게 형편없는 예측을 하는데, 제가 미래를 예상해서 투자를 한다는 건 어불성설이라는 생각에 미래 예측을 통한 투자 결정은 진작에 포기했습니다.

〽 그레이엄의 의회 증언

가치투자는 시장에서 내재가치에 비해 싸게 거래되는 주식을 매수해서 시장이 그 가치를 알아줄 때까지 인내하며 기다리는 투자법입니다. 사람들이 거들떠보지 않기 때문에 (시장에서 소외되어) 싸게 거래된 주식이므로 언제 사람들이 그 가치를 알아봐 줄지 알 수가 없습니다. 그래서 지루함을 참고 견딜 수 있는 사람이 할 수 있는 투자법입니다. 저는 그레이엄이 1956년 미국 상원 청문회에 출석해서 증언한 이 글을 이해하고 받아들여 지킬 수 있는 투자자라면, 감히 가치투자자로서의 자질을 갖췄다고 생각합니다.

> **폴브라이트 의장** 예를 들어 당신이 30달러의 가치가 있는 주식을 10달러에 사서 보유하고 있다고 가정해봅시다. 당신은 다른 투자자들이 그 가치가 30달러가 된다고 판단할 때까지 기다려야 할 텐데…. 그 과정 중에 어떤 조치를 취합니까? 광고를 하나요? 아니면 어떤 일이 발생하나요?
>
> **그레이엄** 그것이 우리 사업의 미스터리죠. 그것은 다른 모든 사람뿐 아니라 저에

게도 미스터리입니다. 하지만 우리는 결국 시장이 그 가치를 따라잡는다는 것을 경험을 통해 알고 있습니다.

– 로저 로웬스타인, 《버핏: 21세기 위대한 투자신화의 탄생(Buffett)》, p. 107.

수익률

수익률에 대해 생각해봅니다. 많은 주식 투자자들이 나름 생각하는 혹은 드러내어 밝히는 목표 수익률이 있습니다. '나는 1년에 최소한 몇 퍼센트의 수익은 낼 거야!' 하는 식인데요. 투자의 대가들이 시장보다 조금 더 높은 수익률을 목표로 하는 것에 비하면 대부분 주식 투자자들의 목표 수익률은 너무 높습니다. 제가 가장 많이 봤던 것이 (워런 버핏의 영향을 받았을 것으로 짐작되는) 연 15%인데, 아무튼 제 생각은 다음과 같습니다.

목표 수익률을 설정하기 위해서는 현실적으로 혹은 상식적으로 가능한 수익률을 따질 필요가 있습니다. 그런 다음 자신의 투자 능력·실력과 경험 등을 감안해서 합리적이고 달성 가능한 목표 수익률을 정합니다.

실현 가능한 주식 투자수익률

제가 생각하는 상식적인 주식 투자수익률은 '경제성장률+물가상승률'입니다. 정상적인 기업은 경제성장률만큼 성장하고 물가상승률만큼 제품 혹은 상품, 공급하는 서비스 가격에 반영한다고 보기 때문입니다.

그렇다면 한국은행에서 추정한 2019년 현재 경제성장률 2.7%에 물가상승률 1.4%를 더하면 4.1%가 나옵니다. 2020년은 코로나19로 인한 블랙스완과 같은 상황이라 정상적인 계산이 불가능하지만 경제는 결국 정상으로 돌아갈 것이므로 2019년 기준으로 추정한 수익률은 유효합니다.

주식 투자에서 기대하는 최소 목표 수익률

여유자금을 가장 안전하게 불리려고 할 때 퍼뜩 머리에 떠오르는 투자 수단은 은행 정기예금이 될 것입니다. 5,000만 원 이하는 예금보호법에 의해 원금이 보장되므로 가장 높은 이자율을 주는 저축은행에 들면 연 2.0% 수익률을 얻을 수 있습니다.*

주식 투자는 장기적으로 높은 수익률을 얻을 수 있다는 것이 역사적인 통계로 확인되었고 상식적으로 이해가 되지만 매일 움직이는 주가는 마음을 불편하게 할 뿐만 아니라 단기적으로는 큰 이익을 얻을 수 있는 반면 큰 손실을 볼 수도 있습니다. 그러므로 은행에 저축하는 것보다 더 높은 수익률을 얻을 수 있다는 자신이 없다면 주식 투자를 해서는 안 되겠지요. 주식의 단기 변동성을 감안해서 제가 오래전부터 염두에 두고 있는 목표 수익률은 은행 금리의 2배인데

---

* 7월에는 연 2% 금리를 주는 저축은행 상품을 찾을 수 없었습니다.

요. 하지만 목표를 낮게 잡고서 안전하게 투자하다 보면 실제 수익률은 더 높더라는 것이 저의 경험임을 밝혀둡니다.

비교 수익률

주식 투자자는 수시로 혹은 기간을 정해두고서 투자 성적이라고 할 수 있는 투자금에 대한 수익률을 따져봅니다. (필요하다고 할) 벤치마크가 되는 시장 평균 지수와의 비교는 당연하지만 온라인상에 공개되는 다른 투자자들의 수익률과도 비교하게 됩니다. 투자수익률을 공개하는 투자자들의 수익률은 시장 평균 수익률에 비해 높은 경우가 대부분인데, 이들의 (뛰어난) 투자수익률을 보노라면 괜한 열등감을 느끼기도 합니다. 경험이 쌓이면 타인과의 비교는 별 의미가 없다는 것을 알게 되지만 정작 이런 열등감, 즉 질투심이 자신의 감정을 지배할 때는 스스로를 자책하기까지 합니다.

이제 발상의 전환! 나도 열심히 노력하면 언젠가는 남들이 자랑하는 저런 정도의 수익률은 올릴 수 있을 거라는 동기부여로 삼으면 되는 겁니다. 자신이 현실적으로 달성 가능한 투자수익률을 목표로 설정하고 타인의 성공담은 무시할 필요가 있습니다. 다른 투자자가 높은 수익률을 올릴 수 있었던 이유 또는 과정을 배울 수 있다면 당연히 배워야겠지만 단순히 높은 수익률만 자랑하는 글을 보게 된다면 슬쩍 웃고 넘겨야 합니다.

당연한 애기지만 투자수익률은 장기적으로 따져보아야 합니다. 그러기 위해서는 (거듭 강조하지만) 자신의 능력으로 가능한 최소한의 수익률을 목표로 삼을 필요가 있습니다. 현실적으로 자금을 투자·저축해서 얻을 수 있는 가장 확실한 수익률은 (흔히 국채 수익률을 얘기하는데 개인이 쉽게 접근할 수 있다는 점에서) 시중은행 정기예금 금리가 되겠지요. 정기예금 금리의 2배를 목표로 삼는다면? 현재 $2\% \times 2 = 4\%$, 시시한가요? 장기적으로 주식 투자수익률은 경제성장률＋물가상승률이므로 우리나라 현재 상황으로 본다면 5%가 채 나오지 않으므로 4%가 현실적입니다.

목표를 높게 잡아라, 그래야 목표를 달성하지 못해도 어느 정도 성과를 낼 수 있다는 말은 확실히 타당해 보입니다. 하지만 주식 투자에서는 지나치게 높게 잡은 목표 수익률은 긍정적인 면보다는 단기 수익률에 집착하게 하고, 이로 인해 무리한 결정을 하게 함으로써 대개 나쁜 결과로 나타납니다. 제 경험에 의하면 목표를 낮게 가져갔을 때 부담이 없으므로 무리하지 않는 것은 물론이고 오히려 훨씬 높은 수익률을 얻을 수 있었습니다.

2020년 주식시장은 마치 코로나19 바이러스에 전염된 것은 아닌지 싶을 정도로 지나치게 한쪽으로 쏠려 다니고 있습니다. 덕분에 저는 35년 주식 투자 생활에서 겪어보지 못한 부끄러운 수익률을 얻고 있습니다. 이럴 때는 스스로 마음을 잘 추슬러 열등감이나 질투심에 빠지지 않아야 합니다. 그런 다음 포트폴리오에 담긴 주식들을 따져보아야죠. 모두 빠져 있어도 그중에서 덜 나은 주식을 더 나은 주식으로 교체하면서 다음에 올 우리의 시대를 준비하면 됩니다.

"이론적으로는 이론과 실제 사이에 차이가 없지만, 실제적으로는 차이가 있다" 라는 요기 베라의 말이 이에 가장 잘 부합한다. 이론적으로는 독립적으로 생각하고 행동하는 것이 어려운 일은 아니지만, 실제로 그렇게 행동하기란 매우 고독하고 힘든 일이다. 이론적인 상태에서는 감정을 느낄 수 없지만, 실제 상황에서는 감정이 우리를 지배하기 때문이다.

– 비탈리 카스넬슨, 《적극적 가치투자(Active Value Investing)》, p. 170.

⑂ 주식 양도차익 소득세

2020년 6월에는 2023년부터 주식 양도차익에 대해 세금을 물리겠다는 기획재정부의 '금융세제 선진화 추진 방향'이 화제였습니다. 저답지 않게 몇 년 후 시행할 법 시안을 굳이 인터넷에서 찾아보기까지 했는데요. (세금을 더 내는 것을 좋아할 리는 없지만) 저는 기본적으로 소득이 있는 곳에 세금이 있다는 차원에서 원칙적으로 찬성인데, 절세 차원에서 어떻게 할지 대응 방법은 열심히 찾으려고 합니다. 마치 2021년부터 시행되는 양도세 과세를 위한 대주주 인정 범위가 3억원으로 낮춰지는 데 맞춰 개별 주식의 비중을 조정했듯이 말이죠.*

---

* 2020년 7월 대통령 지시로 개인 투자자에게 불리한 주식양도세 개편안 재검토 지시가 있었고 기재부에서는 기존 안에서 기본공제 금액을 2,000만 원에서 6,000만 원으로 늘렸네요. 공시된 시안이 시행된다는 가성하에 정리해보았습니다. 제 생각으로는 대통령 지시에 따라 (가장 쉬운 방법으로) 기본공제 금액을 급하게 올렸을 거고요. 저는 기존 안인 2,000만 원조차 점차 축소할 것으로 보았기 때문에 5,000만 원이 오래 유지될 것으로 예상하지 않습니다.

매월 원천징수를 한다거나 주식 장기 보유에 대한 혜택이 없고 증권거래세 세율을 더 낮춰야 하는 등의 문제는 시행 전에 개선될 것으로 예상하면서 현재 눈에 띄는 것만 살펴보겠습니다.

주식 양도차익 5,000만 원 이하까지는 비과세한 다음, 양도차익을 3억 원 이하와 3억 원 초과로 나눠 20%, 25% 단일 세율을 적용해서 과세하고요. 증권거래세는 현행 0.25%에서 0.15%까지 낮춘다고 했습니다. 그렇다면 대다수의 소액 투자자에게는 유리하다고 할 수 있겠네요.

배당과 이자 등 다른 금융소득의 경우 2,000만 원 이하는 14%(주민세 포함 15.4%) 단일세율을 적용하고 초과분은 종합소득세율을 적용해서 최고세율 42%(5억 원을 초과하는 소득)까지 과세되는 데 비해서도 유리한 조건입니다. 물론 그동안 세금을 내지 않았으므로 유리하다는 말에 거부감을 느낄 분도 있겠죠.

10억 원을 주식으로 운용해서 주식을 매년 2회 매도-매수를 하면서(회전율 200%) 연 10% 수익을 올리는 투자자가 있다고 가정해봅니다. 당해 손실금은 3년 동안 이월해서 공제해준다고 했으니, 연평균 10% 수익은 가능하다고 보고 부담할 세금을 계산했는데요.

주식 매매차익으로 연 수입 1억 원을 올리는 투자자의 경우 지금처럼 증권거래세만 낸다면 500만 원, 수익의 5.0%만 세금으로 내지만 2023년 이후에는 양도소득세와 증권거래세로 1,400만 원, 즉 수입의 14.0%를 세금으로 내게 되네요.

그러면 투자금으로 5억 원을 운용하는 투자자가 투자금 회전율

주식 운용자금 10억 원, 연 수익률 10%, 운용자금 회전율 200%일 때

	2023년 이후	현행	비고
주식 양도차익	100,000,000	100,000,000	운용자금 × 10% 수익
기본공제	50,000,000	0	연 5,000만 원
과표	50,000,000	0	주식 양도차익−기본공제
양도소득세 20%	10,000,000	0	
주민세 10%	1,000,000	0	양도소득세의 10%
양도소득세 계	11,000,000	0	
증권거래세	3,000,000	5,000,000	운용자금 × 0.15%(0.25%) × 2
부담하는 세금 계	14,000,000	5,000,000	
부담세율	14.00%	5.00%	

주식 운용자금 5억 원, 연 수익률 10%, 운용자금 회전율 200%일 때

	2023년 이후	현행	비고
주식 양도차익	50,000,000	50,000,000	운용자금 × 10% 수익
기본공제	50,000,000	0	연 5,000만 원
과표	0	0	주식 양도차익−기본공제
양도소득세 20%	0	0	
주민세 10%	0	0	양도소득세의 10%
양도소득세 계	0	0	
증권거래세	1,500,000	2,500,000	운용자금 × 0.15%(0.25%) × 2
부담하는 세금 계	1,500,000	2,500,000	
부담세율	3.00%	5.00%	

200%로 연 10% 수익을 얻는 것으로 계산해보겠습니다.

주식 매매차익으로 연 수입 5,000만 원을 올리는 투자자의 경우 지금처럼 증권거래세만 낸다면 250만 원, 수익의 5.0%를 세금으로 내지만, 2023년 이후에는 양도소득세 없이 세율이 낮아진 증권거래세로 150만 원, 즉 수입의 3.0%를 세금으로 내면 되니까 유리해집니다.

정리하다 보니 많은 분들이 우려했듯이 기본공제 5,000만 원이 축소되거나 폐지될 것도 각오해야 할 것 같습니다. 제가 10년 전쯤 증권거래세를 폐지하는 대신 주식 양도차익에 대한 과세로 바뀐다고 시끄러웠을 때 정부 세수 관점에서 계산해본 적이 있는데요. 당시 거래대금으로 대략 계산했던 증권거래세가 연 5조 원쯤으로 기억합니다. 이런 안정적인 세금을 없애고 불안정한, 그것도 증권거래세에 못 미칠 가능성이 높은 양도세를 도입할 리가 없다고 결론을 내렸습니다.

이번에도 기획재정부에서는 증권거래세 세율을 낮출 수밖에 없는 주식양도세 도입에 반대했다고 하던데, 현재 시안으로 봤을 때 그랬을 것으로 생각됩니다. 현재 KOSPI와 KOSDAQ 양 시장은 매일 각각 10조 원 내외로 거래되고 있는데요. 하루 증권거래세만 무려 500억 원으로, 연 12조 5,000억 원 정도 됩니다.

2023년 이후로는 어떻게 될까요? 3년 동안 지금과 시가총액과 거래대금 등이 동일하다고 가정했을 때, 증권거래세를 현행 0.25%에서 0.15%로 내려 적용하면 증권거래세는 하루 300억 원, 연 7조 5,000억 원에 그칩니다. 따라서 증권거래세 세수는 5조 원이 줄어들

증권거래세 추정: 하루 거래대금 20조 원, 연 250일 개장 기준

	2023년 이후	현행	비고
증권거래대금	200,000	200,000	하루 거래대금 20조 원
증권거래세(일)	300	500	0.15% / 0.25%
증권거래세(연)	75,000	125,000	휴일을 감안해서 연 50주 × 5일
부족한 세금	50,000		12.5조 원 - 7.5조 원
필요한 양도차익	250,000		부족한 세금 / 양도세율 20%
KOSPI 시가총액	15,000,000		
KOSDAQ 시가총액	3,000,000		
시가총액 계	18,000,000		
필요한 수익률	1.4%		

주식 회전율 추정: 하루 거래대금 20조 원, 연 250일 개장 기준

(단위: 억 원)

	KOSPI	KOSDAQ	비고
증권거래대금	100,000	100,000	하루 거래대금 각각 10조 원
연간 거래대금	25,000,000	25,000,000	10조 원 × 250일
시가총액	15,000,000	3,000,000	6월 30일 현재: 1,418조 원 / 273조 원
연간 회전율	166.7%	833.3%	

1. 매매가 거의 없는 대주주 지분과 국민연금 등 장기 보유 지분을 포함했으므로 실제 회전율은 더 높을 것입니다. 저는 개인 투자자의 투자금 평균 회전율을 200%로 추정했습니다.
2. 펀드(친구)로 6년간(2014~2019년) 매매 회전율을 계산했더니, 대략 57%가 나왔는데요. 매매가 적은 가치투자자는 상대적으로 회전율이 낮을 것으로 예상할 수 있겠습니다.

게 되므로 양도소득세로 이만큼을 보충할 수 있어야 되는데요. 단순히 양도소득세율 20%를 적용하면 양도차익은 25조 원만 있으면 됩니다. 시가총액 1,800조(KOSPI 1,500조 + KOSDAQ 300조)의 1.4%에 불과하므로 충분히 가능해 보이시만 과연 그럴까요?

대주주 지분과 국내 기관, 외국인 투자자 등 이미 양도세 부과 대상이었거나 양도차익에 대해 세금을 따로 내지 않으면서 증권거래세 인하 덕분에 더 유리해지는 투자자와 양도세 부과 대상이 되는 개인 투자자의 경우 10명 중에서 1명이 수익을 내는, 즉 양도세 부과 대상이 된다는 점을 고려하면 쉬워 보이지 않습니다.

양도소득세 실시 이후

세수 문제는 기획재정부가 대표하는 정부에서 걱정할 일이고, 저는 순전히 개인 투자자 관점에서 주식 매매차익에 따른 세금을 물게 되었을 때 주식 투자의 매력은 어떻게 되는지에 대해서만 고민하면 되겠죠.

번역된 외서, 주로 미국 주식 책을 보면 지금까지 우리가 이해하지 못했던 주식 매매차익에 대한 세금 문제를 중요하게 다루는 것을 볼 수 있습니다. 워런 버핏은 물론 인덱스펀드를 창시한 존 보글은 인덱스펀드의 장점 중의 하나로 회전율이 낮기 때문에 거래비용과 함께 세금이 적다는 점을 강조합니다. 주식을 팔기 전 평가차익에 대해서는 모든 나라의 세법이 세금을 물리지 않기 때문인데요.

특히 양도세를 물리는 외국에서는 장단기 보유 여부에 따라 세율을 달리하기에 장기 투자를 선호하는 경향을 보입니다. 물론 거기나 여기나 매일 트레이딩에 열중하는 투기꾼들은 예외지만요. 따라서 2023년 이후 우리나라 주식시장에서도 장기 보유를 하려는 투자자들이 늘어날 것으로 예상할 수 있습니다. 그러면 뭐가 달라질까요?

제가 생각하기에는 배당금이 중요해집니다. 주식을 장기간 보유한다고 했을 때, 보유하는 동안 유일한 수입은 배당금이니까요. 그렇다면 내재가치에 비해 싸고 수익 구조가 안정적이기 때문에 배당금을 꾸준하게 줄 수 있는 회사가 인기를 얻지 않을까요? 단순한 추정이고 즐거운 상상이지만, 드디어 우리 가치투자자의 시대가 열리는 겁니다.

2022년은 양도세를 피하기 위한 주식 매도 러시가 있을 것으로 추측하기도 하던데, 그렇다면 2022년 연말은 이런 주식을 싸게 매수할 절호의 기회로 삼으면 될까요? 하지만 중소형 가치주의 경우 이미 양도세 과세를 위한 대주주 인정 범위를 계속 확대해왔으므로 2020년 말이면 세금을 의식한 매도는 대략 정리가 되지 않을까 싶습니다.

자산이 그렇게 많지 않은 저조차 작년부터 개별 종목 기준으로 3억이 넘는 주식들을 비슷한 부류의 다른 주식들로 교체해왔거든요. 예를 들어 신영증권 주식을 부국증권 주식으로 교체하는 식으로요.

또한 매도를 신중하게 하는 효과가 있습니다. 현행 조건에서는 보유하던 주식의 주가가 일시적으로 크게 오르면 이를 이용해 매도해서 현금을 챙긴 다음 매도한 주식 주가가 거래수수료와 증권거래세를 더한 것보다 떨어지면 다시 매수함으로써 단기차익을 얻을 수 있습니다.

2023년부터는 양도소득세를 더해야 하므로 그 주식과 영영 이별을 하기 위해 매도하지 않을 거라면 보유주식을 단기 매매하는 방식은 순수입에서 불리해집니다. 생각해보니 저 역시 가끔 보유 단가를 낮추기 위한 매매를 즐겼었는데, 전업 투자자가 된 제가 가장 큰 피해자가 될 수 있겠네요. 반면에 작은 수익을 얻기 위해 매일 시장을 들여다보면서 마음을 졸이는 식으로 귀한 시간을 허비할 필요성은 없어지겠군요.

결론적으로 주식양도세 시행은 자의든 타의든 장기 투자자가 늘어나는 효과가 있기 때문에 긍정적으로 생각합니다. 그리고 장기간 투자하기 위해서는 가치분석을 해야 하므로, 안심하고 투자할 수 있는 기업을 찾는 분위기가 조성되면서 두 가지 기업군이 부각될 것으로 봅니다.

(1) 꾸준히 성장할 기업

(2) 안정적으로 배당금을 지급할 기업

장기 투자자가 늘어남에 따라 매매(거래량)가 감소함으로써 거래세와 양도소득세가 줄어드는 현상이 발생하면 세수 부족을 염려하는 정부에서는 기업들에게 더 많은 배당금을 지급할 것을 독려할 가능성이 높아집니다. 시장이 이런 방향으로 움직인다면 일반 주주들에게 유리한 환경이 조성되므로 주식시장으로 더 많은 자금이 몰려들 것이고, 주가는 더 오르게 됩니다. 또한 거래량이 줄어듦에 따른 가장 큰 피해자는 거래수수료 비중이 큰 증권사가 되는데, 이들이 어떻게 대응할지도 궁금하네요.

벤저민 프랭클린이 그랬다죠. 사람이 피할 수 없는 두 가지는 세금과 죽음이라고요. 죽음이야 태어날 때부터 각오했던 것이지만 세금 문제만은 어떻게든 피하고 싶습니다. 더구나 없었던 세금이 만들어졌고, 그 세금이 나에게만 유독 불리하다면 결코 반가울 리 없습니다. 하지만 세금을 더 낸다는 것은 내가 더 많이 벌거나 재산이 더 많은 덕분이라고 생각하면 마음이 편해집니다. 다음 생각할 일은 절세할 방법이 있는지 머리를 쥐어짜는 일이겠고요.

부자 증세를 주장하는, 워런 버핏이 세금에 대해 한 말씀 하지 않았을 리가 없겠죠. 저는 마음 깊이 공감했음을, 아니 공감하려고 애썼음을 밝힙니다.

> 멍거와 나는 세금에 대해 절대 불평하지 않는다. 우리는 사회에 기여하는 것보다 우리의 노력에 대해 훨씬 더 풍부하게 보상을 해주는 시장경제 체제에서 일하고 있다. 세금은 이 불균형을 해소시켜주는 역할을 한다.
>
> – 재닛 로우, 《워런 버핏, 부의 진실을 말하다》, p. 250.

투자와 투기

투자와 투기에 대한 대가들의 다양한 말씀을 들어봅니다. 투기는 매력적으로 보이지만 나의 재산을 안전하게 불리기 위해서는 반드시 투자를 해야 한다는 것을 명심했으면 합니다.

투자는 단순하지만 쉬운 것은 아니다.

– 워런 버핏

투기는 단기에 보상받을 수도 있지만 장기에 걸쳐 성공하는 경우는 거의 없다. 사람들이 투기를 진지하게 받아들이기 시작하면 매우 위험해진다. 가장 쉬워 보일 때가 가장 치명적일 때다. 워런 버핏은 "투기의 가장 큰 문제는 시장이 과열되었을 때 열기가 언제 식을지 알기가 대단히 어렵다는 점"이라고 했고 "사실상 원하지도 않는 주식을 순전히 다른 사람에게 되팔려는 생각으로 사서 돈을 벌 만큼 똑똑한 사람은 이 세상에 없다고 확신한다"고 했다.

– 프레더릭 반하버비크, 《초과수익 바이블(Excess Returns)》, p. 248.

자산의 장래 가격 변동에 초점을 맞춘다면 그것은 투기입니다. 투기가 잘못이라는 말은 아닙니다. 그러나 나는 투기를 잘하지 못하며, 계속해서 투기에 성공했다는 사람들의 주장을 믿지 않습니다. 여러 사람이 동전 던지기를 한다면 첫 회에는 절반 정도가 승리할 것입니다. 그러나 이들이 동전 던지기를 계속한다면 아무도 이익을 기대할 수 없습니다. 따라서 어떤 자산의 가격이 최근 상승했다는 이유로 그 자산을 사서는 절대 안 됩니다.

– 워런 버핏 / 리처드 코너스, 《워런 버핏 바이블(Warren Buffett on Business)》, p. 76.

만약 투기에 운을 걸어보고 싶다면 이러한 목적으로 별도의 계좌를 마련해서 따로 일정 비율의 자금(적으면 적을수록 좋다)을 관리하라. 시장이 상승하고 이익이 늘어난다고 해서 이 계좌에 추가로 자금을 투입하지 말아야 한다(오히려 투기성 계좌로부터 자금을 인출할 것을 고려할 시점이다). 절대로 한 계좌에 투기성 자금과 투자용 자금을 섞어서 관리해서는 안 되며, 생각 자체도 분리해야 한다.

– 벤저민 그레이엄, 《현명한 투자자》, 국일증권경제연구소, p. 48.

숙향'S 코멘트
위대한 스승 그레이엄은 인간의 투기 본성을 해소하기 위한 방법으로 투기를 적극 말리지 않고 오히려 투자금의 최대 10% 범위 내에서 투기성 주식을 매수해서 경험해보라고 했습니다.

현명한 투자가 있는 것처럼 현명한 투기도 있다. 그러나 현명하지 못한 투기가 더 많다.

그중 대표적인 것으로는 다음과 같은 세 가지 경우이다.

(1) 투자하고 있다고 생각하면서 투기하는 경우

(2) 적절한 지식과 기술이 없으면서도 재미가 아니라 심각하게 투기하는 경우

(3) 손해를 감당할 수 없는 수준까지 투기에 돈을 거는 경우

– 벤저민 그레이엄, 《현명한 투자자》, 국일증권경제연구소, p. 48.

만약 투자가 최소한 지불된 금액만큼을 정당화할 수 있는 가치를 추구하는 행위가 아니라면 무엇이란 말인가? 주식의 가치보다 높은 가격에 곧 팔릴 거라는 기대를 품고 더 많은 돈을 지불하는 것은 투기라고 말할 수밖에 없다.

– 워런 버핏 / 로저 로웬스타인, 《버핏: 21세기 위대한 투자신화의 탄생》, p. 675.

일반적으로 투기꾼은 미래의 가격을 예측하려고 노력하지만, 투자자라면 궁극적으로 자산의 가치가 가격에 반영될 것이라는 사실을 확신하기 때문에 자산 가치를 분석하는 일에 노력을 기울인다.

– 로버트 해그스트롬, 《워렌 버핏 투자법(The Essential Buffett)》, p. 36.

나는 복리 효과가 있는 대상에는 '투자', 복리 효과가 없는 대상에는 '투기'로 구분하는 것이 좀 더 합리적이라고 생각해 이 개념을 쓰고 있다. 예컨대 채권이나 주식을 중장기로 보유하는 경제행위는 복리 효과가 있으므로 투자에 해당된다. 하지만 이들을 단기적으로 보유하는 경우는 복리 효과가 없으므로 투기로 분류한다.

한편 복리 효과가 없는 금이나 원자재는 단기로 보유하든 장기로 보유하든 투기에 해당된다고 생각한다. 이 기준을 적용하면 땅, 금, 아파트, 미술품 등에는 투기라는 말이 붙는 것이 적절하며 상가나 주식, 채권 등에는 보유기간에 따라 투기와 투자를 모두 붙일 수 있다.

– 서준식, 《눈덩이 주식 투자법: 저금리, 100세 시대 최고의 투자 해법》, p. 138.

가치와 가격 그리고 가치투자자

대가들의 말씀을 통해 가치, 가격 그리고 가치투자자가 견지해야 할 자세에 대해 배웠으면 합니다. 투자와 투기의 차이가 명확해지는 것을 느낄 수 있습니다.

가격은 여러분이 지불하는 것이고, 가치는 여러분이 그 대가로 얻는 것입니다.

– 워런 버핏, 〈1967년 1월 22일 파트너 편지〉, 로저 로웬스타인, 《버핏: 21세기 위대한 투자신화의 탄생》, p. 199.

> **숙향'S 코멘트**
> 가격과 가치에 대한 최고의 정의라고 생각합니다.

벤저민 그레이엄은 다음과 같은 가정에 바탕을 두고 비정상적으로 싼 주식에 투자하는 것이 바람직하다고 생각했다.

첫째, 그는 주식시장의 주가는 종종 왜곡되는 경우가 많다고 믿었다.

둘째, 주식 가격은 결국 통계적으로 보더라도 정상가격으로 돌아가게 마련이라는 믿음이다.

– 로버트 해그스트롬, 《워렌 버핏 투자법》, p. 98.

성장 기업들은 짜릿할 뿐만 아니라 인상적으로 보인다. 이들은 지난 50년간 연간 1.5% 정도씩 시장수익률을 하회해왔다. 반면 가치주는 지루하고, 간신히 버텨나가는 표준 미달 기업에 속한다. 이처럼 지속적으로 부실한 성과를 낼 것처럼 보이는 투자에 대한 보상을 위해 가치주는 연간 1.5%씩 시장수익률을 상회해 왔다.

– 제레미 그랜담 / 앤서니 볼턴, 《투자의 전설, 앤서니 볼턴》, p. 88.

숙향'S 코멘트

가치에 비해 싼 기업에 투자하면 지루한 대신 시장 평균을 초과하는 수익으로 보답 받는다는 사실은 과거 통계로 확인할 수 있습니다.

모든 사람이 '인기주'에 대해 말할 때, 가치투자자의 눈에 그 주식은 비싸게 보인다. 안전마진도 없고, 주가에는 원하는 수익률만 반영되어 있을 뿐 리스크는 거의 반영되어 있지 않다. 미래의 산업구조와 달성 가능한 성장률이 어느 정도인지 불확실함에도 불구하고, 전망이 좋다는 막연한 가정이 인기주의 주가에 반영된다. 다행인 것은 그런 주식에 투자할 필요가 없다는 것이다. '난 그런 주식은 몰라'라는 태도를 갖는 것이 좋다.

– 비탈리 카스넬슨, 《적극적 가치투자》, p. 273.

숙향'S 코멘트

제가 즐겨 쓰는 말이 있죠. 안 먹고 말아! 비탈리 카스넬슨은 다른 모든 사람이 권할 때가 아니라 주식이 질, 성장성, 가격 기준을 충족시킬 때만 자신의 판단에 따라 주식을 소유해야 한다고 말합니다.

가치투자 포지션을 취할 경우 가능한 수익 경로 세 가지

(1) 시장이 주가를 잘못 책정했다는 것을 인식해 재평가가 이루어질 경우 → 주가 상승

(2) 배당수익으로 높은 수익을 올리지만 주가에 대한 즉각적인 재평가는 없는 경우

(3) 주가가 결코 회복되지 않는 경우 → 가치 함정

– 제임스 몬티어, 《100% 가치투자》, p. 399.

숙향'S 코멘트

인내는 가치투자자에게 필수이지만 3항의 경우는 인내가 독이 될 수 있습니다. 투자한 기업이 기대한 만큼의 배당금을 꾸준히 지급한다면, 가치투자자는 기다릴 수 있습니다. 또한 '가치 함정' 역시 내재가치에 비해 충분히 싼 주식은 계기가 되면(촉매를 만나면) 충분한 보상을 얻을 수 있다는 점에서 인내가 독이 되는 경우는 거의 없을 것입니다.

가치투자자 = 보수적인 투자자

(1) 손실을 보고 있는 기업의 주식은 절대 사지 마라. 손실은 어딘가 잘못 돌아가고 있다는 것을 경고하는 신호다. 괜찮은 기업은 대부분 제자리를 찾아가지만, 그렇지 않은 기업은 호되게 당한다.

(2) 기업이나 업종이 어려움을 겪을 때는 고위 관료, 심지어 장차관급 인사가 아무 문제없다고 말해도 절대 믿으면 안 된다. 콩으로 메주를 쑨다고 해도 믿으면 안 된다. 이럴 때는 십중팔구 해당 주식이나 업종을 포기해야 한다.

– 데이비드 드레먼, 《데이비드 드레먼의 역발상 투자(Contrarian Investment Strategies)》, p. 421.

가장 좋은 수익률을 줄 수 있는 주식은 기술혁명을 선도하는 산업에 있는 것이 아니라 종종 둔화 또는 침체기에 있는 산업에 있다. 이들 기업은 효율성을 찾아내 추구하고, 어떤 산업에 속해 있건 간에 최고의 위치에 도달하는 데 필요한 경쟁적 특전 우위 분야를 개발하는 경영을 시도했다. 이런 특징이 있는 기업들은 종종 시장에서 저평가된 기업들이며 투자자들이 주식을 꼭 사야만 하는 기업이다.

– 제레미 시겔, 《투자의 미래(The Future for Investors)》, p. 188.

나는 언제든지 위대한 산업보다 그렇지 않고 보잘것없는 산업을 투자처로 선택할 것이다. 성장하더라도 아주 느리게 성장하는 이런 보잘것없는 산업 중에서도 주가가 떨어져도 아주 적게 떨어지거나 생존해 높은 시장점유율을 보이는 산업이야말로 진정한 투자처이다. 침체된 시장에서도 꾸준히 증가하는 점유율을 보일 수 있는 기업이야말로 엄청난 활황장세 속에서 규모가 점점 작아지는 것을 애써 막아보려는 기업보다 훨씬 더 좋은 기업인 것이다.

– 피터 린치·존 로스차일드, 《피터 린치의 이기는 투자》, p. 175.

장기적으로 볼 때 주식의 수익률이 채권보다 더 높다는 사실에 반박하는 사람은 거의 없을 것이다. 그러나 주식이 지닌 변동성 때문에 아직도 많은 이들이 주식 투자를 꺼린다. 하지만 주식의 위험은 순전히 주식을 보유하는 기간에 달려 있다.

– 제레미 시겔, 《투자의 미래》, p. 256.

> **숙향'S 코멘트**
> 장기 투자자에게 주식은 위험이 전혀 없으면서 최고의 수익률을 안겨주는 투자자산입니다.

성장주 투자의 어려움에 대한 그레이엄과 버핏의 조언

벤저민 그레이엄은 성장주 투자의 매력에 대해 많은 말을 했습니다. 실제로 그레이엄이 평생에 걸쳐 얻은 투자수익의 절반은 성장에 중점을 두고 집중 투자했던 '가이코(GEICO)'에서 나왔으니까요.

하지만 전문 지식과 분석력이 떨어지는 개인 투자자가 성장주에 투자하기에는 얻는 것보다 잃을 가능성이 높다고 보았기에 권하지 않았고, 분산투자를 강조했으며, 급기야 생애 마지막 인터뷰에서는 시장과 동일한 수익률을 얻는 인덱스펀드에 투자하는 것이 가장 현명한 투자법이라고 말했습니다.

그레이엄이 성장주 투자가 어려운 이유에 대해 했던 말씀을 모아 보았습니다.

성장주는 가격이 합리적일 때는 살 만한 가치가 있다. 그러나 PER이 25배나 30배를 훨씬 상회할 때는 승산이 없어진다.

현명한 투자자는 성장주가 가장 인기 있을 때가 아니라 성장주에 어떤 문제가 발생했을 때 성장주에 관심을 가진다.

– 벤저민 그레이엄, 《현명한 투자자》, 국일증권경제연구소, p. 230.

성장주 발굴은 쉽지 않지만 최고의 투자 기회를 얻을 수 있습니다. 하지만 투자를 위해 반드시 따져봐야 할 세 가지 문제가 있습니다.

(1) 성장 기업이란 경기순환기마다 이익이 증가하는 회사인데, 장기적으로 좋은 실적이 유지된다고 어떻게 확신할 수 있는가?

(2) 투자자가 성장주를 식별할 수 있는가?

(3) 회사가 성장한다고 확신한다면, 이 성장 요소에 얼마를 지불해야 정당한가?

– 벤저민 그레이엄·데이비드 도드, 이건 옮김, 《증권 분석》, 리딩리더, p. 516.

자신의 투자 철학은 그레이엄의 가치주 투자 85%, 필립 피셔의 성장주 투자 15%라고 말하는 워런 버핏이지만 그의 포트폴리오는 두 사람의 영향이 정반대 비중으로 적용되는 것으로 보이는데요. 그럼에도 버핏은 성장주 투자의 어려움을 강조합니다.

옳든 그르든 '가치투자'라는 용어는 널리 사용되고 있습니다. 대개 주가순자산비율(PBR)이 낮거나, 주가수익비율(PER)이 낮거나, 배당수익률이 높은 주식에 투자하는 것을 가리킵니다. 그러나 이런 속성을 한두 개 갖춘 종목을 산다고 해서 진정 가격을 웃도는 '가치'를 확보하는 것은 절대 아닙니다. 반대로 PBR이 높거나, PER이 높거나, 배당수익률이 낮은 주식을 산다고 해서 '가치'를 상실하는 것도 절대 아닙니다.

기업의 성장 그 자체는 가치를 알려주지 않습니다. 물론 성장은 흔히 가치에 긍정적 영향을 미치며, 때로는 가치에서 절대적인 비중을 차지하기도 합니다. 그러나 이런 효과는 전혀 확실하지가 않습니다. 예를 들어 투자자들은 미국 국내 항공사에 계속해서 돈을 쏟아부었지만 쓸모없는 성장만 했습니다. 차라리 라이트 형제가 비행기를 발명하지 않았더라면 이런 투자자들에게 더 좋았을 것입니다. 항공 산업이 성장할수록 투자자들의 손실이 더 커졌으니까요.

성장은 늘어나는 이익을 높은 수익률로 재투자할 수 있을 때에만 투자자들에게 이득이 됩니다. 다시 말해서 성장에 1달러를 투자했을 때 창출되는 장기 시장가치가 1달러를 넘어야 합니다. 수익률은 낮으면서 계속 자금이 필요한 사업이라면 성장은 투자자에게 손해를 끼칩니다.

– 워런 버핏, 버크셔 해서웨이 2000년 주주 서한

존 보글 그리고 인덱스펀드에 대한 워런 버핏의 극찬

미국 투자자들에게 가장 크게 기여한 사람의 동상을 세운다면, 그 사람은 두말할 필요 없이 존 보글입니다. 수십 년 동안 존은 투자자들에게 초저비용 인덱스펀드에 투자하라고 역설했습니다. 이 과정에서 그가 벌어들인 돈은 투자자들에게 막대한 수익을 약속만 하고 전혀 지키지 못한 펀드매니저들이 번 돈보다 훨씬 적었습니다.

활동 초기에 존은 자산운용업계로부터 자주 무시당했습니다. 그러나 지금 그는 수백만 투자자가 다른 어떤 방법으로도 얻기 어려운 높은 수익을 달성하게 해주었다는 사실에 만족할 것입니다. 그는 수백만 투자자와 나의 영웅입니다.

– 워런 버핏 / 리처드 코너스, 《워런 버핏 바이블(Warren Buffett On Business)》, p. 367.

Chapter 4

매매 일반

매도는 수익률을 결정하지만 매수는 수익을 결정합니다. 우리는 다양한 경로를 통해 주식을 접하게 되는데, 그중 어떤 종목을 선정해야 할까요? 일반적으로 알려져 있는 매매 기준에 대해 우선 살펴보고자 합니다.

> 워런 버핏의 투자 원칙
> 첫 번째 원칙은 잃지 않는 것이다.
> 두 번째 원칙은 첫 번째 원칙을 잊지 않는 것이다.
> 세 번째 원칙은 레버리지를 쓰지 마라.
> – 앨리스 슈뢰더, 《스노볼》, 2권, p. 369.

내재가치 계산법 – 적정가는 얼마인가?

> 내재가치는 투자와 기업의 상대적인 매력도를 평가할 수 있는 단 하나의 논리적
> 인 기준을 제공해주는, 투자의 가장 중요한 개념 중 하나이다.
>
> – 워런 버핏 / 김현준, 《워런 버핏처럼 사업보고서 읽는 법》, p. 209.

벤저민 그레이엄은 주식의 내재가치와 시장에서 거래되는 주식
가격의 차이에 대해 안전마진이라는 멋진 용어를 만들어냈습니다.
그리고 안전마진이 큰 주식을 사라고 했습니다. 그레이엄의 수제자
인 워런 버핏은 안전마진이 큰 주식으로 포트폴리오를 구성하는 것
이 잃지 않는 투자라고 했습니다.

그런데 언뜻 명확해 보이는 내재가치에 대해 대가들의 정의가 똑
같지 않습니다. 현존하는 최고의 투자자인 워런 버핏을 비롯해 많은
대가들은 DCF(discounted cash flow), 즉 현금흐름할인법으로 계산
한다고 했습니다. 한 기업이 미래에 벌어들인 현금을 추정해서 이를
이자율로 나누는 방법인데요. 정작 버핏은 이 방법을 적용하는 게
만만치 않다고 여러 차례 얘기합니다.

내재가치는 간단하게 정의할 수 있습니다. 기업이 잔여 수명 동안 창출하는 현금을 할인한 가치입니다. 그러나 내재가치를 계산하기는 쉽지 않습니다. 정의에 드러나듯이, 내재가치는 정확한 숫자가 아니라 추정치입니다. 게다가 금리가 바뀌거나 미래 현금흐름에 대한 예측이 수정되면 추정치도 바꿔야 합니다. 게다가 똑같은 사실을 보더라도, 두 사람의 내재가치 추정치는 같을 수가 없습니다. 찰리와 나도 마찬가지입니다. 바로 이런 이유 때문에 우리는 내재가치 추정치를 절대로 제공하지 않습니다. 대신 사업보고서에서 제공하는 것은 우리가 내재가치 계산에 사용하는 사실들입니다.

– 워런 버핏, 《워런 버핏의 주주 서한(The Essays of Warren Buffett 4th Edition)》, p. 386.

하지만 버핏이 어떤 주식을 DCF 방식으로 계산해서 문서상으로 남아 있는 기록은 없다고 합니다. 버핏에 대해 가장 잘 아는 찰리 멍거는 "버핏은 할인된 현금흐름에 대해 말한다. 하지만 그가 계산하는 모습을 본 적이 없다"고 말했는데요. 이에 대해 버핏은 "나는 현금흐름을 계산한다. 회사의 가치를 따져보지 않고 어떻게 그 회사의 주식을 사겠는가?" 하고 반박했다고 합니다.

주식을 평가하는 수학공식이 어려운 것은 아니지만, 노련하고 현명한 분석가도 미래 할인율을 추정할 때는 틀리기 쉽습니다. 버크셔는 이런 문제를 두 가지 방법으로 해결합니다. 첫째, 우리는 이해할 수 있는 기업에만 투자합니다. 둘째, 매입 가격에서 안전마진을 확보하는 것도 마찬가지로 중요합니다.

– 워런 버핏, 《워런 버핏의 주주 서한(The Essays of Warren Buffett 4th Edition)》, p. 187.

초등학교 수학 실력으로 버티는 저에게는 어려운 방법이고 현실적으로는 두 가지 문제 때문에 적용하기에 쉽지 않습니다. 즉 한 기업의 미래 이익을 추정한다는 것이 간단하지 않다는 점, 그리고 절대 안전한 국채 이자율을 적용한다고 했는데 이자율은 항상 변합니다. 그렇다면 이자율이 변할 때마다 지렛대 효과로 인해 10년 후의 내재가치는 크게 변한다는 것이죠.

그래서 저는 우리 세법에서 비상장주식을 상속 또는 증여할 때 과표를 산정해내기 위해 사용하는 수식이 단순하면서도 나름 합리적으로 생각되어 살짝 변형해서 이용하고 있습니다. 기업이 보유한 자사주는 총발행주식에서 차감해서 계산합니다.

내재가치 = (BPS + EPS × 10) / 2

BPS: **최근 연도** BPS

EPS: **(최근 연도** EPS × 3) + **(전년도** EPS × 2) + **(전전년도** EPS × 1) / 6

- EPS에 10을 곱하는 이유는 이자율을 10%로 계산하기 때문입니다. 현재 이자율은 2%에도 미치지 못하므로 역수인 50배 이상을 적용해야 하지만, 현행 상속세법에 의하면 수익가치를 계산함에 있어 10%의 이자율을 적용합니다. 이자율보다는 정상적인 기업이라면 투자자본에 대해 10% 수익은 올린다는 개념으로 이해했습니다.

- 상속세법에서 비상장주식의 가치를 계산할 때는 BPS:EPS 비율을 2:3으로 적용합니다. 자산가치보다 수익가치에 더 비중을 두었다고 볼 수 있는데, 실제로

주가는 이익 변동에 가장 민감하게 움직인다는 점에서 더 타당해 보입니다.

• 저는 개인적으로 자산가치와 수익가치를 동등하게 놓고 싶어서 BPS:EPS 비율을 1:1로 적용하는데, 계산하기에 편리한 장점도 있습니다.

[예]

최근 사업연도 BPS: 10,000원

최근 연도 EPS: 1,000원 / 전년도 EPS: 500원 / 전전년도 EPS: 800원

→ 조정된 EPS: (1,000 × 3) + (500 × 2) + (800 × 1) / 6 = 800원

→ 내재가치: (10,000 + 800 × 10) / 2 = 9,000원

• 예를 든 기업이 자사주를 20% 보유하고 있는 경우

내재가치: 9,000원 / (100% - 20%) = 11,250원

〃 내재가치의 유효성 확인

《할 수 있다! 퀀트 투자》의 저자인 강환국 님이 제가 제시한 내재가치 계산법으로 퀀트에 적용해보았더니, 놀라운 결과가 나왔다고 알려주었습니다.

"모든 기업의 내재가치를 숙향님의 논리로 나열하고 내재가치 / 시가총액 지표가 가장 높은 20 / 30 / 50개 종목에 동일 비중 투자를 하고 1년 1회 종목을 교

체하면 2003.6–2016.6 구간에 각각 복리로 26.39%, 24.87%, 25.96% 벌 수 있었습니다. 숙향 님이 책에 올리신 수익과 매우 흡사해서 놀랐습니다!"

– 강환국, 2017년 10월

상장회사인 이씨에스를 예로 들어 내재가치를 계산해보았습니다. 제가 억 단위로 계산하기 때문에 산출된 수치 끝 단위에서 작은 차이가 발생합니다.

- BPS: 3,644원
- EPS: 307원 = (317원 × 3 + 253원 × 2 + 387원 × 1) / 6
- 내재가치: 3,360원 = (3,644원 + 307원 × 10) / 2

매수 추천 종목

우리는 다양한 경로를 통해 금방 돈을 벌어줄 것 같은 주식을 만날 수 있습니다. 증권사들은 자사 애널리스트들이 분석해서 선정한 투자 유망 종목을 무상으로 소개하는데, 왠지 믿음이 갑니다. 또한 각종 경제 신문과 경제 TV에서 그리고 대박 종목을 알려주는 사이버 애널리스트도 있습니다. 주식 투자로 돈 좀 벌었다는 친구도 있고 개인 블로그나 투자 카페에도 추천 종목은 많습니다.

그렇지만 이렇게 추천 받아서 매수한 주식으로 수익을 내기가 쉽

이씨에스(067010) 내재가치 계산해보기

1. 재무제표	2020. 03	2019. 03	2018. 03	2017. 03
매출액	704	634	619	557
영업이익	35	14	26	26
당기순이익	39	19	29	27
자산	633	596	582	528
부채	185	158	150	114
자본총액	448	438	432	414
(자본금)	(61)	(38)	(38)	(38)
BPS	3,644	5,840	5,760	5,520
EPS	317	253	387	360
ROE	8.7%	4.3%	6.7%	6.5%
배당금	100	120	200	200
배당성향	31.8%	42.0%	44.7%	49.0%

2. 대주주	2020. 03		2019. 03	
	주식 수	지분율	주식 수	지분율
현해남	2,700	22.0%	1,350	20.5%
하헌양	433	3.5%	217	3.3%
김형욱	108	0.9%	54	0.8%
이종연			96	1.3%
계	3,241	26.4%	1,717	25.9%
전달수(전 임원)	307	4.1%	307	4.1%
*자사주	0	0.00%	909	12.10%
주식 총수	12,294	시가총액	416	
자사주 차감	12,294	시가총액	416	

내재가치		투자지표	
자산가치	3,644	PER	10.67
수익가치	308	PBR	0.93
내재가치	3,360	PSR	0.59
내재가치(−자사주)	3,360	PDR	3%
안전마진	−25		

* 2020년 6월 30일 주가: 3,385원

지 않습니다. 사실은 대개 투자금을 모두 잃고서 '다시는 주식 안해!' 하면서 낙담하는 것으로 끝이 납니다. 때로는 어떤 경로로 추천 받은 주식으로 수익을 올리는 경우도 있습니다. 그런 일이 일어나면 상대방에 대한 신뢰감이 확 들겠죠. '다음 또 성공?' 그러다 결국 망합니다. 늘 맞히는 사람은 없거든요. 가끔 뉴스가 되듯이 싸게 매수해둔 주식을 팔아치울 목적으로 접근하는 경우도 많습니다. 좋은 사람이 더 많기에 세상이 잘 돌아가지만 돈이 걸린 세계에서는 나쁜 사람이 더 많다고 생각해야 합니다.

제가 1985년 처음 주식 투자를 시작했을 때 제 경험입니다. 사무실에 들어오는 경제지 하나에는 매주 월요일마다 25개 증권사에서 각각 2종목씩 추천한 50개 종목을 정리한 표를 게재했었습니다. 저는 이들 종목명과 전 주말 종가, 그 주 주말 종가를 차례대로 기재해서 전 주말과 이번 주말의 주가 등락금액과 등락률을 정리한 표를 만들었는데요. 컴퓨터를 사용하지 않을 때였으므로 오로지 수작업으로 거의 3개월 동안 매주 이런 작업을 반복한 후 제가 내린 결론은 증권사 추천 종목을 매수해서는 수익을 얻을 수 없다는 것이었습니다. 이후 그런 헛고생은 하지 않았습니다.

세상에 공짜는 없다는 말은 진리이고, 특히 투자에 있어서는 항상 마음속 깊이 새겨두어야 할 경구입니다. 그렇다면 우리가 해야 할 일은 자신의 능력과 노력으로 가치에 비해 싼 주식을 직접 찾는 데 있겠지요.

추천 종목이란 주제에 대해서는 매력 덩어리, 앙드레 코스톨라니

옹이 깔끔하게 정리했습니다.

> 나한테 추천 종목을 물으면 나는 다음과 같은 중국 속담을 얘기해준다.
>
> "친구가 있다면 그에게 생선 한 마리를 줘라. 하지만 그 친구를 진정으로 사랑한다면 그에게 생선 잡는 법을 가르쳐줘라."
>
> 여기서 추천 종목은 생선에 해당된다. 생선은 스스로 잡아야 한다. 덥석 추천 종목을 가르쳐주는 경우라면, 이는 어떤 세력이나 금융기관이 대중에게 그 주식을 팔기 위해 선전을 하는 것이다. 추천 종목을 믿고 대중은 주식을 산다. 그러면 시세는 높이 올라가고, 올라간 주가는 새로운 구매자를 유혹해 끌어들인다. 이렇게 하여 세력의 계획은 맞아떨어진다. 추천 종목의 목표는 대부분 바로 이것이다. 성공하려면 추천 종목을 따라가지 말고, 스스로 아이디어와 의견을 가져야 한다. 다시 말해 스스로 생각해야 하고, 훌륭하고 경험 많은 어부가 생선을 잡듯이 스스로 추천 종목을 만들어내야 한다.
>
> – 앙드레 코스톨라니, 《실전 투자강의》, p. 8.

⫻ 매매 – 살 때와 팔 때

거래량이 적은 중소형주에 주로 투자하는 저는 일반적인 경우와는 다른 매매 기회를 활용합니다. 이는 유통 물량이 적어 발생하는 특이한 상황을 만나기 때문인데, 돈의 유통량과 인간의 심리에 따라 움직이는 (일반적으로 시장에 영향을 미치는) 것과는 다른 상황이 벌어지기 때문입니다.

이 생각은 벤저민 그레이엄이 시장을 뒤흔드는 매력적인 존재인, 미스터 마켓의 조울증을 이용하는 것과 일맥상통합니다.

가격 변동은 투자자에게 가격이 급격히 하락할 때 매수할 수 있고 급상승할 때 현명하게 매도할 수 있는 기회를 제공할 것이다. 다른 때에는 주식시장에 대해 잊어버리고 배당수익과 회사의 영업성과에 주의를 기울이는 편이 더 낫다.

– 벤저민 그레이엄, 《현명한 투자자》, 국일증권경제연구소, p. 257.

또한 그레이엄은 주가 급등락에 대해 당황할 일은 아니며 오히려 이용하라면서 다음과 같은 조언을 들려줍니다.

안전한 주식으로 포트폴리오를 구성하고 있는 투자자는 그 가격이 변동할 것을 예상하고 있어야 하며, 큰 폭의 가격 상승에 흥분해서도 안 될 것이고 큰 폭의 가격 하락에 대해 우려해서도 안 될 것이다. 투자자는 시장의 시세가 이용되든 무시되든 관계없이 투자자의 편의를 위해서 존재한다는 것을 항상 명심해야 한다.

– 벤저민 그레이엄, 《현명한 투자자》, 국일증권경제연구소, p. 258.

앙드레 코스톨라니는 다음과 같은 멋진 말씀을 들려줍니다. 치밀한 분석과 깊은 사고를 통해 엄선해서 투자한 종목이라면 매일매일의 주가 움직임에 현혹되지 말라는 뜻이겠지요.

매수할 때는 낭만적이어야 하고, 매도할 때는 현실적이어야 한다. 그리고 그 사이에는 틈틈이 잠을 자야 한다.

– 앙드레 코스톨라니, 《돈이란 무엇인가》, p. 308.

〽 모방

초보 투자자가 주식시장에서 직접 주식 매수를 시작할 때 위험을 덜기 위해서는 투자를 잘할 것으로 인정받는 투자자를 모방하는 게 한가지 방법입니다. 가치투자자에 한정한다면, 간접투자 방법으로 가치투자 펀드에 가입하거나 이들 펀드에서 보유하고 있는 주식 중에서 자신의 투자관에 어울리는 주식을 매수하는 겁니다. 또는 개인 투자자 중에서 신뢰받는, 소위 재야의 고수라고 하는 개인 투자자의 포트폴리오를 흉내 내는 방법입니다.

하지만 이 방법은 경험을 쌓아서 직접투자 주식을 선정할 수 있는 능력을 갖출 때까지 (아주 조금) 유효할 뿐 결코 안전한 방법이 아닙니다. 두 가지 모두 확실한 단점을 내재하고 있기 때문입니다.

첫째, 펀드에 투자하는, 즉 간접투자의 경우 지금까지 잘하던 펀드매니저가 앞으로도 계속 잘할 거라는 보장이 없습니다. 투자를 하다 보면 많이 듣게 되는 얘긴데, 과거는 지나온 사실이지만 미래에도 그럴 거라는 확신은 누구도 하지 못하거든요.

둘째, 대개 온라인 투자 카페 등에서 알게 된, 고수의 포트폴리오를 흉내 내는 방법 역시 그 투자자가 계속 잘할 거라는 보장이 없는 데다 그 고수가 언제 사고팔지 알 수 없으므로 실제로 모방하기에는 현실적인 어려움이 있습니다. 그 고수가 (운이 좋아서 일시적으로) 수익률이 좋을 때는 포트폴리오를 공개하더니, 수익률이 나빠졌거나 어떤 이유에서인지 어느 날 갑자기 잠적해버리는 사태가 벌어지기도 합니다. 최악의 경우 (가끔 뉴스에서 보듯이) 믿고 의지했던 투자자가 사기꾼이었을 수도 있습니다.

모방의 위험에 대해서는 엄청나게 공부한 것으로 짐작되는 현직 펀드매니저가 간결하게 정리했습니다.

대가(고수)를 모방해서 수익을 내기 어려운 세 가지 이유

(1) 대가들은 모방자와 경쟁하지 않으려고 자신만의 투자법으로 신중하게 투자한다. 따라서 대가들의 움직임이 공공연하게 알려지기 전까지 수주일 혹은 수개월을 기다려야 할지도 모른다.

(2) 대가의 투자가 대중에게 알려지면 모방자들이 행동을 취하기 때문에 잠재적인 초과수익이 빠르게 소멸할 수 있다.

(3) 대가들이 투자한 종목 하나만 달랑 따라 하다 보면 주식의 비중이나 수량, 종목 등에서 대가들의 포트폴리오와는 상당히 다른 포트폴리오를 갖기 십상이다. 달리 말해서 대가의 포트폴리오와 이를 따라 하는 사람의 포트폴리오가 거두는 수익률이 상당히 다를 수 있다는 얘기다.

– 프레더릭 반하버비크, 《초과수익 바이블(Excess Returns)》, p. 252.

매매

워런 버핏은 오래전부터 우량 기업에 집중적으로 투자했지만, 자신의 개인 포트폴리오는 근래에도 그레이엄의 바겐헌팅 스타일을 구사했다. 몇 년 전 버핏은 개인 포트폴리오로 한국의 넷넷(Net nets: 시가총액이 유동자산-유동부채보다 훨씬 낮은 기업)에 투자한 것으로 보도되었다.

– 존 미하일레비치, 《가치투자 실전 매뉴얼》, p. 50.

> **숙향'S 코멘트**
> 버핏에게 한국 주식시장은 여전히 그레이엄의 투자 스타일을 적용할 수 있는 곳이었다는 얘기입니다. 다르게 말하면 개인 투자자가 투자하기에는, 적용 가능한 시장에서는 그레이엄의 투자 방식이 더 낫다는 뜻으로 받아들여도 될 듯합니다.

어떤 사람들은 자기가 시장의 정점에서 매도하고 바닥에서 매수할 수 있다고 자랑한다. 나는 이 말을 믿지 않는다. 이런 사람은 허풍선이일 뿐이다. 나는 단지 이 정도면 싸다 싶을 때 샀고, 이 정도면 비싸다 싶을 때 팔았다. 이렇게 했기 때문에 극단적으로 요동친 시장의 출렁거림에도 떠내려가지 않고 살아남을 수 있었다.

– 버나드 바루크

시장의 바닥에서는 불확실하고 걱정스러운 일반적 환경이 펼쳐질 것이다. 나는 때때로 동료들에게 이렇게 말하곤 한다. 여러분이 심연을 들여다보고 있으면 금융 시스템이 곧 붕괴될 것 같고 다시는 주식을 사려는 사람이 아무도 없을 것 같지만, 해뜨기 직전이 가장 어두운 법이며 바로 이때가 시장이 방향 전환을 하는 때이다. 이때쯤 되면 이미 투자자의 생각 속에 나쁜 뉴스가 모두 스며들었을 것이며, 팔 사람은 이미 다 팔았을 것이다. 시장은 매수자가 나타나기 때문이 아니라 매도자가 매도를 중단할 때 바닥을 치는 것이다.

– 앤서니 볼턴, 《투자의 전설, 앤서니 볼턴》, p. 118.

우리 지식에는 한계가 있고, 미래는 예측할 수 없기에 자신이 틀릴 수 있다는 사실을 겸손하게 받아들이고 미리 대비하는 것이 바로 '안전마진'이다. 나아가 자신이 생각했던 안전마진 자체가 틀릴 수 있기에 이중의 대비책으로 우리는 '분산투자'를 하는 것이다. 분산투자는 '안전마진 철학'의 필연적인 결과인 것이다.

– 로버트 해그스트롬, 《현명한 투자자의 인문학(Investing)》, p. 15.

매매일지의 작성을 통해 얻을 수 있는 이점은 자신을 객관적으로 분석할 수 있다는 점이다. 리버모어는 자신의 매매 기록을 바탕으로 자신의 강점과 약점을 분석했고 매 거래로 인해 그가 입은 이익과 손실을 기록했다. 이렇게 함으로써 그는 시장에서 효과가 있는 매매 기법이 무엇인지 발견해낼 수 있었으며, 또한 자신을 지속적으로 관리해나갈 수 있었던 것이다.

– 제시 리버모어, 《주식 매매하는 법(How to Trade in Stocks)》, p. 165.

Chapter 5

매매 – 매수

전작에서 제가 매수할 주식을 선정해서 매수하는 방법까지 충분히 설명했기 때문에 더 보탤 말은 별로 없지만 완성된 책이 되기 위해 반드시 필요한 내용은 중복이 되더라도 포함시켰습니다. 또한 많은 질문을 받았던, 네 가지 조건의 하나인 순현금 기업과 내재가치에 대해서는 '네 가지 조건'이라는 파트를 따로 만들어 추가 설명을 하고자 합니다.

가격은 여러분이 지불하는 것이고, 가치는 여러분이 그 대가로 얻는 것입니다.
– 워런 버핏, 〈1967년 1월 22일 파트너 편지〉

〃 네 가지 조건

저는 매수할 기업, 즉 투자 대상으로 삼을 만한 기업을 선정하는 네 가지 조건에 부합하는 주식으로 포트폴리오를 구성하면 시장을 이길 뿐만 아니라 편안한 투자가 가능하다고 생각합니다. 네 가지 조건 중에서 1·2항을 충족하면 절대적으로 싼 주식이고, 3항을 충족했다면 저평가된 주식이 제 가치를 인정받을 때까지 편안하게 기다리면 됩니다. 특히 경험이 부족한 투자자에게 필요한 4항은 망하지 않을 기업이라는 안전장치를 하나 더 붙였다고 보면 됩니다. 놀랍게도 우리나라 주식시장에는 네 가지 조건에 들어맞는 주식이 꽤 많이 있습니다.

투자할 기업을 선정할 때 고려하는 네 가지 조건

(1) PER 10 이하: 낮을수록 좋습니다.

(2) PBR 1 이하: 낮을수록 좋습니다.

(3) 배당수익률이 은행 정기예금 금리 이상: 높을수록 좋습니다.

(4) 순현금 기업: 현금은 많을수록 좋습니다.

1항과 2항은 실제 적용할 때 두 수치를 곱해서 응용하는 방법이 있습니다. 즉 PER이 워낙 낮은데도 PBR이 높아 투자 대상에서 제외될 수 있는데, 이런 경우 두 수치를 합쳐서 10 이하가 나오면 투자 대상이 됩니다. 예를 들어 어느 주식이 PER: 5, PBR: 2라고 하면 $5 \times 2 = 10$이 됩니다. 즉 PER: 10, PBR: 1과 동일한 수치로 계산됩니다.

가치투자의 대가들이 가장 중시하는 지표는 저PER입니다. 과거 통계에 따르면 저PER 주식으로만 포트폴리오를 구성하더라도 장기적으로는 시장을 크게 이겼고, 이는 저PBR, 고PDR(배당수익률), 심지어 저PCR(주가현금흐름비율) 주식으로 포트폴리오를 구성하더라도 시장을 이기는 것으로 나옵니다.

그런데도 제가 굳이 네 가지 지표를 만족하는 주식을 주장하는 이유는, 네 가지 조건을 만족시키는 주식들로 포트폴리오를 만들면 가장 안전하면서도 정기적으로 수령하는 많은 배당금이 있기에 저평가된 주식이 제 가치를 인정받을 때까지 편안하게 기다릴 수 있도록 해주기 때문입니다.

저PER 주식으로 크게 성공한 존 네프는 저PER 주식에 투자할 경우 두 가지 덤(추가 소득)을 얻을 수 있다고 했는데요. 즉 기업의 이익이 늘어남에 따라 (시간이 갈수록) 내재가치가 커지는 소득과 다른 투자자들이 이 주식을 주목하게 됨에 따라 얻는 (우리가 기다리는 주가 상승에 따른) 소득입니다.

전작에 대해 많이 받은 질문 중의 하나는 '언제 실적을 기준으로

PER과 PBR을 계산하느냐'는 것이었는데요. 즉 '전년도 실적인가, 아니면 올해 추정 실직을 기준으로 하는가?'일 텐데, 기본적으로 전 회계연도 실적입니다. 2020년 6월이라면 2019년 12월 실적이고 3월 결산법인은 2020년 3월 실적이 되겠죠.

연말에 임박해서, 예를 들어 3분기 실적까지 나왔다면 남은 4분기 실적만 추정해서 넣으면 올해 실적으로 계산하는 게 더 합리적이 될 겁니다. 반기 실적만으로 한 해 실적을 추정해서 할 수도 있겠지만, 저는 최소 3분기 실적까지 공시된 다음 추정한 당해 연도 실적을 기준으로 계산합니다.

PER과 배당수익률은 직전 연도 수치로 나타나기에 과거 수치를 확인해서 일관성을 따져봐야 합니다. PER이 산출되는 원천 자료인 EPS(주당순이익)가 직전 회계연도까지 꾸준히 늘어나고 있다면 최선이고, 비슷한 수준을 유지한다면 차선이 됩니다. 계속 줄어드는 추세라면 그 이유를 확인할 필요가 있습니다. EPS가 계속 줄어드는 기업이라면 현재의 낮은 PER은 의미가 없는 수치이기 때문입니다.

배당수익률 역시 과거 회계연도의 배당금과 배당성향을 확인할 필요가 있습니다. 일정 배당성향을 유지하면서 꾸준히 이익이 늘어나는 기업이라면 최선이지만, 이런 기업은 고PER 기업일 가능성이 높습니다. 제가 제시한 네 가지 기준에 들어가는 기업은 대부분 정액 배당금을 지급할 가능성이 높습니다. 간혹 배당성향을 높이거나 배당금을 매년 정액으로 늘려나가는 기업을 발견하기도 하는데, 바로 제가 원하는 기업입니다. 정액 배당을 지속하는 기업이지만 은행 금리에 비해 2배 이상이면서 다른 세 가지 항목을 만족시키는 기업이라면 충분히 투자 대상이 됩니다.

저는 네 가지 조건 중에서 배당수익률을 가장 먼저 봅니다. 배당수익률이 높은 기업은 다른 세 가지 조건을 충족시키는 경우가 많으며 대주주가 일반 주주를 배려하는 마음이 가장 잘 드러나는 것을 그 기업의 배당정책으로 보기 때문입니다. 투자를 하면서 가장 어려운 점이 주주와 경영진과의 이해관계에서 나타나는 '대리인'의 문제인데, 고배당 기업은 대개 이 문제에서 안심할 수 있습니다.

다른 세 가지 기준은 충족시키지만 4항의 순현금 조건에 맞지 않는 경우가 있습니다. 예전에 투자했던 경남스틸과 지금 투자하고 있는 국도화학이 그런 기업인데, 성장을 위해 설비투자를 하느라 금융부채가 늘었기 때문입니다. 이런 경우 (재무제표 주석에서 확인할 수 있는) 금융부채에 대해 부담하는 금리 수준을 살펴보고서 낮은 수준의 금리를 적용 받고 있다면 부도 위험이 낮다고 판단할 수 있으므로 순현금 기업은 아니지만 투자 대상이 됩니다.

제가 제시한 네 가지 기준은 최소한 이 정도의 기준을 충족하는 기업으로 포트폴리오를 구성하면 잃지 않는 투자는 물론 주식시장 평균 수익률 이상, 그리고 은행에 맡겼을 때보다 훨씬 높은 수익은 확실하다는 것이 제가 경험으로 얻은 것입니다. 경험이 부족한 투자자는 가장 중요한 원금을 잃지 않는 투자를 위해 네 가지 조건을 기본으로 투자를 시작했으면 하는 게 저의 바람입니다. 그런 다음 투자를 해나가면서 얻게 되는 경험과 배움을 통해 자신에게 어울리는 투자법을 발견해서 발전해나갔으면 합니다.

네 가지 조건에 부합하는 종목들로 포트폴리오를 구성하면 최소한 잃지 않는 투자는 완성되었고, 매년 수령할 (은행 정기예금에 예치했을 때 받을 수 있는 이자 이상의) 배당금은 느긋하게 기다릴 여유를 줍니다. 이제 가치에 비해 싼 기업이 시장에서 제 가치를 평가 받을 때까지 기다리면 됩니다. 이보다 안전한 투자법이 또 있을까요?

〃 매수 방법 – 분할 매수

네 가지 조건에 들어맞는 기업을 선정했다면, 이제 싸게 사는 일이 남았습니다. 저는 항상 분할 매수를 합니다. 포트폴리오에 한 종목을 10% 비중으로 편입하기로 마음먹었다면 처음 매수하는 날 3% 정도 매수하고서 이후 3~4번 정도 나눠서 목표량을 채웁니다. 매도할 때도 같은 요령으로 분할 매도하는데, 첫 주문 가격보다 높거나 낮아야 한다는 식의 다른 조건은 없습니다.

〃 현금 비중

현금 비중을 어떻게 가져갈지에 대한, 모범 답안은 없지만 대략 세 가지 스타일로 나눌 수 있습니다. 이 중에서 각자의 성향에 맞는 한 가지 방법을 택하거나 세 가지 스타일의 장점을 절충해서 자신에게 어울리는 방법을 만들 수도 있겠죠.

(1) 그레이엄이 제시한 주식:현금(채권) 비율을 50:50을 기본으로 시장이 과열되면 주식 비중을 최소 25%까지 줄이고 시장이 침체되면 최대 75%까지 늘리는 방법입니다. 주식 비중이 줄거나 늘어나는 만큼 현금(채권) 비중이 늘어나거나 줄이는 형식으로 운용하되 최대·최소 비중을 두었습니다.

장기적으로 주식이 채권보다 수익률이 높다는 것을 누구보다 잘 아는 가치투자의 구루, 그레이엄이 현금 비중을 적어도 25%는 유지하라고 했던 이유는 1929년 대공황을 거치면서 투자자산의 70% 이상을 잃었던 비참한 경험 때문으로 보이는데요. 주가 하락에 대해 상대적으로 두려움을 많이 느끼는 투자자에게 어울립니다.

(2) 100에서 자신의 나이를 뺀 만큼만 주식 비중을 가져가는 방법입니다. 젊을수록 투자금을 늘리거나 최소한 찾아 쓸 필요가 없지만 나이가 들어갈수록 투자금을 늘리기는커녕 오히려 출금해서 써야 하는 상황에 놓이므로 일면 타당해 보입니다. 하지만 이 방법을 일률적으로 적용하기에는 무리가 있습니다.

나이가 들어도 수입이 발생하는 전문직과 조기 은퇴자 등 각자 처한 상황에 따라 다르고 축적한 재산에 따라 달라집니다. 또한 주식 투자 실력과 위험에 대처하는 능력에 따라 같은 나이라도 달라져야 합니다.

(1), (2) 방식과 비슷한 것이 전통적으로 연기금 등에서 가장 많이 사용되는 방법인 6:4, 즉 주식 60%와 채권 40% 비율인데요. 이 비율을 기준으로 1년에 한 번 혹은 그보다 짧은 기간을 정해두고 정기적으로 두 자산의 비율을 맞춰주는 방식입니다. 1항과 마찬가지로 손실에 대한 두려움이 큰 성향의 투자자가 선택할 수 있는 방법입니다.

(3) 적지 않은 대가들은 100% 주식, 즉 현금 0%를 주장했는데, 장기적으로 봤을 때 주식 투자수익률이 가장 높았기 때문입니다. 또한 미국 증시를 기준으로 나온 통계에 의하면, 투자수익은 총 거래일 중 7% 정도의 기간에 집중되므로 마켓 타이밍이 불가능한 대부분의 투자자가 이 구간을 놓치지 않기 위해서는 항상 주식을 보유하는 것이 바람직합니다.

월가의 영웅으로 유명한 피터 린치는 (1987년 블랙 먼데이를 겪은 후 현금 비중 10%를 유지했다고 하지만) 100% 주식 비중을 유지하면서 사고 싶은 종목이 나타나면 보유 종목 중에서 가장 매력이 떨어지는 종목을 매도했다고 하는데요.

저는 계속 투자금을 늘려나가는 투자자의 경우, 지금까지 제가 그랬듯이 100% 주식 비중을 추천합니다.

〰 매수 타이밍

주가(시장)가 오를 때 주식을 매수해서 보유하고 주가(시장)가 하락할 때 매도한다면 최선이지만 이론상으로나 가능한 일이고, 현실적으로는 인간의 능력을 벗어나는 희망사항일 뿐입니다. 이와 관련해서 유쾌한 투자자, 앙드레 코스톨라니의 말씀이 와 닿습니다.

> 약세장의 과열 단계에서는 주식을 매수하는 것이 좋으며 주가가 계속 떨어진다 해도 놀랄 필요가 없다. 이를 증명하는 좋은 예가 있으니, 부다페스트 상품거래소에서 나이 많은 중개인들이 다음과 같이 말했던 상황과 같기 때문이다.
> "가격이 내릴 때 밀을 가지고 있지 않는 사람은 가격이 오를 때도 역시 밀을 가지고 있지 않다."
>
> – 앙드레 코스톨라니, 《돈, 뜨겁게 사랑하고 차갑게 다루어라》, p. 185.

바닥에 사려는 욕심을 부리지 말고 주가가 어느 정도 하락하면 매수하라는 뜻이겠지요. 주식 투자는 매우 단순한 행위의 반복입니다. 내재가치에 비해 싸게 거래되는 주식을 발견하면 분할 매수에 들어갑니다. 그런 다음 주가가 가치를 인정받는 수준으로 오를 때까지 진득하게 참고 기다리면 됩니다. 이렇게 매수-보유-매도를 반복하는 것이죠.

⚡ 절호의 매수 기회 – 확실한 매도 세력이 나타났을 경우

제가 확실한 매도 기회·세력이라고 지칭하는 것은 외국인이든 기관이든 혹은 개인 큰손이든 주체가 누구든 간에 제가 매수하고 싶어 하던 어느 종목의 대량 보유자가 어떤 이유에서든 급히 팔아야 할 상황에 처했을 때를 말합니다. 그 이유로 생각할 수 있는 것은 펀드 환매, 신용 만기 도래, 수익 실현, 현금 확보 혹은 다른 종목을 사기 위한 현금이 필요한 경우가 있겠는데, 최악의 상황은 이 종목에 대해 매도자만이 인지한 악재가 있을 때일 겁니다. 어쨌든 반드시 팔아야 하므로 가격을 낮춰서라도 팔려고 하고, 특히 거래가 많지 않은 종목이라면 많이 낮춰서 팔아야 할 테니 이는 매수자 쪽에서 보면 싸게 매수할 기회입니다.

최악의 상황으로 인해 매수 기회가 발생한 경우조차 저는 좋은 매수 기회로 받아들이는데요. 그 이유는 매도자가 인지한 악재가 사실이 아닐 수도 있고 설사 그 악재가 실재하더라도 매도자의 적극적인 매도로 인해 하락한 주가는 그에 대한 안전마진을 늘려주기 때문입니다.

평소 관심을 가지고(매수 기회를 엿보고) 있던 종목에서 막상 대량 매도와 함께 주가가 큰 폭으로 하락했을 때 정작 매수를 실행하려고 하면 살짝 겁이 납니다. 내가 모르는 뭔가가 있지 않을까 하는 두려움인데, 이미 분석을 통해 안전마진이 충분한 주식으로 봐두었다면 매수를 꺼릴 이유가 없습니다.

이는 매수·매도에서 공통적으로 적용되는, '많이 오른 것만큼 큰 악재가 없고 많이 떨어진 것처럼 큰 호재도 없다'는 증권가 속설과도 일치합니다.

〃 매수는 신중하게

버핏은 마지막 4할 타자인 테드 윌리엄스의 타격 기술을 예로 들어 스트라이크로 들어오는 공이라고 해서 무조건 배트를 휘두르지 말고 자신이 가장 잘 칠 수 있는 공만 골라 치듯이 자신의 능력 범위 내에서 확실히 싸서 큰 수익을 얻을 수 있는, 즉 안전마진이 충분한 주식을 매수하라고 합니다.

투수가 던지는 스트라이크를 치지 않으면 타자는 스트라이크아웃을 당하겠지만, 아웃 당할 걱정이 없는 투자자는 많은 매수 기회 중에서 투자금을 잃을 가능성이 가장 낮으면서 수익이 가장 클 것으로 기대되는, 즉 안전마진이 가장 큰 주식을 신중하게 따져서 매수하면 됩니다. 서두를 필요가 전혀 없습니다.

〃 즐거운 물타기 – 매수에 임하는 자세

떨어지는 칼날을 잡지 말라는 증권가의 격언이 있지만 저는 떨어지던 주가가 언제 튀어 오를지는 아무도 모른다고 생각하기에 이 격언을 받아들이지 않습니다. 오히려 매수하고 싶었던 종목의 주가가 크게 내렸으므로 야금야금 매수합니다. 주가가 떨어지면 떨어질수록 안전마진이 늘어나기 때문에 지하 1층, 2층, 몇 층이든 따라갑니다. 매수할 현금이 떨어지면 별수 없이 매수를 중지합니다. 건전한 투자자의 사전에는 레버리지란 단어가 없습니다.

시장이 과열되었다며 매일처럼 매스컴에서 떠들어댈 정도의 활황장에서도 52주 신저가를 경신하며 내려가는 주식이 있습니다. 펀더멘털이 좋지 않아서일 수도 있지만 철저히 소외된 주식이기 때문일 수도 있습니다. 이런 상황이 벌어지는 이유는 많은 경우 소외된 주식을 들고서 버티던 보유자들이 지금이라도 시장을 주도하는 주식을 사기 위해 급하게 매도했을 가능성이 높습니다. 이럴 때 제가 하는 일은 이렇게 떨어지는 주식을 매수할 뿐입니다. 현금이 있다면 현금으로 현금이 없으면 수익이 나 있는 주식을 매도해서 안전마진이 더 커진 주식을 매수합니다.

제가 100만 원으로 주식 투자를 시작한 것이 벌써 35년 전입니다. 집을 사느라 주식을 모두 처분한 덕분에 1990년 폭락장에서 주식 투자를 쉬는 행운도 있었지만, 안 먹고 만다는 마음으로 매수할 주식을 신중하게 골랐고 예상 밖의 하락에 대해서는 추가 매수를 꺼리지 않았던 것이 시장에서 살아남을 수 있었던 비결이면 비결이라고 생각합니다. 또한 주가가 오른다는 이유만으로 절대 따라 사지 않았기 때문입니다.

〰 포트폴리오에 담을 적당한 주식 수

포트폴리오에 몇 종목을 넣을 것인지에 대해서는 대가들의 조언과 제 경험을 감안했을 때 10개 종목 내외가 가장 적당하다는 결론을 얻었습니다. 2021년부터 시행 예정인 대주주 인정 범위 확대* 영향을 피하기 위해 주식 수를 늘리기도 했지만 투자하는 기업 검증에 지나치게 많은 시간을 할애하지 않기 위해서는 보유한 주식을 최소화할 필요가 있습니다.

다만, 투자 경험이 적은 투자자는 투자 대상이 되는 모든 기업을 보유한다는 마음으로 포트폴리오에 많은 종목을 보유하는 방법도 나쁘지 않다고 봅니다. 이는 보유하고 있는 종목·기업에 대한 관심 덕분에 자연스럽게 투자 공부가 될 뿐 아니라 개별 기업들의 주가 흐름을 보면서 차트 공부와는 다른 관점에서 배울 게 많기 때문입니다. 메이저리그 출신의 뛰어난 포수인 요기 베라가 말했듯이 가만히 지켜보기만 해도 많은 것을 배울 수 있습니다.

---

* 상장주식을 매도할 때 양도소득세 대상이 되는 과세 기준을 시가총액 10억 원 이상 → 2021년 4월 1일 이후 양도분부터 3억 원 이상으로 낮추기로 했으나 2020년 11월 기존대로 10억 이상을 유지하기로 결정했습니다.

〰 중소형주 투자의 매력

저는 다음과 같은 이유로 대형주보다는 소형 가치주에 대한 투자를 선호합니다.

　(1) 기관들의 투자보고서가 나오는 대형주의 경우, 대형기관들의 매매 대상이 됨으로써 절대적으로 수급에 좌우됩니다.

　(2) 대부분의 대형주는 앙드레 코스톨라니의 달걀 이론이나 우라가미 구니오의 경기순환론을 충실히 따르는, 즉 기업 가치보다는 시장 수급의 영향을 더 많이 받습니다.

　(3) 소형주는 수급의 영향을 받긴 하지만 대형주에 비해 덜하고 기관 등 대형 투자자들의 관심을 받지 못하기 때문에 대부분의 기간 동안 저평가 상태에 놓여 있습니다.

　(4) 저평가되었고 배당수익률이 확보된 주식은 상대적으로 주가의 하방경직성이 있습니다.

　(5) 가끔 대주주 혹은 큰손의 영향에 따라 주가가 크게 움직일 때 좋은 매매기회로 이용할 수 있습니다.

《할 수 있다! 퀀트 투자》의 저자 강환국 씨는 "2002년 7월부터 2016년 6월까지 한국 증시의 연간 복리수익률은 10.7%"였으나 "같은 기간 동안 소형 가치주에 투자했다면 25.11%의 평균 수익을 얻을 수 있었을 것"이라고 언급하기도 했습니다.

배당

주식시장에서 부자가 되는 비결은 배당금이 안정적으로 증가하면서 주가 상승

잠재력이 평균 이상인 주식을 매력적인 가격에 사는 것이다.

– 찰스 칼슨, 《배당투자》

숙향'S 코멘트
주식 투자로 얻는 이익은 주가 상승에 따른 자본이득과 배당금 수입입니다. 자본이득은 주식시장
흐름에 큰 영향을 받으므로 불안정적인 반면 주식시장이 오르든 내리든 지급되는 배당금은 상대
적으로 안정적이면서 더 매력적입니다. 내 손안의 새 한 마리가 숲속의 새 여러 마리보다 낫답니다.

역사상 주주 수익률 향상에 가장 확실한 근원은 배당이며, 배당수익률이 높은 기

업들이 투자자들에게 더 높은 수익을 가져다주었다는 사실이 이를 설명해준다.

– 제레미 시겔, 《투자의 미래》, p. 192.

효율적 시장

놀랍게도 학자들뿐만 아니라 다수의 투자 전문가 및 기업의 간부들까지 효율적

시장 가설을 받아들였습니다. 시장이 효율적이라는 사실을 종종 목격한 이들은

한발 더 나아가 시장은 언제나 효율적이라고 결론지었습니다. 이 둘은 완전히 다

른 것입니다.

– 워런 버핏 / 게리 안토나치, 《듀얼 모멘텀 투자 전략(Dual Momentum Investing)》, p. 34.

효율적 시장 이론을 제시한 사람들을 미쳤다고 볼 수는 없습니다. 단지 주장이 지나쳤을 뿐이죠. 예외도 있지만 대체로 옳습니다.

– 찰리 멍거 / 앨런 카르페 베넬로 외 2인, 《집중투자(Concentrated Investing)》, p. 165.

경제학자들은 기본적으로 시장 참여자들이 합리적으로 행동한다고 믿고 있다. 바로 이와 같은 그릇된 믿음 때문에 트레이딩 우위성이 존재하는 것이다. 시장 참여자들은 결코 합리적이지 않다.

– 커티스 페이스, 《터틀의 방식(Way of the Turtle)》, p. 140.

효율적 시장 가설에는 핵심적 오류가 있는데, 투자 결정에 심리가 영향을 미친 다는 사실을 인정하지 않는다는 것이다. 효율적 시장 이론가, 그리고 대다수 경제학자는 심리가 인간의 이성을 약화시키며, 경제적 의사결정이나 투자에 영향을 미친다는 사실을 믿지 않는다.

– 데이비드 드레먼, 《데이비드 드레먼의 역발상 투자》, p. 22.

보유 종목 수

신중하게 분산투자하면 별난 사건이 미치는 악영향을 완화할 수 있다. 보유 종목 수가 그다지 많지 않아도 그런 위험을 적정 수준으로 낮출 수 있다. 대개 10~15종목이면 충분하다.

– 세스 클라만, 《안전마진》

똥에 건포도를 섞은들 그것은 여전히 똥일 뿐입니다.

— 찰리 멍거 / 재닛 로우, 《찰리 멍거 자네가 옳아》, p. 269.

10개 종목에 투자하는 것이 100개 종목에 투자하는 것보다 유리한 이유는 무엇일까? 첫째, 여러분이 처음 고른 종목은 10번째 고른 종목보다 훨씬 좋고, 100번째 고른 종목보다는 아주 훨씬 좋을 것이 분명하다. 둘째, 포트폴리오 편입 종목 수가 적을수록 그 종목들을 계속 관찰하고 분석하기가 더 용이하다. 줄루 투자 원칙이 전문영역의 선택과 집중을 강조하는 이유도 바로 이 때문이다.

— 짐 슬레이터, 《줄루 주식투자법(The Zulu Principle)》, p. 280.

포트폴리오에서 보유한 기업에 대해 샅샅이 안다는 것은 결국 쓸데없는 소음에 귀를 기울이지 않는다는 뜻입니다. 바로 이 점이 집중 투자의 매력입니다. 모두 다 살펴볼 수는 있지만 이 모든 것에 대해 의견을 가질 필요는 없습니다. 진정으로 "우와, 정말 훌륭한 기회야"라고 말하기 전까지는 결론을 내리지 않아도 됩니다. 확실치 않은 것에 대해 추측할 필요가 없습니다.

우리는 10종목 이상 투자하지 않았습니다. 이 가운데 몇몇은 비중이 15~20%에 이르기도 합니다. 가장 좋은 아이디어 10개를 추려내기가 쉽지 않기 때문입니다. 긍정적인 부분과 부정적인 면, 그리고 불확실한 요인까지 조목조목 따져 가려낸 아이디어 10개는 투자할 만한 가치가 있을 뿐만 아니라 끝까지 견해를 유지할 수 있는 것들입니다.

— 글렌 그린버그 / 앨런 카르페 베넬로 외 2인, 《집중투자(Concentrated Investing)》, p. 277.

바겐 헌터: 저가 매수 전략

매력적인 저가 종목을 찾아다니는 이른바 바겐 헌터는 이미 결정된 사실 정보를 열심히 수집한다. 그리고 최근의 대차대조표와 과거의 손익계정을 자세히 분석한다. 바겐 헌터는 과거의 사실로부터 미래를 예측한다. 시장의 경향이라든가 분위기에 휩쓸린 사람들의 요란법석에는 관심이 없다. 바겐 헌터는 주로 비인기 종목을 사들이기 때문에 인기 종목이라는 것도 관심 밖이다. 근시안적이고 상상력이라고는 어디에도 찾아볼 수 없을 것 같은 샌님 중의 샌님으로 보이겠지만 그러면 어떠하랴! 이런 사람들이야말로 꾸준히 수익을 내면서 밤이면 아무 걱정 없이 편안히 잠자리에 들 수 있으니 말이다.

– 벤저민 그레이엄, 로드니 클라인 엮음, 《벤저민 그레이엄의 증권분석 읽기(Benjamin Graham on Investing)》, p. 439.

투자할 기업을 선정할 때 고려하는 네 가지 조건에 대한 추가 설명

전작에서 가장 중점을 두었던 것은 은퇴 후 경제적인 어려움 없이 사는 방법에 대한 제 생각을 들려드리는 것이었습니다. 노동수입이 끊긴 다음은 그동안 저축해둔 자본수입으로 살아야 하는데, 저는 주식투자를 통해 정확하게는 주식에서 수령하는 (은행 이자보다 더 높은) 배당금으로 가능하다고 주장했습니다. 제 생각에 공감한다는 말씀을 많이 들었지만 쪽지 등을 통해 가장 많이 받은 질문은 네 가지 조건, 그중에서 순현금 기업과 내재가치에 대한 것이었습니다.

그래서 이해를 돕기 위해 제가 투자하는 각각의 주식에 대해 정리하는 표를 활용해서 네 가지 조건과 내재가치를 함께 설명하려고 합니다.

투자할 기업을 선정할 때 고려하는 네 가지 조건

(1) PER 10 이하

(2) PBR 1 이하

(3) 배당수익률이 은행 정기예금 금리 이상

(4) 순현금 기업

이제 네 가지 조건에 대해 좀 더 자세히 살펴본 다음 마지막으로 내재가치에 대해 설명하도록 하겠습니다.

(1) PER 10 이하

PER(Price Earnings Ratio)은 주가수익비율로 현재 시장에서 매매되는 주식의 가격, 즉 주가를 주당순이익으로 나눈 값입니다. 따라서 PER은 낮으면 낮을수록 좋겠죠. 저는 주식의 PER이 10보다 낮을 때 투자 대상으로 봅니다. PER은 두 가지 방법으로 계산할 수 있는데, 결과는 같지만 시가총액을 당기순이익으로 나눠 계산하는 방법이 기업의 실제 가치를 파악하기에 더 효율적입니다.

① PER = 주가 / EPS

② PER = 시가총액 / 당기순이익

위 수식을 이해하기 위해 각 용어가 의미하는 내용을 이해해야 합니다.

* EPS(Earnings Per Share: 주당순이익) = 당기순이익 / 유통주식 수

* 시가총액 = 유통주식 수 × 주가

* 유통주식 수 = 발행주식 수 − 자기주식 수(자사주)

두 가지 방법을 예로 들어 설명합니다.

A기업

- 발행주식의 총수: 10,000,000주

- 자기주식 수: 2,000,000주

- 유통주식 수: 8,000,000주(10,000,000주 − 2,000,000주)

- 액면가: 500원

- 당기순이익: 100억 원

- 주가: 12,000원

- EPS: 1,250원 (100억 원 / 800만 주)

1번 방법: 주가 / EPS

PER = 12,000 / 1,250 = 9.6

2번 방법: 시가총액 / 당기순이익

PER = 960억 원(12,000원 × 8,000,000주) / 100억 원 = 9.6

둘 다 PER은 9.6으로 동일합니다. 그러나 1번 방법은 지금처럼 수익을 낸다면 단순히 9.6년 후에는 회사 가치가 지금의 2배가 된다는 숫자일 뿐이지만 시가총액을 당기순이익으로 나눠 계산하는 2번 방법은 100억 원 이익을 내는 회사가 주식시장에서 960억 원에 거래된다는 것을 알 수 있기 때문에 회사의 규모가 현실적으로 느껴집니다.

PER의 역수

PER을 계산할 때와 반대로 EPS를 주가로 나누거나 당기순이익을 시가총액으로 나누어보면 이 주식에 투자했을 때 얻을 수 있는 기대수익률이 계산됩니다. 예시한 주식을 이 방법으로 계산하면 10.4%가 나오는데, 이 주식을 현재 시장 가격으로 매수하면 연 10.4% 수익을 얻을 수 있다는 뜻이 됩니다.

　PER의 역수는 주식에 투자했을 때의 연간 기대수익률을 보여주는데, 다른 자산의 수익률과 쉽게 비교할 수 있습니다. 예를 들어 은행 1년 정기예금 이자율이 2%이고 임대 놓은 부동산의 연간 임대수입이 4%라고 하면 연 10.4% 수익률을 주는 주식이 정기예금보다는 5배, 부동산보다는 2.5배 수익률이 더 높다는 것을 알 수 있습니다.

　하지만 정기예금과 부동산 임대소득은 수입금액이 실제로 내 통장에 들어오는 확정된 수익률이지만 주식은 수입금액을 전액 배당금으로 지급할 때만 수익률이 확정된다는 겁니다. 예를 들어 이 주식이 당기순이익의 30%를 배당금으로 지급한다면, 실제로 확정된 수익률이라고 할 수 있는 배당수익률은 3.125%(375원 / 12,000원)에 불과합니다. 물론 배당금을 주고 남은 7.275%는 회사에 유보되어 성장을 위한 투자에 사용되거나 앞으로 닥칠 위기에 대응하기 위한 준비금으로 활용됩니다.

　주주는 수입금액에서 배당금을 지급하고 회사에 유보한 금액이 적절하게 활용하는지에 대해 관심을 갖고 감시해야 하지만 현실적으로 회사 외부에 있는 일반 주주들이 이런 역할을 한다는 것은 불가능한 일입니다. 그래서 세 번째 조건인 배당금이 중요합니다. 합리적인 경영진은 수입금에서 회사 경영에 꼭 필요한 자금만을 남겨두고 나머지 금액은 주주들에게 배당으로 나눠주려고 합니다. 따라서 우리는 이렇게 합리적인 경영진이 경영하는 기업의 주주가 됨으로써 대리인의 위험을 피하고 편안하게 본업에 충실하면 됩니다.

(2) PBR 1 이하

PBR(Price on Book-value Ratio)은 주가순자산비율로 현재 시장에서 매매되는 주식의 가격, 즉 주가를 주당순자산으로 나눈 값입니다. 따라서 PBR은 낮으면 낮을수록 좋겠죠. 저는 한 주식의 PBR이 1보다 낮을 때 투자 대상으로 봅니다. PER과 마찬가지로 두 가지 방법으로 계산할 수 있는데, 결과는 같지만 시가총액을 자본총액으로 나눠 계산하는 방법이 기업의 실제 가치를 파악하기에 더 효율적입니다.

① PBR = 주가 / BPS

② PBR = 시가총액 / 자본총액

이 수식을 이해하기 위해 각 항목이 의미하는 내용을 이해해야 합니다.

* BPS(Book-value Per Share: 주당순자산가치) = 자기자본 / 유통주식 수

* 시가총액 = 유통주식 수 × 주가

* 유통주식 수 = 발행주식 수 - 자기주식 수(자사주)

* 자본총액 = 자기자본(자본금 + 잉여금)

두 가지 방법을 예로 들어 설명합니다. 앞서 PER에 대해 예를 들어 설명할 때 썼던 A기업의 현황을 그대로 옮기고 자본 내용에 대한 자료를 추가해서 설명하도록 하겠습니다.

A기업

- 발행주식의 총수: 10,000,000주

- 자기주식 수: 2,000,000주

- 유통주식 수: 8,000,000주(10,000,000주 − 2,000,000주)

- 액면가: 500원

- 자기자본: 1,500억 원(자산: 2,500억 원 − 부채: 1,000억 원)

- 주가: 12,000원

- BPS: 18,750원(1,500억 원 / 800만 주)

1번 방법: 주가 / BPS

PBR = 12,000 / 18,750 = 0.64

2번 방법: 시가총액 / 자본총액

PBR = 960억 원(1만 2,000원 × 800만 주) / 1,500억 원 = 0.64

둘 다 PBR은 0.64로 동일하지만 1번 방법은 자산가치에 비해 현재 시장에서 0.64배에 거래되고 있다는 것을 수치로만 압니다. 시가총액을 자본총액으로 나눠 계산하는 2번 방법은 회사의 자산가치는 1,500억이지만 주식시장에서는 960억으로 인정받고 있으므로 540억이나 저평가되었다는 것을 알 수 있습니다. 훨씬 현실감이 느껴집니다.

(3) 배당수익률이 은행 정기예금 금리 이상

배당수익률이 높으면서 꾸준히 수익이 늘어나기 때문에 계속해서 배당금을 늘려가는 기업이 있다면 최고의 선택이 되겠지만 그런 기업은 발견하기 힘들겠죠. 마치 고ROE 주식들이 항상 비싸게 거래되듯이 꾸준히 배당금이 늘어나는 주식들 역시 항상 비싸게 거래되기 때문에 절대 배당수익률은 높지 않습니다.

그래서 차선책으로 찾아야 할 주식은 거의 정액으로 배당금을 지급하는 기업이면서 현재 주가에 비해 배당수익률이 높은 기업입니다. 기업을 분석하다 보면 (대부분) 대주주의 배당정책에 따라 다양한 스타일이 있다는 것을 알 수 있습니다.

① 회계연도별로 수익이 늘어나거나 줄어드는 것과 관계없이 동일한 배당금을 책정하는 기업

비교적 역사가 오래된 기업들인데, 신영와코루가 대표적인 기업으로 생각됩니다. 절대 배당수익률이 낮지만 정기적으로 무상증자를 했기 때문에 2년 이상 보유했으나 그마저 하지 않기에 주총에 참석했을 때 주주 선물로 스타킹을 두 번 받고서 포기했습니다.

② 엄청난 유보금을 쌓아두고도 절대적으로 배당성향이 낮은 기업

일반 주주들에게 악명이 높은 기업 몇 군데가 있습니다. 왜 상장했는지 의심스럽죠.

③ 무배당 기업

성장을 위해 계속 투자해야 하기에 불가피한 경우인데, 그 기업의 미래에 대해 자신이 있는 투자자들의 몫입니다. 바이오 주식들이 대표적입니다.

④ 일정한 배당금을 지급하다 몇 년 지나면 배당금을 올리고 다시 몇 년 동안 동일한 배당금을 지급하다 다시 배당금을 늘리기를 반복하는 기업

기업이 집행할 수 있는 배당금의 한도를 정해두고서 잉여금이 쌓이고 향후 실적 전망을 자신할 때 절대 배당금을 높이는 기업입니다. 신영증권, 국도화학 등 역사가 오랜 기업들 중에 많은 편입니다.

⑤ 일정한 배당성향을 유지하는 기업

외국인이 대주주인 기업 중에 이런 곳이 많습니다. 한국기업평가, 이크레더블, 한국쉘 등 배당성향이 높기 때문에 네 가지 조건으로 따지면 대개 비싼 주식입니다.

⑥ 주식배당과 현금배당을 병행하는 기업

부족한 현금배당을 주식배당으로 보완하는 한편 매출 성장에 맞춰 자본금을 늘리려는 의도가 있습니다. 동일기연, 동일고무벨트, 케이엠, 다수의 제약사가 있습니다.

저는 4항과 6항에 해당되는 주식 중에서 현재 배당수익률이 높은 기업을 1순위에 두고 1항에 해당되는 기업 중에서 배낭수익률이 높은 기업을 2순위로 둡니다. 절대 피하는 주식은 2·3항이고 5항에 해당되는 주식은 좋긴 하지만 시장에서 가치를 인정받기 때문에 대개 주가가 높은 편입니다. 따라서 절대 배당수익률은 높지 않으면서 PBR이 높은 경우가 많아서 네 가지 조건 중 1·2항을 충족시키지 못할 가능성이 높습니다.

한편 지금까지는 배당수익률이 상당히 높아서 일반적으로 고배당 기업으로 리스트에 올라오지만 앞으로도 계속 많은 배당금을 줄 수 있을지 불안한 기업을 다른 세 가지 조건으로 걸러낼 수 있습니다. 가끔 금융부채도 엄청나고 부채비율도 높은, 한마디로 재무구조가 매우 부실한 기업이 고배당을 할 때가 있습니다. 대외적으로 펀드멘털에 문제없다고 과시하기 위한 목적인지 혹은 대주주가 돈이 필요해서인지 모르겠으나, 법인을 계속기업(Going Concern)이라고 했는데, 이런 기업은 내일이 없다고 생각하는 것은 아닌지 의심스럽습니다. 자신의 분수를 모르는 사람은 상대하지 않듯이 이런 기업은 쳐다보지도 말아야 합니다.

2020년 6월 말 현재 한국은행 기준금리가 0.5%까지 떨어진 상황에서 자칫 미국, 유럽 등과 같이 제로금리 혹은 마이너스 금리까지 떨어질지 겁나는 상황입니다. 대출이 많은 기업이나 개인은 낮은 금리가 반가울 수 있겠지만 모든 돈을 은행 정기예금에 넣어두고 이자로 생활하는 은퇴자에게는 공포스런 상황일 수도 있습니다. 은행권 1년 만기 정기예금 금리는 1% 아래로 내렸고 일부 새마을금고와 저축은행은 2% 금리를 지급하기도 한다고 하지만 금액 제한이 있고 열심히 발품을 팔아야 합니다. 10년 전에는 연 5%를 넘는 이자율이 당연했던 것을 생각하면 끊임없이 내리기만 하는 금리는 오직 은행만을 고집하는 일부 오래된 은퇴자에게는 끔찍할 것입니다.

같은 시점에 주식시장을 돌아보면 5% 이상의 높은 배당을 지급하는 주식들이 꽤 많이 보입니다. 하지만 자금 운용에 있어 은행만 믿는 지극히 보수적인 사람이 배당수익률만 보고서 주식을 사기에는 고민해야 할 거리가 많을 겁니다. 아마 이런 고민은 결국 매년 낮아지는 금리를 원망하면서 스스로 궁핍한 생활로 몰고 가겠지요. 때로는 은행 직원의 말만 믿고 높은 금리 상품에 덜컥 가입해서는 원금을 날리는 상황을 맞고서 망연자실할지도 모릅니다.

높은 배당수익률을 얻을 수 있는 주식에 투자하기 위해 따져봐야할 것은 무엇보다 그 회사가 앞으로도 지금과 같은 배당금을 지급할 것인가 하는 것이겠죠. 확정된 은행 예금 금리와 달리, 배당금은 회사 결정에 따라 매년 바뀔 수 있습니다. 작년 배당금을 믿고 투자했다가 올해는 아예 배당을 하지 않는 황당한 상황이 벌어지기도 하니까요.

따라서 이 문제를 해결하기 위해 제가 제시한 투자기업을 선정하는 네 가지 조건에 맞는 기업들로 포트폴리오를 구성하면 웬만큼 해결이 됩니다. 포트폴리오에는 투자 경험과 관계없이 5~10개면 충분합니다.

가치투자 포털인 아이투자에서는 '진짜 고배당주'를 감별하는 방법이 있다고 합니다. 아이투자에서는 회원들에게 매일 투자에 도움이 되는 〈스노볼레터〉를 보내주는데요. 2020년 6월 11일에 보내온 〈스노볼레터〉에서는 다음과 같이 네 가지 순서로 주식을 분류하는 방법으로 고배당주를 찾을 수 있다고 했습니다.

(1) 작년 배당과 현재 주가 기준, 배당수익률이 높은 회사를 찾는다.

(2) 올해도 최소한 작년과 같거나 더 많이 배당할 회사만 남긴다.

(3) 위 2번 과정에서 작년 배당성향, 올해 순이익의 전년비 증감 등을 고려한다.

(4) 분기 실적이 발표될 때마다 반영해 리스트를 업데이트한다.

위 방법은, 배당은 결국 기업의 이익에서 나온다는 점과 올해 순이익이 전년보다 늘거나 소폭 감소했다면 기업은 최소한 전년 이상의 배당을 유지할 거란 합리적인 가정에 근거합니다. 또한 자체 연구를 통해 이 방법의 정확도를 검증하기 위해 2009~2019년, 전 상장사의 10년치 데이터를 기반으로 통계를 냈다고 하는데요. 이에 따르면 그해 순이익이 늘어난 회사의 95%는 배당을 줄이지 않았고 3분기까지 누적 순이익이 전년 동기 대비 늘었다면 연간 순이익이 증가할 확률도 80%였다고 합니다.

제 방법보다는 아이투자에서 제시하는 방법이 시간은 좀 더 들겠지만 훨씬 정확하게 고배당 주식들을 찾아낼 수 있을 것으로 보입니다.

배당수익률이 가장 높은 주식에 투자된 포트폴리오는 S&P500 인덱스보다 매년 3% 높은 수익률을 보였으나, 배당수익률이 가장 낮은 주식에 투자된 포트폴리오의 수익률은 매년 시장수익률보다 2% 정도 낮았다. 또한 S&P500 인덱스에서 PER이 가장 낮은 주식으로 구성된 포트폴리오의 수익률은 S&P500 인덱스보다 매년 약 3%씩 높았으나, PER이 가장 높은 주식으로 구성된 포트폴리오의 수익률은 인덱스펀드보다 매년 2%씩 낮았다.

– 제레미 시겔, 《투자의 미래》, p. 31.

(4) 순현금 기업: 현금이 많을수록 좋다

이 항목을 네 가지 조건에 포함한 이유는 경험이 적은 투자자를 위해 좀 더 안전한 주식을 선정하도록 하기 위한 것입니다. 배당수익률이 높은 기업은 일반 주주에 대한 배려가 있을 뿐 아니라 재무구조가 우량하다는 것을 자신한다고 볼 수 있습니다. 또한 일시적인 경영 악화로 순이익이 크게 줄어들거나 손실을 입더라도 배당금을 그해에 한해 소폭 줄일망정 꾸준하게 지급할 가능성이 높습니다. 또한 순현금 기업이라면 훌륭한 재무구조를 갖추고 있다는 뜻이므로 기업의 안정성을 판별하기 위해 굳이 부채비율 등 다른 투자지표를 확인할 필요가 없습니다.

가끔 시가총액보다 보유 현금이 더 많은 주식을 발견하게 되는데, 우리나라 주식시장이 합리적이지 않다는 것을 보여주는 현상 중의 하나입니다. 성장성이 없거나 대주주가 나눠주지 않는다거나 하는 여러 가지 이유는 있겠지만 정상적인 시장이라면 이런 주식이 있을 수 없겠죠.

사례: 텔코웨어 재무제표의 경우

금융부채보다 금융자산이 더 많을수록 좋은 것은 상대적으로 안전하기 때문인데요. 텔코웨어의 세 가지 재무제표, 즉 재무상태표와 손익계산서, 현금흐름표를 이용해서 순현금 주식을 찾는 방법을 알아보겠습니다.

(1) 재무상태표

순현금 = 현금성 자산 > 금융부채

재무상태표는 '자산=부채+자본'으로 이루어집니다. 자산은 현재 기업이 보유한 모든 재산의 합이고 부채는 갚아야 할 빚, 타인자본으로 부르기도 하고 자본은 주주가 출자한 자본금과 사업을 해서 벌어서 남긴 잉여금을 합친 것으로 자기자본이라고 합니다. 따라서 현금성 자산은 자산 계정에 있고 금융부채는 부채 계정에 있겠죠.

유동자산에서 현금 및 현금성 자산과 단기 금융상품, 그리고 비유동자산에서 장기 금융상품이 현금성 자산입니다. 이를 모두 더하면 819억이 됩니다. 금융부채는 없으므로 동사의 순현금 자산은 819억이 됩니다.

예시로 든 텔코웨어 재무상태표는 단순한 편이고 다른 기업의 재무상태표에서는 다음의 계정 과목들이 현금성 자산에 포함됩니다.

- 당기손익–공정가치측정금융자산: 출자금/ 수익증권
- 기타포괄손익–공정가치측정금융자산: 상장–비상장주식

- 기타(비)유동금융자산: 매도가능 금융자산

- (비)유동성채무상품: 국공채 및 회사채

자산 계정과목 중에서 기타 금융자산이라는 항목이 눈에 거슬립니다. 금융자산이라고 하면 현금성으로 착각할 수 있는데 이들은 미수금, (임직원이나 관계사) 대여금, 임차보증금 등으로 나중에 현금으로 입금되겠지만 매출채권 등과 마찬가지로 현금성 자산은 아닙니다. 부채 계정과목 중에서도 기타 금융부채란 계정과목이 있는데 이것 역시 미지급금, 임대보증금 등과 같이 나중에 현금으로 상환할 의무는 있지만 매입 채무와 마찬가지로 이자를 지급하는 부채가 아니므로 현금성 부채가 아닙니다.

2011년 IFRS(국제회계 기준)가 도입되기 전 GAAP(기업회계 기준), 즉 지금의 재무상태표가 아닌 대차대조표로 불릴 때는 현금, 예금, 유가증권, 미수금, 미지급금 등으로 표기되어 계정과목만 보면 쉽게 이해할 수 있었습니다. 하지만 IFRS 도입 후에는 각 기업별 중요도에 따라 재무제표를 작성할 수 있기 때문에 공시하는 재무제표가 천차만별입니다. 변화를 싫어하고 찾아 들어가는 것을 싫어하는 저에게는 불편하기 짝이 없습니다. (워낙) 간략하게 표기하는 기업들의 경우 주석까지 뒤져 확인해야 하는 등 투자자 입장에서는 많이 불편해졌습니다. 어떤 기업은 계정과목에 표시된 금액의 세부 내용을 확인하기 위해 주석을 살피다 보니 주석을 얼마나 복잡히게 만들었는지, 확인을 포기한 적도 있었는데요. 포기한 이유는 버핏이 말했듯 주주에게 불친절한 이런 기업은 거들떠보지 않는 게 더 낫다고 판단했기 때문입니다.

순현금 기업 여부를 따지는 게 중요하므로 저는 이런 정도로 확인하는데 미심쩍거나 재무상태표에서 의문이 풀리지 않는다면 손익계산서나 현금흐름표에서 이자수입＋수입배당금이 이자비용보다 많으면 'OK' 하고 넘어가기도 합니다.

순현금을 확인하는 방법에 대해 얘기했지만, 재무상태표에서 가장 중요하게 봐야 할 계정과목이 2개 있습니다. 매출채권과 재고자산인데요. 순익 조정을 위해 가장 쉽게 조작할 수 있는 계정이기 때문입니다. 특히 외부 회계 감사인이 실사하기 어려운 외국 소재 현지법인 또는 판매처 등과 관계에서 이런 문제가 발생했다면 반드시 확인해야 합니다.

두 계정의 금액이 전기에 비해 줄었다면 (바람직하지는 않지만) 이익이 줄어들었으므로 덜 위험하다고 할 수 있지만 크게 늘었다면 억지로 이익을 늘렸거나 손실을 감추기 위해서일 수 있으므로 위험하다고 하겠습니다.

이상 여부 확인은 매출액의 증감에 따른 두 계정 금액의 비중 증감의 과다 여부를 따져보는 한편 같은 업종에 속하는 다른 기업은 두 계정 금액이 매출액에서 차지하는 비중이 어떻게 되는지, 두 가지 방법을 모두 실시합니다.

텔코웨어 연결재무상태표
제20기 2019.12.31 현재
제19기 2018.12.31 현재
제18기 2017.12.31 현재

(단위: 원)

	제20기	제19기	제18기
자산			
유동자산	70,535,047,942	90,832,629,854	83,938,440,573
현금 및 현금성자산	17,594,317,092	30,161,913,421	38,682,973,520
단기금융상품	41,276,880,276	55,222,568,495	42,753,012,162
매출채권	10,624,040,819	4,845,322,019	2,070,227,923
기타금융자산	969,774,286	501,228,996	329,611,339
기타자산	70,035,469	101,596,923	102,615,629
비유동자산	56,838,889,435	34,990,814,747	35,212,315,918
장기금융상품	23,019,991,897	317,573,429	321,199,233
기타금융자산	2,965,541,017	3,516,290,533	3,599,071,435
관계기업에 대한 투자자산	986,287,585	951,984,340	963,329,123
유형자산	22,244,744,408	22,771,588,269	23,153,040,462
투자부동산	1,351,492,880	1,384,739,399	1,417,985,918
사용권자산	184,107,676	0	0
무형자산	5,121,095,143	5,120,990,728	4,876,215,069
이연법인세자산	965,628,829	927,648,049	881,474,678
자산총계	127,373,937,377	125,823,444,601	119,150,756,491
부채			
유동부채	14,588,531,750	12,197,915,756	8,748,059,822
매입채무	9,051,199,805	4,764,522,774	3,020,470,226
기타금융부채	3,978,656,170	5,142,437,427	4,474,311,206
리스부채	57,423,680	0	0
초과청구공사	0	643,000,000	177,900,000
당기법인세부채	461,172,055	950,484,675	490,915,160
충당부채	437,621,674	0	0
기타부채	602,458,366	697,470,880	584,463,230
비유동부채	1,687,325,474	2,894,837,566	2,560,742,067
기타금융부채	497,843,052	1,134,000,000	1,109,000,000
리스부채	104,272,173	0	0
충당부채	0	642,474,724	322,870,303
기타부채	1,085,210,249	1,118,362,842	1,128,871,764
부채총계	16,275,857,224	15,092,753,322	11,308,801,889
자본			
지배지분	111,098,080,153	110,730,691,279	107,841,954,602
자본금	5,026,353,000	5,026,353,000	5,026,353,000
자본잉여금	38,275,644,543	38,275,644,543	38,275,644,543
기타포괄손익누계액	−244,382	1,734,235	4,061,872
기타자본	−33,729,487,468	−33,729,487,468	−33,729,487,468
이익잉여금	101,525,814,460	101,156,446,969	98,265,382,655
비지배지분	0	0	0
자본총계	111,098,080,153	110,730,691,279	107,841,954,602
지본과부채총계	127,373,937,377	125,823,444,601	119,150,756,491
순현금	81,891,189,265	85,702,055,345	81,757,184,915

(2) 손익계산서

순현금 = 금융수익 > 금융비용

많은 기업들이 외환 관련 평가차손익을 금융수익 또는 금융비용에 포함시키기 때문에 정확한 이자수입과 이자비용을 알아보기 위해서는 반드시 주석에서 세부 항목을 확인해야 합니다. 텔코웨어는 이자수입만을 금융수익으로, 이자비용만을 금융비용으로 계상하고 있어 깔끔합니다.

텔코웨어처럼 재무상태표에서 명확하게 순현금 기업으로 쉽게 밝혀진다면 굳이 손익계산서를 볼 필요가 없겠지만, 이 회사가 보유하고 있는 현금으로 수익을 얼마나 냈는지 따져보고 싶을 때는 손익계산서에서 확인할 수 있습니다.

금융수익 16.84억인데, 주석을 보면 이자수익과 금융자산 처분·평가이익을 합한 것으로 이 금액 모두 금융수익으로 확인되었습니다.

재무상태표에 금융부채가 없는데도 이자비용이 발생했습니다. 금액이 많지 않아서 회사에 확인하지 않았지만, 차량 관련 리스료 일부와 매출채권 할인료로 보입니다. 기업들은 판매처로부터 매출채권을 어음으로 받게 되면 현금으로 사용하기 위해 어음 만기 전에 거래 은행에서 할인하기도 하는데 이때 할인료, 즉 이자비용이 발생합니다.

텔코웨어 연결포괄손익계산서

제20기 2019.01.01 부터 2019.12.31 까지
제19기 2018.01.01 부터 2018.12.31 까지
제18기 2017.01.01 부터 2017.12.31 까지

(단위: 원)

	제20기	제19기	제18기
매출액	41,789,352,874	42,145,349,527	41,401,581,124
매출원가	27,764,550,544	24,640,430,454	25,172,608,052
매출총이익	14,024,802,330	17,504,919,073	16,228,973,072
판매비와 관리비	10,660,942,405	11,472,246,856	11,018,550,061
영업손익	3,363,859,925	6,032,672,217	5,210,423,011
기타수익	28,895,067	52,017,288	18,507,147
기타비용	62,041,905	134,008,497	830,795,095
금융수익	1,684,028,707	1,561,070,310	1,555,157,926
금융비용	33,719,815	0	0
지분법수익	34,303,245	−11,344,783	−12,333,768
법인세비용차감전순이익	5,015,325,224	7,500,406,535	5,940,959,221
법인세비용	731,963,767	1,156,855,604	640,525,496
당기순이익	4,283,361,457	6,343,550,931	5,300,433,725

(3) 현금흐름표

순현금 = 이자수입 + 수입배당금 + 금융자산 처분이익 > 이자비용 + 금융자산 처분 손실

재무상태표와 손익계산서에서 순현금 기업 여부를 확인하기 어려울 때 현금흐름표에서 쉽게 확인할 수 있습니다. 현금흐름표를 이용해서 기업의 현금흐름의 호전 여부를 따지지만 저는 실제 현금 증감

텔코웨어 연결현금흐름표
제20기 2019.01.01 부터 2019.12.31 까지
제19기 2018.01.01 부터 2018.12.31 까지
제18기 2017.01.01 부터 2017.12.31 까지

(단위: 원)

	제20기	제19기	제18기
영업활동현금흐름	−608,516,768	8,293,796,725	9,821,088,126
영업으로부터 창출된 현금	−634,603,312	7,595,541,090	9,540,365,614
이자의 수취	1,224,833,205	1,388,396,105	1,059,615,947
이자의 지급	−11,887,310	0	0
법인세납부	−1,186,859,351	−690,140,470	−778,893,435
투자활동 현금흐름	−8,250,006,884	−13,551,417,627	−13,617,959,726
단기금융상품의 처분	111,029,473,506	65,177,981,205	40,765,412,332
매도가능금융자산의 처분	0	0	8,353,365,035
관계기업에 대한 투자자산의 처분	0	0	417,000
유형자산의 처분	23,377,260	29,796,465	32,572,601
무형자산의 처분	1,350,000	159,421,818	2,181,140,000
장기대여금의 감소	570,821,810	545,960,902	468,400,553
임차보증금의 감소	270,000,000	725,000,000	1,279,386,000
정부보조금의 수취	4,246,394	0	0
단기금융상품의 증가	−96,338,107,672	−77,647,537,538	−64,636,619,013
장기금융상품의 증가	−22,224,000,000	−24,000,000	−24,000,000
유형자산의 취득	−297,309,882	−520,795,039	−386,933,594
무형자산의 취득	−159,858,300	−809,065,440	−396,100,640
장기대여금의 증가	−1,030,000,000	−470,000,000	−920,000,000
보증금의 증가	−100,000,000	−718,180,000	−335,000,000
재무활동 현금흐름	−3,709,079,060	−3,263,446,560	−2,813,316,000
정부보조금의 수취	2,009,870	0	0
배당금의 지급	−3,657,310,800	−3,263,446,560	−2,813,316,000
리스부채의 상환	−53,778,130	0	0
현금 및 현금성자산의 감소	−12,567,602,712	−8,521,067,462	−6,610,187,600
기초현금 및 현금성자산	30,161,913,421	38,682,973,520	45,293,182,089
현금 및 현금성자산에 대한 환율변동 효과	6,383	7,363	−20,969
기말 현금 및 현금성자산	17,594,317,092	30,161,913,421	38,682,973,520

과는 관계없는 수치가 착각을 일으킨다고 보기 때문에 거의 참조하지 않습니다.

〽️ 네 가지 조건을 충족하지만 투자하지 않는 경우

저의 (편견이 가장 큰 이유겠지만) 고집으로 네 가지 조건을 만족시키지만 투자 대상으로 삼지 않는 업종이 있습니다. 건설·항공·해운·은행 업종 등인데요. 경기에 초민감 업종이라 손익이 지나치게 들쭉날쭉하기 때문에 가능하면 편하게 투자하고 싶은 저에게는 너무 불편한 주식들입니다.

특히 건설업종은 예전에 (안전하다고 믿었던) 삼환기업의 투자 실패도 영향을 주었지만 업종 특성상 수입과 비용 조정을 할 수 있는 여지가 많기에 재무제표를 믿기 어려워서입니다. 일부 바이오 업종도 같은 이유로 거들떠보지 않습니다.

경영과 소유의 분리라는 자본주의 시장의 주식회사 시스템의 원칙에서 벗어난 말이지만, 은행업종은 대부분의 은행이 주인이 없어 책임경영이 어렵다는 점이 걸리고 또한 저의 은행 거래 경험을 통해 보았을 때 실익이 없는 이벤트 등 구습이 여전하다는 점입니다. 일껏 한다는 것이 수수료에 눈이 멀어 검증하지도 않고서 펀드 판매로 물의나 일으키고 주 사업은 여전히 예금과 대출 마진에 치중하고 있습니다. 이러다 자칫 경기가 더 나빠지면 부실채권이 왕창 늘어날 테고요.

항공·해운 업종은 엄청난 고정자산 투자에 따른 금융 위험에 비해 수익구조가 너무 불안합니다.

순전히 개인적인 성향으로 투자를 꺼리는 업종과 개별 주식으로는 카지노, 담배 등이 있고 부도덕한 오너가 지배하는 그룹 주식입니다. 제가 투자한 기업이 잘 되어 배당도 많이 받고 주가도 올랐으면 하고 바라는 것이 당연한데, 개인적으로 수익을 얻더라도 그 기업이 성장하는 게 싫은 기업이라면 투자하지 않는 게 마음 편할 테니까요.

다만 업종에 대한 편견이 있을 수 있다고 생각하는 건설과 은행 업종은 시간제 투자자에서 전업 투자자로 신분이 바뀐 만큼 좀 더 공부하려고 합니다.

〳 네 가지 조건 + 알파

네 가지 조건을 완벽하게 이해해서 이 조건을 만족시키는 종목 10개 정도로 분산해서 (5년 이상) 장기간 투자한다면, 제 경험으로 봤을 때 시장보다 높은 수익률을 얻을 수 있습니다. 그리고 경험을 쌓으면서 실력이 늘어나면 성장주 등 자신의 성향에 맞는 자신만의 투자법을 개발해서 더 발전할 수 있겠고요.

저는 투자기업을 선정할 때 네 가지 조건을 기본으로 하지만, 대상이 되는 기업에 대해 추가적으로 따져보는 몇 가지 지표가 있습니다. 네 가지 조건은 정량적 분석에 해당되지만 추가로 따지는 수치와 지표 등은 정성적 분석에 가깝습니다.

네 가지 조건을 만족시키는 주식을 찾은 다음 반드시 확인하는 몇 가지인데요. 주주 구성과 자사주 매수 여부, 임직원 증감, 급여, 장기근속 수준과 등기 임원의 급여 등입니다. 숫자나 비율을 정해둔 것은 아니지만 (표현하기 어려운데) 이런 수치를 보면서 드는 어떤 느낌으로 경영진의 능력과 도덕성을 판단합니다. 또한 촉매가 될 수 있는 숨겨진 자산, 특히 알짜 부동산이나 계열사가 있는지 따져봅니다.

(1) 주식 및 주주 구성

기본적으로 대주주(특수관계인 포함) 지분은 적은 것보다는 많으면 많을수록 좋게 봅니다. 대주주 지분이 적은 경우 회사에서 벌어들인 수익이나 유보된 잉여금을 일반 주주와 동등하게 나누는 배당보다는 다른 방법으로 빼내려 할 가능성이 있다고 보기 때문입니다.

자사주 보유 비중이 높으면서 꾸준하게 자사주를 매수하는 기업과 대주주를 비롯한 내부자가 자사주를 매수하는 기업은 주가가 싸다는 강력한 증거이면서 앞으로 주가가 오를 가능성이 높다는 것을 암시합니다.

주주 중에 대주주의 친인척과 장학재단 등이 있는지 살펴본다

'사업보고서 VII. 주주에 관한 사항 주주의 분포에서 최대주주 및 특수관계인의 주식소유 현황표'를 보면 알 수 있습니다.

친인척 주주 수가 많고 이들이 보유한 주식 수도 많으면 많을수록 좋다

가능한 한 배당금을 많이 지급하려 할 것이고 실적이 좋지 않은 연도에도 배당금을 크게 줄일 가능성이 적기 때문입니다. 특히 대주주 자녀들이 보유한 주식 수가 많고 이들이 수령한 배당금으로 계속 지분을 늘리는 기업은 일정하면서도 꾸준하게 배당을 증액할 가능

대신증권 주주 명부

가. 최대주주 및 특수관계인의 주식소유 현황

기준일: 2020년 03월 31일

(단위: 주, %)

| 성명 | 관계 | 주식의 종류 | 소유주식 수 및 지분율 | | | | 비고 |
| | | | 기초 | | 기말 | | |
			주식 수	지분율	주식 수	지분율	
양홍석	본인	보통주	3,976,804	7.83	4,481,081	8.83	* 시장 매입
양홍석	본인	우선주	130	0	130	0	－
이어룡	특수 관계인	보통주	1,047,899	2.06	1,047,899	2.06	－
양정연	특수 관계인	보통주	543,190	1.07	598,125	1.18	* 시장 매입
양회금	특수 관계인	보통주	2,072	0	2,072	0	－
양회금	특수 관계인	우선주	2,245	0.01	2,245	0.01	－
노정남	특수 관계인	보통주	40,737	0.08	40,737	0.08	－
노정남	특수 관계인	우선주	1,733	0	1,733	0	－
안경환	특수 관계인	보통주	6,886	0.01	6,886	0.01	－
오익근	특수 관계인	보통주	0	0	10,225	0.02	* 신규 선임
대신송촌 문화재단	특수 관계인	보통주	665,696	1.31	665,696	1.31	－
대신송촌 문화재단	특수 관계인	우선주	1,384,624	3.85	1,384,624	3.85	－
계		보통주	6,283,284	12.38	6,852,721	13.5	－
		우선주	1,388,732	3.86	1,388,732	3.86	－

성이 높습니다.

장학재단이 있고 장학재단의 지분율이 높으면 높을수록 좋다

장학재단은 배당금이 주 수입이므로 장학사업을 차질 없이 수행하기 위해서는 정기적으로 입금되는 배당금이 무엇보다 중요합니다. 따라서 웬만해서는 배당금을 줄일 가능성이 낮습니다.

(2) 자사주 매수

'사업보고서 I. 회사의 개요 / 4. 주식의 총수 등 – 주식의 총수 현황'을 보면 알 수 있습니다.

자기주식 수는 많을수록 좋다

발행주식의 총수에서 자기주식 수 비율이 얼마나 되는지 따져봅니다. 자사주를 많이 보유하고 있는 기업은 그만큼 주가 관리에 신경 쓴다는 것을 알 수 있고 회사가 보유한 자기주식은 배당금을 지급하지 않으므로 회사로서는 자사주 보유분만큼 배당금 지급 여력이 늘어납니다.

정기 혹은 부정기적으로 자사주를 매수하는 기업

정기적으로 또는 기업의 가치에 비해 주가가 많이 내렸다고 판단될 때마다 자사주를 매수하는 기업은 경영진이 주주 가치에 신경 쓰는 기업으로 볼 수 있습니다.

신영증권 자사주 현황
주식의 총수 현황
(기준일: 2020년 03월 31일)

(단위: 주)

구분	주식의 종류		
	보통주	우선주	합계
I. 발행할 주식의 총수	48,000,000	16,000,000	64,000,000
II. 현재까지 발행한 주식의 총수	9,386,237	7,053,763	16,440,000
III. 현재까지 감소한 주식의 총수	–	–	–
1. 감자	–	–	–
2. 이익소각	–	–	–
3. 상환주식의 상환	–	–	–
4. 기타	–	–	–
IV. 발행주식의 총수(II-III)	9,386,237	7,053,763	16,440,000
V. 자기주식 수	3,104,096	4,929,099	8,033,195
VI. 유통주식 수(IV-V)	6,282,141	2,124,664	8,406,805

　기업이 자사주를 매수하는 목적은 대주주의 경영권을 보호하려는 데 있을 경우가 많지만 가치에 비해 주가가 싼 주식을 시장에서 매수하면 유통주식 수가 줄어드는 만큼 기업 가치가 늘어나는 효과가 있습니다.*

　대주주 및 대주주의 친인척이 자사주를 매수하는 기업

　'수시 공시사항에서 확인하거나 분기별 사업보고서, 주주현황표'를 보면 알 수 있습니다.

---

* 8장에서 '이씨에스' 매매 사례를 다루면서 제가 회사에 제안했던 자사주 매수 효과를 갖고 설명하도록 하겠습니다.

앞서 대주주 현황에서 얘기했지만 내부자, 특히 대주주 중에서도 대주주의 직계 자녀들이 자사주를 매수하는 기업은 그 기업에 대해 가장 잘 알고 있는 내부자들이 현재 주가가 가치에 비해 많이 싸다고 생각한다는 것을 드러내는 확실한 증거입니다.

(3) 임직원 구성과 근속연수, 임금 수준

'사업보고서 VIII. 임원 및 직원 등에 관한 사항'을 보면 알 수 있습니다.

경영진의 학력을 포함한 경력을 통해 경영진의 능력을, 그리고 임직원의 근속연수와 평균임금 수준 및 변화를 통해 그 기업의 저력을 판단할 수 있습니다.

경영진, 특히 대표이사의 학력 및 경력

일반적으로 대표이사가 미국 소재 대학 MBA 출신인 기업은 일반 주주에 대한 배려심이 많은 편입니다. 저는 주주자본주의가 발전한 나라에서 경영학을 배웠기 때문으로 짐작하는데요. (제가 아는) 이런 긍정적인 효과가 있었던 몇 개 기업은 배당성향을 높게 가져가거나 주당배당금을 늘리는 경향이 확실히 있었습니다. 하지만 전혀 그렇지 않은 기업도 많으므로 배당정책 등을 통해 실질적으로 그런 성향이 있는지 필히 확인해야 합니다.

제가 네 가지 조건만큼 중요하게 보는 것이 경영자입니다. 드물게는 전문경영인도 해당되지만 기본적으로는 오너 경영자인데요. 저는 재무제표 말고는 대부분 기업의 사업을 분석할 능력이 없기 때문에 경영자의 능력에 절대적으로 의지합니다. 쉽게 말하면, 지금까지 잘 해온 경영자는 앞으로도 잘할 것이다. 원자재 상승에 따른 비용 증가 요인의 발생, 주요 매출처 납품 중단, 주 사업에 불리하거나 혹은 현재 진행 중인 코로나19 같은 상황 등 갖가지 경영상의 어려움이 발생했을 때 (제가 추정해서 대처할 능력은 전혀 없으므로) 경영자가 잘 대처해줄 것을 믿는 수밖에 없다는 것이죠. 그래서 기업의 지난 역사를 통해 짐작하기도 하지만 가능하면 주주총회에 참석해서 경영자의 면목을 직접 살펴보려고 합니다.

대표이사에 비해서는 (대표이사가 어련히 관리할 것이므로) 대략 살펴보지만 등기 여부와 관계없이 상근 임원들의 학력 및 경력 등으로 믿음직한 임원진을 구성하고 있는지 알아봅니다. 특히 연구개발 비중이 높은 기업은 연구개발 책임자의 경력이 중요합니다.

직원 등 현황 - 직원 수가 늘어나고 직원 근속연수가 길면 좋다

매출이 꾸준히 늘면서 임직원 숫자도 늘어나는 기업은 경영진이 앞으로 몇 년 동안은 성장을 자신하고 있다고 볼 수 있습니다. 직원 수급은 지금 당장의 필요에 의한 경우도 있지만 최소 2~3년을 내다보고 결정하기 때문인데요. 또한 직원 근속연수가 10년 이상 되는 기업은 섬유, 시멘트, 철강 업종 등에서 보듯이 기업 역사 자체가 길어서일 때도 있지만 회사 분위기가 그만큼 좋다는 것을 나타내는 지표입니다.

임직원 숫자도 늘고 근속연수도 긴, 두 가지 조건이 갖춰진 상태에서 평균임금이 조금씩 늘어나는 기업이라면 더 좋겠지요. 업종별로 임금 차이가 크기 때문에 단순히 평균임금이 높은 것보다는 매년 평균임금이 상승하는 기업을 좋아합니다. 기업의 성장 과실을 임직원들과 공유하는 기업이므로 회사 분위기가 좋을 것으로 미루어 짐작할 수 있기 때문입니다.

임원, 특히 등기 임원의 연봉 확인

연봉이 5억 이상 되는 임직원은 개별 공시하고 있습니다. 증권사의 경우 일반 직원이 성과급으로 5억 이상 받는 경우가 많은데, 매우 바람직한 현상입니다. 반면 회사 규모나 이익에 비해 임원들이 지나치게 많은 임금을 가져가는 기업들이 있습니다. 더구나 직원들과의 임금 격차가 너무 크다면 회사 분위기도 좋을 리 없겠죠. 주주가 되기 싫은 기업입니다. 회사명을 밝히지 않습니다만, 제가 만족스런 매매차익을 얻었던 한 기업이 여기에 해당됩니다. 주주가 되기 싫은 것과 실제 투자에서 얻는 수익은 다를 수 있는데, 앞서 개인적인 이유로 투자하지 않는 기업과 업종을 언급했듯 이런 기업은 더 이상 투자 대상으로 생각하지 않고 있습니다.

(4) 숨겨진 재산

자산 중 보유 부동산이 많거나 지분을 보유한 기업 중에서 장부에 반영되지 않은 큰 재산이 있는지 확인합니다.

부동산 부자

'사업보고서 II. 사업의 내용 중 4. 생산 및 설비에 관한 사항과 주석에서 확인'을 보면 알 수 있습니다.

예전과 달리 회사 보유 부동산(토지)은 덩어리로 표시하거나 아예 구체적인 수치를 제공하지 않음으로써 실제 확인을 어렵게 하는 기업들이 많아졌습니다. 회사에 직접 물어봐도 공시 대상이 아니란 이유로 답을 주지 않기 때문에 실제 가치를 알아내기가 쉽지 않습니다. 굳이 알아보는 방법은 사업보고서에 나오는 부동산 소재지를 직접 방문해서 시세를 알아보는 수밖에 없는데, 저처럼 게으른 사람은 할 수 있는 일이 아닙니다.

그래서 저는 부동산 부자로 알려진 기업에 대해서는 인터넷 검색을 통해 (부지런한) 다른 투자자들이 알려주는 정보에 의지하거나 몇 년 주주로 있다 보면 회사 내부자와의 친분을 이용해서 슬쩍 물어보는 정도로 파악합니다. 사업 활동에 직접 사용 중인 부동산은 이전하거나 공장 폐쇄와 같은 상황이 벌어지지 않으면 현금화할 가능성이 없으므로 대략의 가치만 알고 있는 정도로 충분할 수 있습니다.

개인적으로 서울 시내에 보유한 주유소 부지의 부동산 가치가 부각되면서 주가가 크게 올랐을 때 수익을 얻었던 '중앙에너비스'가 있고 전통 산업인 섬유·철강·화학 업종에서 이런 기업들을 발견할 수 있습니다.

알짜 투자 지분

'사업보고서 Ⅸ.계열회사 등에 관한 사항'을 보면 알 수 있습니다.

배보다 배꼽이 크다는 말처럼 매출·순이익 등에서 본사보다 더 큰 계열회사를 보유한 회사들이 있습니다. 본업보다 이들 계열사의 실적에 기업의 실적이 좌우될 정도인데요. 대표적인 기업이 '동서식품'을 보유한 동서입니다. 제가 주주로 있는 삼영무역과 영풍정밀 역시 여기에 해당됩니다.

삼영무역

삼영무역은 에실로코리아라는 알짜 기업의 지분을 49.8% 보유하고 있는데요. 이 기업에 대해 2019년 실적으로 살펴보도록 하겠습니다.

삼영무역의 영업이익은 92억이지만 에실로코리아는 681억입니다. 49.8% 지분율을 적용하면 339억이죠. 더구나 순이익 481억에서 270억을 배당했으므로 삼영무역에 입금된 배당금만 134억입니다.

삼영무역은 60억을 배당했는데요. 2020년 3월 주총에서는 이런 주주정책에 불만을 품은 외국인 주주를 중심으로 감사인 선임과 배당금 증액 등을 요구하는 안건이 제출되기도 했습니다.

삼영무역의 장부에는 에실로코리아의 지분 가치를 동사의 자기자본에 비례한 692억으로 계상하고 있습니다. 1년에 이익을 240억 내는 기업의 가치가 692억이라고 하네요.

삼영무역과 에실로코리아 연결재무제표(2019년) (단위: 억 원)

	삼영무역	에실로코리아
매출액	2,742	2,530
영업이익	92	681
당기순이익	358	481
자산	5,109	1,888
부채	1,133	473
자본총액	3,976	1,415
(자본금)	(88)	(13)
소수주주 지분	369	7
순 자본총액	3,607	1,408
BPS	20,487	549,142
EPS	2,033	187,598
ROE	9.0%	34.0%
주당 배당금(원)	350	105,300
배당성향	16.8%	56.1%
총배당금(억)	60	270

영풍정밀

삼영무역과는 조금 다른 경우인데요. 동사는 영풍그룹의 자회사이면서 모회사 격인 블루칩 2개 회사의 지분을 보유하고 있는데, 이 둘로부터 입금되는 배당금이 매년 늘어나고 있습니다.

최초 취득 금액은 140억에 불과하지만 2019년 말 시가로는 1,776억에 이릅니다. 또한 실제 두 회사의 자산가치에 대해 지분율로 따지면 2,652억 원의 가치가 있습니다. 영풍정밀이 두 회사로부터 2020년에 수령한 배당금은 49억으로 시가 기준으로 2.8%의 수익률을 얻고 있습니다.

영풍정밀의 시가총액은 1,014억 원이지만 보유하고 있는 우량한 주식 가치만 1,776억이고 이와 별개로 금융부채 없이 순현금 자산으로 500억 이상 보유하고 있습니다. 본업에서는 매년 100억 가까운 영업수익을 내고 보유 유가증권과 현금에서는 배당과 이자수입으로 50억 이상 안정된 수익을 내고 있습니다.

영풍정밀의 보유주식 현황

보유주식	지분율	보유 주식 수	최초 취득 금액		2019년 말 잔액	
			단가	금액(억)	단가	금액(억)
영풍	4.39%	80,850	48,620	39	645,000	521
고려아연	1.56%	295,110	34,085	101	425,000	1,254
계(억)				140		1,776

연결재무제표와 보유주식의 지분 가치 계산(2019년)

(단위: 억 원)

	영풍	고려아연	영풍정밀 지분 평가
매출액	30,841	66,948	2,567
영업이익	844	8,053	174
당기순이익	2,330	6,329	215
자산	48,327	78,406	3,581
부채	11,342	10,022	700
자본총액	36,985	68,384	2,880
(자본금)	(92)	(944)	(20)
소수주주 지분	4,420	1,230	228
순 자본총액	32,565	67,154	2,652
BPS	176,792	355,877	14,252
EPS	12,649	33,540	1,155
ROE	6.3%	9.3%	
주당 배당금(원)	10,000	14,000	
배당성향	7.4%	38.8%	
총 배당금(억)	172	2,474	
발행주식 수	1,842,040	18,870,000	
자기주식 수	121,906	1,195,760	
유통주식 수	1,720,134	17,674,240	
영풍정밀 지분가치	1,531	1,121	2,652
배당수입	8	41	49

Chapter 6

매매 – 보유

투자할 주식을 분석하고 매수하는 것만큼 중요한 것이 보유하는 것입니다. 가지고 있는 방법에 대해 살펴봅니다.

가만히 있는 것도 현명한 태도라고 생각한다. ROE가 만족스럽고, 능력 있고 정직한 경영진이 경영하는 기업이 주식시장에서 과대평가되지만 않는다면 우리는 어떤 주식이라도 얼마든지 무한정 보유할 수 있다.
– 워런 버핏

열심히 분석한 결과 매수한 주식들로 포트폴리오를 만들었다면 이제 남은 일은 시장에서 우리 주식들의 가치를 인정해줄 때까지 기다리는 것입니다. 가치투자자 최고의 덕목인 인내심을 발휘할 때죠. 이게 쉽다면 누구나 이 방법으로 부자가 되었겠지만 그렇지 못하다는 것은 경험이 많을수록 절실하게 인식합니다.

특히 주식시장은 큰 자금을 운용하는 기관들이 움직여 시가총액이 큰 대형주 위주로 움직이므로 어쩌다 중소형주들이 움직이기 위해서는 어떤 테마나 모멘텀의 계기나 행운이 있어야 합니다. 때로는 자금 악화로 부도설에 빠질 때 시장의 서포트라이트를 받겠지만, 우리 가치투자자에게는 해당될 일이 없겠죠.

보유하는 동안 무엇보다 힘들 때는, 시장은 계속 올라가고 있는데 포트폴리오에 담긴 주식들은 꼼짝도 않거나 실망한 동료들이 매도하는 통에 오히려 평가손실을 키울 때입니다. 이래저래 따져보아도 딱히 나쁠 게 없지만, 시장의 외면으로 딱한 상황에 놓이게 된 거죠. 사실 이런 일은 가치투자자의 숙명입니다. 투자한 주식에 대해 하나의 투자 주기를 10으로 본다면, 분석 2 - 매수 0.5 - 보유 /.25 - 매도 0.25라고 할까요? 중소형 가치주를 선택한 투자자는 보유 기간 내내 소외감에 절어 지내는 게 일상이므로 자신의 결정을 믿고 버티는 것이 유일한 방법입니다.

워런 버핏은 그런 우리에게 절대 포기하지 말라고 합니다.

게임이 더 이상 자기 방식대로 풀리지 않을 때, 새로운 접근법이 완전히 틀렸다거나 골치 아프게 되었다고 불평하는 것은 인간의 본성입니다. 나는 과거 다른 사람이 이런 방식으로 행동하는 것을 경멸했습니다. 현재가 아닌 과거를 기준으로 상황을 평가하는 사람이 초래하는 불이익을 익히 보아왔습니다.

본질적으로 나는 현재 상황에 보조를 맞추지 않습니다. 그러나 이것만큼은 확실합니다. 내가 제대로 이해하지 못하고, 실행해 성공한 경험이 없으며, 상당하고 영구적인 자본손실로 이어질 가능성이 있는 접근법을 받아들이기 위해 내가 원리를 잘 이해하고 있는 접근법을 포기하지는 않을 것이라는 사실입니다. 설령 손쉽게 얻을 수 있는 커다란 수익을 포기해야 하더라도 마찬가지입니다.

– 마이클 배트닉, 《투자 대가들의 위대한 오답노트》, p. 112.

많은 대가들은 일정한 보유 기한을 정해두기도 했습니다.

모니시 파브라이, 필립 피셔, 존 템플턴, 조엘 그린블랫 등 일부 대가들은 주식을 매수한 후 3~4년이 지나도록 주가가 시장수익률을 하회하면 자동으로 매도해버린다. 이런 방법에 깔린 근거는 단순하다. 인내심이 좋은 덕목이긴 하나 시장은 효율적이기 때문에 저평가된 주식이 오랜 기간 동안 발견되지 않고 있기는 힘들다. 따라서 특정 주식이 계속해서 저조한 실적을 낸다면 이 주식에 관심을 보이는 투자자는 대가를 포함해서 그리 많지 않다는 사실을 시장이 알려준다고 하겠다. '겸손한 투자자라면 기업을 평가할 때 뭔가 중요한 걸 놓친 게 아닐까?' 라고 생각해볼 일이다.

– 프레더릭 반하버비크, 《초과수익 바이블》, p. 328.

가치투자의 아버지 벤저민 그레이엄을 비롯한 많은 대가들이 보유기간을 2~3년으로 제한하고 있습니다. 하지만 저는 은행 금리 이상의 배당금을 지급하면서 주요 투자지표(PER, PBR)로 보았을 때, 충분히 싸면서 순현금 보유 기업으로 재무구조가 우수하다면 보유기간의 제한을 둘 필요가 없다고 생각합니다.

Chapter 7

매매 — 매도

매도는 투자 과정에서 마지막 완성 단계에 해당합니다. 매도의 원칙을 살펴보도록 하겠습니다.

매도는 분석을 통해 충분한 안전마진을 확보한 주식을 매수해 보유했고 시장에서 제 가치를 알아줄 때까지 인내하며 기다렸던 결과를 얻는, 투자 과정에서 마지막 완성 단계입니다. 가장 높은 가격에 매도하고 싶은 것은 당연한 욕심입니다. 참고 기다린 시간이 길면 길수록 이런 마음은 더할 텐데요.

하지만 투자에서 큰 성공을 거둔 대가들을 포함해서 모두가 한결같이 얘기하는 것은 매도가 가장 어렵다는 겁니다. 워런 버핏처럼 영원히 팔지 않을 기업을 매수하는 게 한 가지 방법인데, 저는 그런 기업을 발굴할 능력이 없으니 해당되지 않는 일입니다.

널리 알려진, 그래서 너무나 유명한 매도의 3원칙이 있습니다. 워런 버핏의 원칙에 비하면 쉬워 보이지만 이것 역시 실행하기에 만만치 않습니다.

(1) 적정 주가에 도달했을 때

(2) 애초 투자 아이디어가 잘못되었음을 알았을 때

(3) 더 나은 종목을 발견했을 때

그래서 저는 보유하고 있던 주식이 매도할 만한 가격에 왔다고 생각되면 나눠 매도함으로써 너무 싸게 매도했다고 자책하는 일을 줄이려고 합니다. 그럼에도 보유주식을 모두 매도하고 난 다음 더 높이 올라간 주가를 보면서 아쉬워하는 마음은 어쩔 수 없겠죠.

미국의 유명한 정치가이면서 또한 위대한 투자자였던 버나드 바루크와 부의 상징인 나단 로스차일드가 명쾌한 답을 내놓았습니다.

여전히 상승 중인 종목을 매도한 적이 여러 번 있다. 덕분에 나는 재산을 잃지 않았다. 매도해서 거액의 이익을 놓친 적도 여러 번 있었지만, 팔지 않고 가지고 있었다면 주가가 폭락할 때 그 회오리에 휘말렸을 것이다.

– 버나드 바루크

나는 절대로 바닥에서 매수하지 않고 항상 너무 일찍 판다네.

– 나단 로스차일드

저PER 투자의 달인 존 네프는 몇 가지 매도 기준을 제시했는데 다음은 제가 엇비슷하게 실행하는 매도 방법입니다.

투자한 주식이 자신이 정한 목표 수익률의 70%를 실현한 시점을 매도 기준으로 삼았는데, 이 시점에서 보유주식의 70%를 매각하고, 나머지는 더 오르면 매각했는데요. 최초 매각 시점이 목표 수익률의 70%인 이유에 대해 당신으로부터 주식을 매입하는 투자자를 위해 (투자수익)을 남기기 위해서라고 했습니다.

– 《이투데이》, 2011년 11월 2일

한편 존 네프는 매도 시점에 대해 한 가지 팁을 주었습니다.

보유 종목을 남들에게 자랑하고 싶은 그때야말로 매도 시점에 가까워졌다는 사실을 기억해야 한다.

윌리엄 오닐의 조언은 예리합니다.

주식을 파는 최적의 시기란 주가가 상승하고, 앞으로도 상승이 지속될 것이라고 모든 사람이 믿을 때다.

저는 매수와 매도 모두 분할해서 주문을 내는 방법이 가장 합리적이라고 생각하지만, 보유하고 있던 주식의 주가가 급변할 때는 일부를 매도하고서 지켜보자는 크리스 사카가 제시하는 매도 방법도 활용할 가치가 있습니다. 투자에서는 심리적 안정이 무엇보다 중요하니까요.

커다란 이익이나 손실이 발생했을 때, 나중에 후회하게 될 일을 최소화하는 가장 좋은 방법은 일부를 처분해두는 것이다. 정확한 금액은 없다. 예를 들어 20%를 매도하면 뒤이어 주가가 2배로 올라노 아식 80%는 보유하고 있으니 괜찮다. 반대로 주가가 반 토막 나더라도 일부는 팔았으니 괜찮다.

투자자는 '전부 아니면 전무'로 문제를 해결하려는 경향이 있지만 그렇게 할 필요는 없다. 절대적 사고는 후회로 끝날 것이 거의 분명하다. 후회를 최소화하면 장기적으로 성공적인 투자자가 될 가능성을 극대화할 수 있다.

– 마이클 배트닉, 《투자 대가들의 위대한 오답노트》, p. 220.

순전히 제 경험을 통해 알게 되었다고 주장하고 싶지만 분명히 누군가의 영향을 받았을, 저의 매도 요령은 다음과 같습니다.

(1) 가치에 비해 싼 주식을 사서 기다리다 보면 어떤 계기로 주가가 눈에 띌 정도로 상승할 때가 있습니다. 본격적인 상승일 수도 있고, 많은 양을 매수하려는 매수자에 의해 일시적으로 공급이 부족해서 올랐을 수도 있습니다. 일반적으로 주식시장이 활황세일 때는 주가가 제 가치를 거의 찾아갈 정도로 상승하게 되는데, 저는 이를 한 단계 레벨-업이 된다고 표현합니다. 서둘러서 매도할 필요가 없는 경우입니다.

반면 일정한 틀 안에서 시장지수가 움직이는 소위 말하는 횡보 장세나 시장이 약세로 판단될 때는 보유주식의 주가가 의미 있는 정도로 상승한다면, 일부 수량을 매도한 다음 주가가 다시 하락할 때 앞서 매도한 수량만큼 재매수함으로써 원래의 보유량을 유지하면서 보유 단가를 낮추는 매매를 하기도 합니다. 주가가 일정 가격 구간에서 오르내림을 반복하는 것을 이용하는 것인데요. 이처럼 보유 단가를 낮춰주는 매매는 매력적이지만 성공확률이 그렇게 높지 않으므로 자제할 필요가 있습니다.

(2) 매수할 때와 마찬가지로 나눠 매도합니다. 일반적인 매도 패턴은 상황에 따라 3분의 1 혹은 5분의 1씩 나눠서 매도합니다. 매수할 때와 마찬가지로 최저가나 최고가가 아닌 평균 정도의 가격에 매도하기 위해서입니다.

(3) 저평가된 가치주는 대개 시장에서 소외된 주식이라 평소 거래량이 매우 적습니다. 그래서 싸게 사서 보유하고 있지만 과연 팔 수 있을지 가끔 걱정이 될 때도 있습니다. 기다리기 위해 가능한 배당금을 많이 주는 주식을 보유해야 하는 이유입니다. 주가가 오르지 않으면 배당금을 받으면서 기다리고 때로는 받은 배당금으로 그 주식을 늘리면 되는 것이죠. 그러다 보면 참고 기다린 우리를 위해 시장에서 매도할 때가 되었음을 알려줍니다. 어느 날 갑자기 거래량이 크게 늘면서 주가가 상승하기 시작합니다.

매수자가 자신만 알게 된 강력한 호재가 있다든지, 아니면 오래전부터 저평가 상태였던 이 종목을 꾸준히 매수하던 중 적은 유통 물량으로 인해 충분히 매수할 수 없어서 원하는 양을 확보하기 위해 가격을 올리면서 매수하게 되는 상황이 벌어질 때인데요.

이 과정에서 때로는 매도와 매수를 반복하면서 주가를 큰 폭으로 출렁거리게 함으로써 기존 보유자이 불안감을 자극해서 주식을 내놓게 만들기도 합니다. 어쨌든 이런 상황이 발생하면 시장의 주목을 받게 되어 거래량이 크게 늘어나면서 주가는 큰 폭으로 상승하게 됩니다.

바로 피터 린치가 예언했던 상황이 벌어진 겁니다.

유동성이 작다고 그 주식을 사지 않는 것은 마치 결혼도 하기 전에 이혼을 걱정하는 것과 같다.

(4) 과거 하루 상한가 폭인 15%까지 주가가 상승하면 무조건 보유량의 일부를 매도합니다. 상황에 따라 다르지만 대개 보유량의 10% 이상을 매도합니다. 이는 첫 상한가는 따라잡으라는 증권가의 속설과는 정반대로 가는 것이지만, 저는 상한가까지 올려준 분께 감사드리는 마음으로 매도한다고 얘기하곤 합니다.

(5) 저는 매수 가격보다 높은 가격으로, 아주 작은 수익을 얻고 팔았더라도 남기고 매도했다면 이는 성공한 투자라고 얘기합니다. 내가 매도한 주식을 매수한 투자자도 수익을 얻었으면 하는 마음으로 매도한다면 매도 결정이 쉽습니다.

(6) 얼핏 단기 매매로 보이는 저의 투자 스타일에 대해 저는 이렇게 자기합리화를 하곤 합니다. 5년 보유해서 100% 이익을 얻는 것과 1년에 20%씩 5년 동안 수익을 얻는 것이 어떤 게 쉬운가? 단순하게 표현했지만 후자가 더 쉽고 복리수익률로 따지더라도 수익률이

더 높게 나옵니다.

(7) 그레이엄은 매수한 가격에서 50% 오르면 매도하거나 매수하고서 2~3년이 지나면 매도하라고도 했습니다. 많은 가치투자의 대가들이 보유 기한을 정해두는 경향이 있는데요. 이는 저평가된 주식이 일정 기한 내 주가가 오르지 않으면 자신이 모르는 뭔가가 있다고 봐야 한다는 것이 이유입니다. 하지만 저는 이런 대가들의 조언을 듣지 않습니다. 주가는 바닥에서 머물러 있지만 기업 가치는 계속 증가하고 있고 예금이자보다 더 많은 배당금을 집행하는 기업이라면 내재가치에 어울리는 주가에 도달할 때까지 계속 보유하려고 합니다.

흔히 매도는 매수보다 어렵다는 얘기를 하곤 하지만, 이익을 얻고서 매도했다면 절대 후회할 일은 아닙니다. 내가 매도한 종목을 매수한 사람도 이익을 얻어야 한다는 마음 자세가 필요합니다. 투자에서 수익을 얻기 위해서는 매도보다 매수가 더 중요합니다.

끝으로 잭 슈웨거의 책에 소개된 뛰어난 트레이더 한 분의 매도법을 붙입니다.

어느 날 거래량이 두 배로 오르고 주식이 신고점으로 올라섰다면, 이것이 의미하는 바는 많은 사람들이 이 주식에 관심을 가지고 있으며 사기를 원한다는 말이죠. 만약 주식이 신고점을 찍으며 한 단계 상승했지만 거래량이 단지 10%밖에 늘지 않았다면 나는 조심스러워져요.

주식이 상승하다 숨 고르기를 하기 시작할 때는 거래량이 줄고 있는지를 봐야 해요. 거래량이 하락 추세를 형성하고 있어야 한다는 말이죠. 그러고 나서 거래량이 다시 늘기 시작할 때면 대개 주식이 폭등할 준비가 돼 있다는 의미예요.

숨 고르기 기간에 거래량 수준이 계속 높다는 의미는 많은 사람들이 포지션을 정리하고 있다는 말이거든요. 주식이 치고 오르기 시작할 때는 거래량이 많아야 하고, 숨 고르기 중일 때는 거래량이 줄어야 하죠.

– 데이빗 라이언 / 잭 슈웨거, 《시장의 마법사들(Market Wizards)》, pp. 344-346.

숙향'S 코멘트

가치투자자는 매수 시점도 그렇지만 매도 시점을 잡는 데 어려움을 느낍니다. 투자 경험을 통해 자신만의 매도 요령은 늘겠지만 매매의 달인인 뛰어난 트레이더의 매도 방법을 배워 실전에 활용한다면 투자수익을 늘리는 데 도움이 될 것으로 생각합니다. 당연히 가치투자의 기본기를 닦는 게 우선이라는 점은 확실히 해둡니다.

Chapter 8

실전 투자 사례

4개 종목의 매매 사례를 정리했습니다. 큰 수익을 낸 성공한 사례들과는 거리가 멀고 굳이 분류한다면 실패 사례에 가깝습니다. 제가 매수하고, 보유하고, 매도를 결정하는 과정을 보면서 이 사람보다는 내가 더 잘할 수 있겠다는 자신감을 얻으셨으면 합니다.

> 지식은 기억으로부터 온다. 그러나 지혜는 명상으로부터 온다. 지식은 밖에서 오지만 지혜는 안에서 움튼다.
> – 법정, 류시화 엮음, 《산에는 꽃이 피네》, p. 144.

대동전자

주식을 매수한 지 4년 만에 처음으로 참석한 주주총회에서 회사 경영진과 대화를 통해 회사의 실망스런 배당정책을 확인하고 매도하기로 마음먹었는데요. 다행히 수익을 내고 매도할 수 있었지만 바로 다음 해 폭탄 배당에 가까운 배당을 실시했고 자사주를 매수하는 등 전혀 다른 모습을 보였습니다.

이씨에스

보유하는 동안 열렸던 주총 3번을 모두 참석했고 제 투자 경력 중에서 회사와 가장 많은 접촉을 했던 유일한 기업입니다. 제 경험으로는 일반 주주의 의견을 가장 잘 경청해준 기업으로 지금은 주주가 아니지만 다시 주주가 될 기회를 엿보고 있습니다.

인포바인

비록 주 사업 시장이 축소되는 게 명확하지만 보유하고 있는 현금이 시가총액이 두 베니 되는 지평가된 주식입니다. 정상적인 주식시장에서는 있을 수 없다는, 즉 이해하지 못하기 때문에 20%대 배당성향에 맞춰 지급하는 배당금을 수령하면서 고집으로 버티고 있습니다.

텔코웨어

시가총액 이상의 현금을 보유한 기업으로 SK텔레콤이라는 안정된 공급처가 있다는 것이 장점이면서 단점입니다. 과거 3G, 4G 투자가 있을 때마다 매출·이익이 큰 폭으로 증가했던 것처럼 5G 투자가 본격화될 때 한 단계 성장을 기대하고 있습니다. 2019년 6월 시장에서 매도 기회를 주었을 때 제대로 활용하지 못한 아쉬움이 큰 기업입니다.

* 지난 4년(2016~2019년) 동안 배당금을 포함해 가장 큰 수익을 안겨준 주식은 신영증권, 텔코웨어, 예스코홀딩스, 중앙에너비스 등입니다. 텔코웨어는 펀드(친구)의 투자 사례를 설명한 이 장에서는 실패 사례에 가깝지만 다른 일부 계좌에서는 비교적 고가에서 전량 매도한 덕분에 가장 큰 수익을 얻은 주식 중 하나입니다.

실패한 경험에서 얻는 배움

진정한 배움은 이론을 통해서가 아니라 몸소 겪는 체험을 거쳐 이루어진다. 그리고 몇 차례의 실패를 겪으면서 구조적인 원리와 확신에 이를 수 있다.

실패가 없으면 안으로 눈이 열리기 어렵다. 실패와 좌절을 거치면서 새 길을 찾게 된다. 그렇기 때문에 전 생애의 과정에서 볼 때 한때의 실패와 좌절은 새로운 도약과 전진을 가져오기 위해 딛고 일어서야 할 디딤돌이다.

– 법정, 《오두막 편지》, p. 154.

가치주 투자의 어려움… 소외주이기 때문

분석가 눈에 가장 매력적인 종목은 대개 시장에서 인기가 없어서 매력적이라는 점이 근본적인 문제다. 시장 '모멘텀'이 이런 종목에 불리하며, 가까운 장래에 인기를 얻게 된다는 보장도 없기 때문이다.

– 벤저민 그레이엄·데이비드 도드, 이건 옮김, 《증권 분석》, 리딩리더.

투자 사례 – 대동전자(008110)

공개하는 '펀드(친구)'와 '펀드(아내)'에는 가능한 네 가지 조건에 맞는 주식을 편입하려고 하기 때문에 동사는 공개하지 않는 펀드에 매수했습니다. 다음 표는 운용 규모가 가장 큰 펀드(1호)에서 있었던 매매 내용을 정리한 것입니다.

2015년 8월 첫 매수

2015년 3월 회계연도 결산에서 350원을 배당하기에 매수를 검토하게 되었는데요. 동사의 재무상태표가 훌륭한 것은 이미 알고 있었고, 시가총액보다 많은 현금을 일반 주주들에게 나눠줄 것인가가 문제였던 기업인데 드디어 배당을 집행했기 때문입니다.

통화한 주주 담당자는 친절했지만 배당정책의 변화가 있었다든지 지속 여부는 당연히 알 수 없다는 답이 전부였습니다. 순이익은 들쑥날쑥하지만 8월 10일, 첫 매수가 5,410원을 기준으로 (자사주 18% 차감 후) 시가총액은 465억인데, 600억 원 이상의 현금을 보유하고 있습니다.

2016년 하반기에 주로 매수했고 2017년 2월 300주를 매수하면서 보유량을 1만 3,000주로 맞춘 다음 2019년 7월 매도할 때까지 27개월 동안 매매는 없었습니다.

2016년 1월 대주주 간의 장외 자전매매가 있었는데, 특이하게도 17만 주(유통주식의 2.0%)를 아들이 아버지에게 넘겼습니다.

대동전자 매매 정리

일자	매매	수량	단가	매매 금액	수수료+세금	매매 총액	비고
2015-08-10	매수	1,000	5,410	5,410,000	1,560	5,411,560	2015년 8월 매수 시작
2015-08-12	매도	31	6,110	189,410	618	188,792	
2015-08-19	매수	1,031	5,071	5,227,890	1,510	5,229,400	
2015-10-30	매수	200	5,110	1,022,000	290	1,022,290	
2015-12-31		2,200	5,216	11,470,480	2,742	11,474,458	2015년 말 종가: 5,080원
2016-01-13	매도	100	5,550	555,000	1,822	553,178	
2016-07-13	매수	400	4,674	1,869,500	220	1,869,720	
2016-07-15	매수	500	4,600	2,300,000	270	2,300,270	
2016-07-28	매수	472	4,550	2,147,600	250	2,147,850	
2016-07-29	매수	28	4,600	128,800	10	128,810	
2016-08-18	매수	2,000	4,875	9,750,000	0	9,750,000	
2016-08-22	매수	1,500	4,715	7,071,920	840	7,072,760	
2016-11-14	매수	1,665	4,600	7,658,510	910	7,659,420	
2016-11-16	매수	335	4,500	1,507,500	180	1,507,680	
2016-11-17	매수	1,000	4,450	4,450,000	530	4,450,530	
2016-12-23	매수	2,700	4,541	12,259,525	1,470	12,260,995	
2016-12-31		12,700	4,730	60,058,835	5,600	60,069,315	2016년 말 종가: 4,625원
2017-02-10	매수	300	4,505	1,351,500	170	1,351,670	
2017-12-31		13,000	4,725	61,410,335	5,770	61,420,985	2017년 말 종가: 4,005원
2018-12-31		13,000	4,725	61,410,335	5,770	61,420,985	2018년 말 종가: 3,345원
2019-07-01	매도	2,000	4,907	9,813,310	25,703	9,787,607	
2019-07-12	매도	200	5,110	1,022,000	2,675	1,019,325	
2019-07-15	매도	1,800	5,486	9,874,000	25,865	9,848,135	
2019-07-16	매도	4,150	5,274	21,889,060	57,342	21,831,718	
2019-07-17	매도	3,650	5,393	19,685,500	51,573	19,633,927	
2019-07-23	매도	1,200	4,939	5,927,005	15,527	5,911,478	
총계	매수	13,131	4,734	62,154,745	8,210	62,162,955	
	매도	13,131	5,238	68,955,285	181,125	68,774,160	
	차익					6,611,205	
	배당금					0	
	수익					6,611,205	10.6%

그리고 배당 없이 3년이 지났고 4년차인 2019년 3월, 영업이익은 적자지만 당기순이익 32억을 내고서도 배당금을 지급하지 않기에 주총에 참석해서 경영진에게 직접 따지기로 했습니다.

2019년 6월 21일 주총 참석

외부 주주는 저 말고 한 사람이 더 참석했는데, 이분이 적극적이었습니다. 배당과 실적에 대해 질문하자 대표이사는 주총을 끝낸 다음따로 시간을 갖자고 하더군요. 옆 건물 회의실로 자리를 옮겨 대표이사, 주주 담당자 그리고 저를 포함한 주주 2명이 마주 앉았습니다.

문 훌륭한 재무제표에도 불구하고 배당이 없어 투자를 하지 않다가 2015년 3월 주총에서 350원 배당하는 것을 보고서 이제 이회사도 배당을 하는구나 싶어 매수했는데, 이후 4년 동안 배당을하지 않았다. 오늘 4년 만에 처음으로 주총에 참석한 것은 대표이사께 이유를 듣고 싶었다. 시가총액보다 많은 현금을 보유하고서도 배당을 하지 않는 이유가 뭔가?
답 많지 않은 돈이다. 향후 투자를 위해 아껴두고 있다.

문 차등 배당도 가능하지 않은가? 대주주 지분과 자사주를 차감하면 일반 주주의 몫은 20%를 조금 넘는다. 만약 50원을 배당한다면 2억 원 정도면 가능한데, 300억 원 이상 현금(연결 기준 600억 원, 개별 기준 360억 원)을 갖고 있으면서 이런 정도도 하지 못하느냐? 직원들은 급여를 받는다. 그것도 매년 급여를 올리지 않느냐.

답 (거의 벽에 대고 말하는 느낌) 2억 원도 작은 돈은 아니다. 우리는 무척 아끼면서 경영하고 있다. 그 돈이 어디 가는 게 아니다. 기업의 가치가 오르면 주가도 오를 것이다.

문 경영진이 급여를 많이 가져가지 않는 등 아껴 쓴다는, 대표의 말씀에 동의한다. 하지만 주주가 기대하는 것은 우선 배당이고 주가가 올라서 이익을 내고 매도하는 것은 그다음이다. 상장된 회사로서 배당은 의무라고 할 수 있다.

답 (같은 얘기의 반복)

문 (거듭 반복해서 말하기를) 일반 투자자들을 배려하는 마음을 가져달라. 그것은 배당이다. 다음 회기에는 배당을 하겠다는 의지를 보여달라.

답 (생각해보겠다는 말조차 들을 수 없었음. 거듭해서 하는 말은, 회사 돈은 어디 가는 것이 아니다. 그렇다고 뚜렷한 비전이 있는 것도 아니었음.)

대표는 (짐작하기에) 일본에서 고교까지 다닌 다음, 한국에서 대학을 졸업했다고 합니다. 제가 받은 느낌으로는 오너에게 절대 충성하는 매우 성실한 분입니다 꽉 막힌 느낌은 그래서일 텐데, 예진에 주식이 없는 대표이사(흔히 전문경영인이라고 하지만)와 주총에서 배당 증액에 대해 대화하다 절망감을 느끼고 보유주식을 모두 매도한 적이 있었습니다. 몇 년 후 그 기업의 가치가 주가에 반영되면서 매도가보다 5배 이상 오르는 것을 보았는데, 이건 어떻게 해야 할지 고민하게 되었습니다.

2019년 7월 매도

계좌 5개에서 이 주식을 보유하고 있었는데, 주총에서 돌아온 날 오후에 수익이 나는 계좌에서 소량 매도하면서 답답한 마음을 달랬습니다. 그리고 이유는 모르겠지만 7월 들어 거래량이 늘어나면서 주가가 오르기 시작한 덕분에 매수가 이상에서 전량 매도했습니다. 약 4년 동안 보유해서 얻은 수익률은 10.6%로 연간 환산수익률은 2.65%에 불과합니다.

2020년 5월

그런데 이 기업에 반전이 있었습니다. 2020년 3월 결산기 배당금으로 무려 500원(배당수익률 16.2%)을 집행한 겁니다. 그에 앞서 3월 말에는 자사주 600만 주(발행주식의 5.7%) 매수 공시도 있었고요. 지난 주총에서 대화가 영향을 주었을까요? 다시 믿고 매수할까요? 주주 담당자에게 전화해 (웃으면서) 배신감을 느낀다고 하면서 이제 배당정책이 바뀌었느냐고 물었더니, (당연히) 다음은 알 수 없다고 합니다. 장난스런 매매를 하는 CMA 계좌에서 4,500원에 소량 매수했습니다.

대동전자(008110) 기업 현황

(단위: 억 원, 천 주)

1. 실적	2020. 03	2019. 03	2018. 03	2017. 03	2016. 03	2015. 03	2014. 03
매출액	450	480	398	416	380	423	410
영업이익	17	−2	−3	13	−28	−29	−31
당기순이익	44	32	5	22	−21	3	66
자산	1,790	1,710	1,641	1,609	1,661	1,572	1,394
부채	319	331	346	321	373	256	290
자본 총액	1,471	1,379	1,295	1,288	1,288	1,316	1,104
(자본금)	(52)	(52)	(52)	(52)	(52)	(52)	(52)
소수 주주 지분	80	76	75	69	65	0	0
순 자본총액	1,391	1,303	1,220	1,219	1,223	1,316	1,104
BPS	13,260	12,421	11,630	11,621	11,659	12,545	10,524
EPS	419	305	48	210	(200)	29	629
ROE	3.0%	2.3%	0.4%	1.7%	−1.6%	0.2%	6.0%
배당금	500	0	0	0	0	350	0
배당성향	97.8%					1,056.1%	

2. 대주주	2020. 03		2019. 03		2016. 03	
	주식 수	지분율	주식 수	지분율	주식 수	지분율
Daimei	3,136	29.9%	3,136	29.9%	3,136	29.9%
강정명	170	1.6%	170	1.6%	170	1.6%
강정우	2,951	28.1%	2,951	28.1%	2,951	28.1%
강수희	80	0.8%	35	0.3%	35	0.3%
계	6,337	60.5%	6,291	60.0%	6,291	60.0%
*자사주	1,891	18.03%	1,891	18.03%	1,891	18.03%
주식총수	10,490	시가총액	451			
자사주 차감	8,599	시가총액	370			

3. 순현금	2020. 03	2019. 03	2018. 03	2017. 03	2016. 03	2015. 03	2014. 03
현금 등	282	225	278	246	292	307	242
단기금융상품	425	376	314	370	329	290	317
단기매도증권	0	0	0	0	0	0	0
장기금융상품	0	0	0	0	0	0	0
장기투자증권	0	0	0	0	3	3	3

장기차입금	0	0	0	0	0	0	6
순현금	707	601	592	616	624	600	556
매출 채권	48	91	78	82	70	54	57
매입 채무	−25	−58	−49	−34	−35	−27	−41
재고 자산	22	36	27	20	17	23	38
지분법주식	376	347	330	328	358	334	403
토지: 장부가	297	297	297	297	278	278	60
투자 부동산	121	124	127	50	53	53	24
금융 수익	28	31	6	32	21	14	13
금융 비용	0	0	0	0	5	9	10
직원수	138	104	102	112	124	111	111
인건비(천 원)	5,453	4,573	4,696	4,732	4,661	4,432	5,050
1인당 인건비	39.5	44.0	46.0	42.3	37.6	39.9	45.5
근속 연수	6	8	8	7	6	7	8

2014년 5월 1일 기준: 자산재평가(토지) 59.8억 → 278.5억

등기 이사	2	2	2	3	3	3	3
인건비(천 원)	620	330	380	719	376	250	274
1인당 인건비	310	165	190	240	125	83	91

내재가치		투자지표	
자산가치	13,260	PER	8.4
수익가치	319	PBR	0.27
내재가치	8,227	PSR	0.82
내재가치(−자사주)	10,036	PDR	11.6%
안전마진	5,736		

* 2020년 6월 30일 주가: 4,300원

자사주를 차감한 시가총액은 370억이지만 보유하고 있는 현금은 무려 707억으로 시가총액의 두 배 가까이 됩니다. 실적이 안정되지 못한 단점은 있지만 투자지표는 좋아지는 추세인데요. 회사 실적도

그렇고 배당정책을 종잡을 수 없어 비중을 많이 실을 수 없습니다.

- PER: 8.4 / PBR: 0.27 / PDR: 11.6%

〰 투자 사례 – 이씨에스(067010)

이씨에스를 포함한 다음에 소개하는 3건의 매매 사례는 주식 카페 가치투자연구소에 공개하고 있는 펀드(친구)에서 실제 매매한 내용을 표로 만든 것입니다.

2017년 2월 매수 시작

3월 결산법인인 '이씨에스'가 3분기 부진한 실적을 공시한 2월 14일 주가는 7.3%나 하락했는데, 52주 최저가입니다. 가치투자자 사이에서는 유명한 기업이라 알고 있었지만 한 번도 보유한 적이 없어서 이번 기회에 살펴보게 되었는데요.

직원들 인건비 수준이 비교적 높은 반면 등기임원들의 보수는 그렇게 많지 않았고 배당성향을 30% 정도로 유지하는, 제가 정말 좋아하는 스타일의 기업이었습니다. 회사 관계자와 통화했는데 친절하더군요. 향후 전망에 대해서는 낙관적인데, 실적에 맞춰 배당성향을 유지할 것이므로 2010년 이후 실적 창상과 함께 꾸준히 늘어나던 배당이 이번 회기엔 줄어들 것이 확실해 보입니다.

이씨에스 매매 정리

일자	매매	수량	단가	매매 금액	수수료+세금	매매 총액	비고
2017-02-17	매수	2,370	5,350	12,679,500	3,670	12,683,170	2017년 2월 매수 시작
2017-04-05	매도	370	6,210	2,297,700	7,553	2,290,147	
2017-04-11	매수	500	5,350	2,675,000	770	2,675,770	
2017-06-28	배당금	2,370	200	474,000	72,990	401,010	
2017-12-31		2,500	5,228	13,056,800	11,993	13,068,793	2017년 말 종가: 4,660원
2018-01-17	매수	388	4,470	1,734,360	500	1,734,860	
2018-01-18	매수	612	4,540	2,778,480	800	2,779,280	
2018-01-19	매수	2,500	4,651	11,627,935	3,370	11,631,305	
2018-01-22	매수	1,000	4,660	4,660,000	1,350	4,661,350	
2018-03-21	매수	534	4,940	2,637,960	760	2,638,720	
2018-04-16	매수	175	4,600	805,000	230	805,230	
2018-06-18	매수	291	4,655	1,354,605	390	1,354,995	
2018-06-28	배당금	7,534	200	1,506,800	232,040	1,274,760	
2018-08-27	매수	848	4,280	3,629,440	1,050	3,630,490	
2018-09-14	매수	1,152	4,355	5,016,960	1,450	5,018,410	
2018-12-31		10,000	4,732	47,301,540	21,893	47,323,433	2018년 말 종가: 4,135원
2019-07-02	배당금	10,000	120	1,200,000	184,800	1,015,200	
2019-12-31		10,000	4,732	47,301,540	21,893	47,323,433	2019년 말 종가: 4,610원
2020-02-18	매도	1,000	5,730	5,730,000	15,985	5,714,015	
2020-02-26	매도	1,000	5,830	5,830,000	16,265	5,813,735	
2020-03-03	무상	8,000	0	0	0	0	무상 증자 100%
2020-03-03	매도	3,000	3,065	9,195,000	25,647	9,169,353	
2020-03-11	매도	1,500	3,265	4,897,500	13,663	4,883,837	
2020-03-12	매도	3,500	3,901	13,655,000	38,087	13,616,913	
2020-03-26	매도	1,000	3,415	3,415,000	9,527	3,405,473	
2020-03-27	매도	7,000	3,297	23,080,000	64,390	23,015,610	
총계	매수	18,370	2,701	49,599,240	14,340	49,613,580	
	매도	18,370	3,697	68,100,200	191,117	67,909,083	
	차익					18,295,503	
	배당금					2,690,970	
	수익					20,986,473	42.3%

시장에 얼마 남지 않은 3월 결산법인이란 희귀성과 회사 특성상 장비를 설치하고 1년 무상 A/S 기간이 끝나면 시작되는 유지보수료 수입이 계속해서 늘어나는 것이 보기 좋습니다.

소위 말하는 거래량을 동반한 강한 음봉이라 주가가 금방 회복하기는 어려워 보이므로 천천히 매수하면 좋을 것 같았습니다. 기업에 대해 간략하게 재무제표를 옮겨 정리하는 식으로 따져보고서 다음 날부터 조금씩 매수했습니다. 오랫동안 거래 기회가 없었던 펀드(친구)에서는 '중앙에너비스' 보유 비중을 20%쯤 줄여서 그만큼 매수했습니다.

대략 2013년과 2014년 3월 결산 중간 정도의 실적을 거둔다고 가정하면 월말 종가 5,510원을 기준으로 PER: 9.1 / PBR: 0.89 / PDR: 3.6%인데요. 자사주 12.1%를 차감한, 시가총액 363억에 대해 현금보유액이 80% 이상 됩니다.

제가 운용하는 계좌는 늘 주식 100%라 새로운 주식을 발견하더라도 편입하기가 쉽지 않습니다. 새롭게 발견한 주식이 기존에 보유하던 주식에 비해 더 낫다는 확신이 있어야 하는데, 단순히 계산한 내재가치를 비교하는 것만으로는 부족하기 때문인데요. 또한 보유하고 있던 주식은(보유 효과라고 하죠) 알게 모르게 정이 들어서 설사 분명히 새로운 녀석에 비해 모자라 보이더라도 교체는 주저할 수밖에 없습니다.

가장 좋은 방법은 보유하던 주식의 주가가 높이 올라서 매도할 기회를 얻은 경우인데요. 이씨에스를 매수하고 싶었던 저는 결국 보유하고 있던 중앙에너비스 주식 일부(1,800주 중에서 400주)를 매도해서 2,370주를 매수했습니다.

2017년 4월

4월 5일, 주가가 많이 올랐을 때 보유량 2,370주 중에서 370주를 전날 종가보다 15% 오른 가격에 매도했습니다. 그날 주가가 장중 최고가에서 많이 밀리는 통에 너무 작은 양을 매도했다는 아쉬움을 느꼈고 거래일로 4일 후인 4월 11일, 앞서 매수했던 가격까지 내려오기에 500주를 매수함으로써 보유량을 2,500주로 늘리면서 결과적으로 보유 단가를 소폭 낮추는 매매가 되었습니다.

2017년 6월 16일, 주총 참석

의장을 맡은 대표이사는 영업하는 분답게 주총 진행에 있어 솔직해 보이는 말씨에 설득하는 힘이 있습니다. 2016 사업연도는 경기 부진으로 인해 업계 전체적으로 실적이 좋지 않긴 했지만 그럼에도 회사 실적이 매우 부진했던 데 대해서는 반성한다고 했습니다.

이후 질의응답을 통해

문 2017 사업연도 목표를 수치로 제시할 수 있는지?
답 2015년 정도의 실적을 회복하는 데 있다.

문 배당성향을 수익의 3분의 1로 가져갔던 것을 깨고 2분의 1쯤 배당했는데, 이에 대한 생각을 알려달라.

답 향후 배당성향을 늘리는 문제에 대해 고민해보겠다.

2018년 1월 – 적극적인 추가 매수

공개매수로 주가가 많이 오른 예스코와 호의적인 증권사 분석보고서 덕분에 주가가 크게 오른 텔코웨어, 두 주식을 일부 매도해서 주가가 많이 내려와 있던 이씨에스를 적극 매수해서 보유량을 늘렸습니다.

2018년 6월 15일, 주총 참석

전년에 이어 2년 연속해서 참석했는데, 경영진과 기업에 대한 믿음이 배가된 기회가 되었습니다.

문 매출채권이 126억에서 218억으로 증가한 데다 9개월 초과분이 22억 원이나 된다.

답 건별로 왕왕 그런 경우가 있으며 이 금액은 현재 회수되었다. 채권 관리를 잘하기 때문에 부실채권은 거의 발생하지 않는다.

문 연말 기준 보유 현금이 275억 정도인데 이자수입이 4억이 안된다. 현금 자산 운용이 아쉽다.

답 2억~3억 원 금융수입을 늘릴 수 있는 방법은 알고 있지만 우리는 현금은 안전하게 보관하는 것을 목표로 하며 이익은 사업에서 내려고 한다.

문 그렇다면 배당을 좀 더 늘리는 것을 고려해달라.

답1 작년부터 예년(1/3)과 달리 배당성향을 늘렸음을 감안해주었으면 한다.

답2 (이익을 늘려서) 내년에는 조금이라도 더 늘리도록 하겠다.

문 매출 중 마진율이 높은 '유지보수'에 관심이 많은데, 작년부터 증가폭이 줄어들고 있다.

답1 유지보수 수입이 원가가 전혀 들지 않는 게 아니고 때로는 비용 부담이 클 때도 있어서 나름 수익성을 감안해서 수주한다.

답2 회사 방침은 유지보수 매출을 총매출의 (현재 20~25%) 40~50% 비중으로 가져가는 것을 목표로 한다.

저는 동사의 사업 모델인 기술에 대해서는 깜깜이라 대표이사의 성품(전문성·능력·태도·말씀 등)에 의지하는 게 큽니다. 다음은 대표이사와 주주 담당자의 대화를 통해 인지한 추가 정보를 정리한 것입니다.

(1) 동사는 임직원 수가 150명이 채 안 되는데, 대표이사 연봉이 전체 임직원 중에서 7~8위 수준으로 적게 가져간다.

(2) 대표이사는 배당금 수령액 중 상당액을 직원복지를 위한 사우회 기금에 지원한다.

(3) 대표이사는 대중교통을 이용해서 출퇴근한다.

2018년 3월 결산 실적 기준 펀더멘털

실적은 지난 회기에 비해 매출은 12% 늘었으나 영업이익은 제자리였고 순이익은 10% 늘었지만 배당금은 전기와 동일한 200원을 집행했습니다.

자사주를 차감한 시가총액이 300억 약간 넘고 매출채권에 따라 변동이 있지만 보유 현금 역시 시가총액에 버금가는 300억 정도로 현재 투자지표는 다음과 같습니다.

PER: 10.5 / PBR: 0.70 / PDR: 4.3%

2018년 9월 추가 매수 – 이후 매도할 때까지 1년 6개월 동안 매매 없었음

1분기에 최근 6년 내 볼 수 없었던 적자를 기록했는데요. 회사 주주 담당자와 통화로 일시적인 부진이라는 설명을 들었습니다. 동사에 대해 가지고 있는 믿음을 확인한다는 의미에서 마침 만들어진 현금으로 추가 매수함으로써 보유량을 1만 주로 늘렸습니다.

2019년 6월 14일, 주총 참석

3년 연속해서 참석한 주총이었고 2020년 매도 기회를 얻었으므로 4년 연속 주총 참석은 이루어지지 않았습니다. 이날 주총은 저를 포함해서 개인 주주 5명이 참석했는데, 4명 모두 저를 알고 있었고 한 사람은 책을 내밀며 사인을 해달라고 해서 당황했습니다. 개인 주주들이 한결같이 의욕적이라 바람직한 주총이 진행되었습니다. 질의 응답 내용도 알찼고 덕분에 대표이사가 개인주주들의 동사에 대한 바람, 기대를 상당 수준 알게 되었을 것으로 짐작됩니다.

문 매출은 소폭(2.3%) 늘었으나 영업이익(44.6%)과 순이익(36.1%)이 감소한 이유는?

답 마진 감소, 경쟁사는 모두 적자다. 하지만 이번 회기는 충분히 개선될 것으로 전망한다.

문 배당 축소(200원 → 120원)에 대한 생각을 알려달라. 작년 주총 때 10원이라도 더 하겠다고 하지 않았는가?

답 실적을 늘려서 배당을 더 하겠다는 뜻으로 말씀드렸다. 우리 회사는 기본적으로 3:3:3을 원칙으로 하기 때문에 현재 배당성향은 높은 편이다. IT 업계의 성격상 직원들의 사기가 중요하므로 이익에 비해 배당지급률을 높이는 것은 경영진으로서는 부담이 된다.

문 이번에 자사주 20억을 매수하기로 했는데, 그중에서 5억 정도만 배당금으로 지급해도 예전과 같은 배당금을 지급할 수 있지 않는가? (다른 주주의 질문으로 제 생각과는 다름)

답 (많은 설명이 있었지만 앞선 질문에 대한 답과 유사했음.) 회사 창립·상장 이후 항상 주주를 배려하는 정책을 실행했고 앞으로도 지속할 것이다.

문 회사 임직원은 월급을 받아 가지만 주주는 배당이 전부라고 할 수 있다. 일정 금액 이상의 배당은 유지해야 한다고 생각한다. 우리 회사의 현금보유액을 감안할 때 전혀 무리한 얘기가 아니지 않은가?

답1 (비슷한 설명을 하면서) 향후 주주들의 의견을 적극 반영하도록 노력하겠다.

답2 매년 매출의 70~80%는 신규 매출에 의한 것으로 기존 매출처의 연속성은 떨어지므로 항상 긴장해야 한다. 그렇지만 회사는 동 업계 1위 기업으로 창립 이후 꾸준하게 성장해왔다. 앞으로도 그럴 것이다.

2020년 2월 - 소량 매도

회사에서 보유하고 있던 자사주 전량 소각 및 100% 무상증자 공시(2/13)가 있었습니다. 덕분에 주가가 많이 올랐을 때, 나눠 매도 주문을 냈지만 (ㅎ가가 높았던 탓에) 보유량의 20%인 2,000수만 수익 실현했습니다.

(1) 보유하고 있던 자사주 44만 4,190주를 전량 소각. 이에 앞서 2019년 9월 취득했던 자사주 90만 8,810주를 소각했었음.

(2) 1주당 1주 무상증자 실시

- 자사주 소각 후 유통주식 6,147,000주 × 2 = 12,294,000주 / 무상증자 후 자본금: 61.47억
- 2020년 3월 결산 시 연 매출액을 700억으로 추정한다면… 무상증자 후 자본금 61.47억은 적당한 수준

  → 2019년 9월 이미 한 차례 자사주를 취득·소각할 때부터 회사 움직임을 보면 경영진은 향후 전망을 밝게 보고 있음.

- 2월 13일, 공시한 3분기 실적
  - 지난 3분기 → 이번 3분기: 순이익: 12억 → 25억 / 영업익: 9억 → 25억

2020년 3월 – 수익 실현

몇 년 힘들게 하더니 한꺼번에 갚겠다고 나왔습니다. 2019년 9월 발행주식의 12.1%에 해당하는 주식을 자사주로 매수해서 소각했고 올해 2월에는 기존에 보유하고 있던 자사주 6.7%를 소각했습니다. 그리고 무상 100%를 실시했고요.

이런 주주 배려정책은 존재감이 없었던 회사를 부각시켰고 코로나19 수혜, 비대면 테마주로 엮이면서 주가가 크게 올랐습니다. 무상증자 전 6,000원 무상증자 후 3,000원 이상은 매도할 가격대로

이씨에스(067010) 기업 현황

(단위: 억 원, 천 주)

1. 실적	2020. 03	2019. 03	2018. 03	2017. 03
매출액	704	634	619	557
영업이익	35	14	26	26
당기순이익	39	19	29	27
자산	633	596	582	528
부채	185	158	150	114
자본총액	448	438	432	414
(자본금)	(61)	(38)	(38)	(38)
BPS	3,644	5,840	5,760	5,520
EPS	317	253	387	360
ROE	8.7%	4.3%	6.7%	6.5%
배당금	100	120	200	200
배당성향	31.8%	42.0%	44.7%	49.0%

2. 대주주	2020. 03		2019. 03	
	주식 수	지분율	주식 수	지분율
현해남	2,700	22.0%	1,350	20.5%
하헌양	433	3.5%	217	3.3%
김형욱	108	0.9%	54	0.8%
이종연			96	1.3%
계	3,241	26.4%	1,717	25.9%
전달수(전 임원)	307	4.1%	307	4.1%
* 자사주	0	0.00%	909	12.10%
주식 총수	12,294	시가총액	416	
자사주 차감	12,294	시가총액	416	

3. 순현금	2020. 03	2019. 03	2018. 03	2017. 03
현금 등	63	27	64	111
단기 금융상품	274	241	211	200
기타 금융자산	0	0	0	0

장기 금융상품	0	0	0	0
기타 금융자산	0	0	0	0
단기 차입금	7	7	12	5
장기 차입금	0	0	0	0
순현금	330	261	263	306
매출채권	117	110	218	126
매입채무	−123	−117	−97	−64
재고자산	14	17	9	9
보증금	9	9	9	9
연구 개발비	35	35	35	34
매출액 비율	4.9%	5.5%	5.7%	6.2%
금융수익	2	3	4	5
금융비용	0	0	0	2
직원수	149	150	152	146
인건비(천 원)	11,713	10,528	9,920	9,784
1인당 인건비	78.6	70.2	65.3	67.0
근속연수	7	7	7	7
등기이사	3	4	4	4
인건비(천 원)	402	486	466	472
1인당 인건비	134	122	117	118

내재가치		투자지표	
자산가치	3,644	PER	10.67
수익가치	308	PBR	0.93
내재가치	3,360	PSR	0.59
내재가치(−자사주)	3,360	PDR	3%
안전마진	−25		

* 2020년 6월 30일 주가: 3,385원

보고 있었기에 나눠 매도했고 만들어진 현금으로 사고 싶었던 주식을 매수할 수 있었습니다.

처음 매수부터 매도까지 약 3년 동안 수령한 배당금을 포함한 수익률은 42.3%로 연 수익률은 14.1%입니다. 높은 수익률을 얻은 것은 아니지만 보유기간 동안 시장이 하락한 것에 비하면 성공한 투자입니다.

3년 연속 주주총회에 참석했던 유일한 기업인데 배당락 전날인 27일 전량 매도함으로써 이번 주총에는 참석할 수 없었던 것이 많이 아쉬웠는데요. 믿고 투자할 수 있는 흔치 않은 기업이므로 언젠가 다시 주주로서 만날 날을 기대하고 있습니다.

시가총액 416억에 보유하고 있는 순현금은 330억입니다. 우량한 자산구조를 자랑하고 비대면 관련주로 향후 사업 성장 전망은 매력이 있지만 현재 투자지표만으로는 싸다고 할 수 없습니다.

- PER: 10.7 / PBR: 0.93 / PDR: 3.0%

주식 보유 기간 중 다른 주주들과 함께 회사를 탐방한 적이 있습니다. 회사 전반적인 설명을 듣기 위한 것도 있었지만 보유 현금으로 자사주를 매수함으로써 회사 실질 가치를 높이는 방법을 제안하는 게 주 목적이었습니다. 다음은 회사 탐방 시 제가 준비한 자료입니다.

– 참석: 숙향 등 5명 + 회사 주주 담당자

(1) 상반기 실적 & 하반기 예측

: 유례없는 2분기 연속 적자 → 매출 인식의 문제로 3분기에 커버됨.

: 회사의 투명성과 정도 경영, 향후 배당성향을 높인다는 등 원론적인 얘기를 주로 했음. 경영자는 사내연봉 순위 8위이고 거의 모든 경비 지출은 자비로 계산. 수령하는 배당금 중 50%는 사내 복지기금에 출연

(2) 자사주 매수 건의

- 발행주식: 7,500,000주

- 자사주: 908,810주(12.1%)

- 유통주식: 6,591,190주(87.8%)

- 대주주: 1,716,577주 (22.9%) / 자사주 차감 후 비중: 26.0%

- 자사주 매수 50%: 3,750,000주 (50%) / 자사주 차감 후 대주주 보유 비중: 45.8%

- 실질 매수: 2,841,190주 × @5,000 = 142억 원

    → 현재 보유 현금의 50%면 충분함.

- 자사주 취득 후 가치 증가: 5,447원 → 8,081원

매출 실적

사업	매출 유형	품목	제21기 반기	제20기	제19기	제18기
시스템	Contact Center (컨택센터솔루션)	수출	–	–	–	–
		내수	8,012	14,336	29,424	18,873
		합계	8,012	14,336	29,424	18,873
	Unified Communication (통합커뮤니케이션)	수출	–	3	5	1,016
		내수	2,076	23,150	12,609	37,115
		합계	2,076	23,153	12,614	38,331
	Telepresence Video (영상회의 솔루션)	수출	–	33	62	200
		내수	1,053	1,996	2,454	3,371
		합계	1,053	2,029	2,516	3,571
유지보수	IT Outsourcing (통합유지보수)	수출	9	30	137	25
		내수	8,591	14,697	15,047	14,166
		합계	8,600	14,727	15,184	14,191
상품 매출	상품	수출	–	–	–	12
		내수	634	1,452	2,178	695
		합계	634	1,452	2,178	707
합계		수출	9	66	204	1,253
		내수	20,366	55,631	61,712	74,419
		합계	20,375	55,697	61,916	75,672
유지보수 증가율				–3.0%	7.0%	21.4%

적극적인 자사주 매수 및 효과

1. 실질적인 대주주 지분율 증가

발행주식(7,500,000주)		지분율	자사주 제외	비고
자사주(현재)	908,810	12.1%		
유통주식	6,591,190	87.9%		
대주주 지분	1,716,577	22.9%	26.0%	
기타 주주	4,874,613	65.0%	74.0%	

발행주식(7,500,000주)		지분율	자사주 제외	비고
자사주 매수(안)	2,841,190	37.9%		12.1% → 50.0%
총 자사주	3,750,000	50.0%		
유통주식	3,750,000	50.0%		
대주주 지분	1,716,577	22.9%	45.8%	실질적으로 과반수에 육박하는 지분율
기타 주주	2,033,423	27.1%	54.2%	

자사주 보유 현황	수량	보유 단가	금액(천 원)	비고
현재 보유 자사주	908,810	2,479	2,252,779	기존에 보유하고 있는 자사주
자사주 매수(안)	2,841,190	5,000	14,205,950	평균 5,000원으로 취득
매수 후 보유 자사주	3,750,000	4,389	16,458,729	

* 주당 5,000원에 매수한다고 가정할 때 142억이면 50%까지 취득 가능
– 보유 현금의 50%만 사용하면 됨
– 향후 우호적 M&A 등에 자사주를 활용할 수 있음
– 굳이 자사주를 소각할 필요는 없음

2. 기업 가치 증가

2–1. 현재 기업 가치

(단위: 천 원)

	금액	자본금	주당 가치	비고
자산가치 – 자기자본	43,223,799	3,750,000	5,763	2018년 3월 결산 실적
수익가치 – 당기순이익	3,102,158		4,136	2016~2018년 3년 순익 가중치 부여
내재가치			4,787	(자산가치 × 2 + 수익가치 × 3) / 5
내재가치 – 자사주 차감			5,447	내재가치 × 발행주식 수 / 자사주

2–2. 자사주 취득 후 기업 가치

(단위: 천 원)

	금액	자본금	주당 가치	비고
자산가치 – 자기자본	29,223,799	3,750,000	3,897	2018년 3월 결산 실적
수익가치 – 당기순이익	3,102,158		4,136	2016~2018년 3년 순익 가중치 부여
내재가치			4,040	(자산가치 × 2 + 수익가치 × 3) / 5
내재가치 – 자사주 차감			8,081	내재가치 × 발행주식 수 / 자사주

* 일단 자사주 차감하기 전 주당 가치로 내재가치를 계산한 다음 자사주를 차감한 내재가치를 계산했음
* 보유하고 있는 현금 300억 중 142억으로 자사주 37.9%를 매수하면, 내재가치는 5,447원에서 8,081원으로 늘어남

⅋ 투자 사례 – 인포바인(115310)

2018년 4월 펀드(친구)에 편입

시가총액보다 현금이 월등히 많고 20% 남짓한 배당성향에도 불구하고 배당수익률이 높기 때문에 펀드(친구)에 어울리는 주식으로 여겨져 새 식구로 맞이했습니다.

이번 달에 읽은 비탈리 카스넬슨의 《타이밍에 강한 가치투자 전략(Active Value Investing)》에서는 저자가 통념에 대해 말합니다. 이 내용을 읽다 생뚱맞게 '인포바인'이 생각났습니다. 카스넬슨은 통념에 대해 이렇게 말합니다.

> 시장에는 많은 통념이 있다. 통념이란 널리 믿어지고 있지만 잘못된 믿음을 의미한다. 여기서 중요한 말은 '널리'라는 말과 '잘못된'이란 말이다. '널리'란 말은 주가에 영향을 미치고, '잘못된'이란 말은 기회를 제공해준다. 단순히 주식 이름만 듣고 그 주식을 사서는 안 되는 즉각적인 또는 널리 알려진 이유가 떠오른다면, 여러분도 그런 통념을 갖고 있는 것인지도 모른다.
>
> – 비탈리 카스넬슨, 《타이밍에 강한 가치투자 전략(Active Value Investing)》, p. 274.

이 기업은 공인인증서 폐지라는 말로 가치에 비해 (제 생각에는) 형편없이 떨어져 있습니다. 한마디로 옛사람인 저는 컴퓨터로 주식 거래는 매일, 은행 이제는 가끔 하면서 공인인증서를 이용하지만 휴대폰으로는 금융거래를 하지 않습니다. 동사의 매력적인 재무제표에 반해 주식을 보유했으면서도 정작 이 기업의 사업(BM)에 대해서는 문외한이었습니다. 그래서 저는 2018년 3월 23일 동사 주총에 참석해서 경영진에게 직접 질문했습니다.

경영진은 ① 공인인증서 폐지란 말은 언론에서 잘못 전달하는 것으로 폐지가 아니라 의무 사용이 아니라는 것과 ② 현재 금융기관에서는 공인인증서를 대체할 수 있는 보안 수단이 없기 때문에 계속 사용할 수밖에 없으며, ③ 따라서 매출 감소 사태는 발생하고 있지 않다는 답을 들려주었습니다.

또한 오너 경영인이 배당금 지급액 등의 갈등으로 일반 주주와 싸운다는 소문을 들었는데, (전년에 비해 순이익이 소폭 감소했음에도 배당금을 20%나 증액했으니) 오히려 제 눈에는 일반 주주에게 우호적인 경영인으로 보이더군요. 저는 배당정책과 대주주 경영진에게 지급하는 보수 규모로 대주주·대리인의 위험을 파악하는데 이 회사는 그런 관점을 만족시킵니다.

그래서 주총을 다녀온 이후 보유량을 늘렸고 아직 보유하지 않고 있던 펀드(친구)에서는 새 식구로 맞게 되었습니다. 통념이란 말을 썼지만 저만의 편견일 수도 있음을 확실히 밝혀둘 필요가 있겠네요. 이 글로 인해 두고두고 웃음거리가 되지 않았으면 하는 바람을 갖게 됩니다.

자사주 101만 7,030주(발행주식의 31.8%)를 차감한 후 4월 말 종가인 2만 5,200원으로 계산한 동사의 투자지표는 무척 쌉니다. 더구나 시가총액보다 훨씬 많은 순현금을 보유하고 있고요.

인포바인 매매 정리 – 매도 기회가 없었음

일자	매매	수량	단가	매매 금액	수수료+세금	매매 총액	비고
2018-04-16	매수	199	24,850	4,945,150	1,430	4,946,580	
2018-04-17	매수	54	24,800	1,339,200	380	1,339,580	
2018-06-18	매수	262	24,200	6,340,400	1,830	6,342,230	
2018-06-22	매수	185	23,700	4,384,500	1,270	4,385,770	
2018-06-29	매수	39	23,400	912,600	260	912,860	
2018-06-29	매수	61	23,748	1,448,650	420	1,449,070	
2018-12-31		800	24,220	19,370,500	5,590	19,376,090	2018년 말 종가: 22,900원
2019-03-29	배당	800	950	760,000	117,040	642,960	
2019-06-26	매수	200	22,200	4,440,000	1,280	4,441,280	
2019-12-31		1,000	23,817	23,810,500	6,870	23,817,370	2019년 말 종가: 21,450원
2020-03-31	배당	1,000	900	900,000	138,600	761,400	
2020-06-30		1,000	23,817	23,810,500	6,870	23,817,370	2020년 6월 종가: 17,200원
총계	매수	1,000	23,817	23,810,500	6,870	23,817,370	
	매도	0		0			
	보유	1,000	23,817	23,810,500	6,870	23,817,370	
	평가	1,000	17,200			17,200,000	2020년 6월 30일 종가
	평가 손익	0				-6,617,370	
	배당금					1,404,360	2회(2019년, 2020년)
	총수익					-5,213,010	-21.9%

- 시가총액: 805억 원(자사주 차감 후: 548억 원)

- PER: 5.17 / PBR: 0.75 / 배당수익률: 4.3% / 순현금: 659억 원

펀드(친구)는 가장 많은 회원을 보유하고 있는 가치투자를 지향하는 온라인 카페에 포트폴리오를 공개하고 있습니다. 이 주식을 편입한 것을 알게 된 많은 회원들이 걱정과 격려를 해주었습니다.

회원1: 신규 사업을 만들어야 하는데, 여전히 하는 게 없으며 공인인증서는 없어지는 추세라는 것을 상기시켜주었습니다.

회원2: 시장에선 공인인증서 의무 사용 폐지 이슈로 인해 마치 현대의 혐오 산업·사양 산업인 양 취급되어 저평가를 받고 있으며 아직 공인인증서 보관 서비스 수수료 매출은 년 8~9%씩 꾸준히 성장 중이라며 저를 격려해주었습니다. 하지만 개별 재무제표는 지속적으로 좋아지는 반면 (지속적으로 손실을 내는 투자 법인인) 바인엔터를 포함한 연결재무제표를 보면 대주주의 신뢰성에 문제가 있다는 것을 지적했습니다.

회원3: 주 매출처와의 관계, 창업자가 경영권을 넘긴 이유, 게임 개발 부분 등 살펴봐야 할 몇 가지 주제를 짚어주었습니다.

회원4: 블록체인 등과 같은 4차 산업 기술들이 기존 제3자 인증 부분들을 거둬들일 것으로 보여 관심을 갖지 않는 기업이라고 했습니다.

많은 회원들의 조언과 주가 움직임을 보면 통념이 아닌 저의 편견일 가능성이 높아졌습니다. 회사의 사업 모델인 기술에 대해서는 완전 문외한으로서 훌륭한 재무제표와 배당수익률에 끌려 매수했지만 가치투자자들이 이런 기업을 그냥 지나치지 않았을 것이므로 불안감을 느끼게 되었습니다.

3월에 참석했던 주총에서 공인인증서 폐지 얘기가 나온 게 꽤 되었으나 아직까지 회사로서는 영향을 받지 않았고 가시적으로 문제될 게 없다는 회사 측 의견을 너무 믿었나? 하는 걱정이 슬슬 듭니다.

회원5: 금융권이 다음 달부터 공인인증서가 아닌 공동인증서를 사용한다고 하는데, 인포바인에 영향이 있지 않겠느냐고 걱정해주었습니다.

회사의 사업에 대해 잘 모르면서 투자한다는 것은 분명히 올바른 자세는 아닐 겁니다. 한마디로 어리석은 이런 자세를 저는 투자를 처음 할 때부터 지금까지 유지해왔습니다. 이유는 제가 대부분 기업의 사업을 분석할 능력이 없어서입니다. 그래서 한 기업의 역사를 보여주는 재무제표로 판단하고 이에 더한 것이 경영자·오너, 회사 분위기(근속연수·평균연봉) 등이 투자 판단의 모두였습니다.

이런 생각을 하면서 스스로에 대한 합리화를 부여하기도 합니다. 어쩌면 '효율적 시장 가설'로 가버리는데, 현재 주가는 시장 참여자의 의견이 만난 지점이라고 할 수 있습니다. 즉 매도자가 팔려는 가격과 매수자가 사려는 '가격 = 현재가'인 거죠.

그런데 (특히) 거래량이 적은 주식은 반드시 그런 것도 아니셨지요. 예전에 좋아서 샀지만 이건 아닌데 싶어 몽땅 팔려고 했으나 매수량이 너무 적어 팔기 힘들기도 하고 혹은 손해 보고 팔기 싫어 매수가까지 오도록 기다리는 보유자가 있겠죠. 전자는 현명하게 판단할 수 있는 사람이라 잘 없을 테고 대개 후자일 겁니다.

제가 공인인증서 폐지(정확하게는 사용을 강제하지 않는 것인데)라는 말이 나온 게 몇 년 되었다고 얘기하는 것은 일단 이런 상황을 가장 잘 아는 회사에서 멍 때리고 있었을까 하는 거고요. 물론 대안이 없을 거라며 막연하게 보고 있었을 수도 있겠지만, 저는 전자일 것으로 믿고 있습니다.

또한 앞선 정권에서는 시끄럽기만 했지 유지될 것으로 봤던 게 정권이 바뀌면서 확실히 될 거라는, 즉 악재가 현실화되었을 수도 있겠지요. 그래서 회사에서는 잘될 거야~ 하다가 방법이 없음을 알아챈 스마트 투자자들이 계속 내다 팔고 있을 수도 있겠죠. 지금 분위기는 이게 맞을 것 같습니다.

회원6: 과거 2011년쯤에 투자했었는데, 2010년도에도 공인인증서 폐지 이슈 때문에 주가가 급락한 적이 있었다면서 실적이 좋아지면서 주가는 반등했다는 정보를 주면서 격려해주었습니다.

인포바인의 공인인증서 논란이 그렇게 오래되었군요. 저는 많지 않은 양이지만 2016년부터 보유했습니다. 그래서 막연히 그보다 조금 전, 그러니까 2015년쯤부터 문제가 된 것으로 짐작했었습니다. 매출만 보면 아직은 무관한 것으로 나오고, 회사에서도 최근 보도에 대해 당연히 알고는 있으나 실제 매출에 영향을 줄 것인지는 더 두고 봐야 한다더군요.

지금의 상황이 기회일지 어떨지는 두고 봐야겠지만 보여주는 투자지표가 워낙 좋아서 현재 보유분을 포기할 생각은 없습니다.

2018년 6월

정상적인 주식시장이라면 이 주식의 현재 가격이 가능한가 하는 생각을 합니다. 즉 우호적이든 적대적이든 M&A 뉴스로 지금의 주가는 가능하지 않다는 겁니다. 물론 이런 경우는 동사만의 문제는 아닙니다.

회원1: 인증서 폐지 이슈는 벌써 몇 년이나 된 이슈이지만 매출에는 흔들림이 없을 뿐, 다만 성장하지 못하는 기업으로 현재 주가는 성장이 문제가 아니고 '제값'을 못 받고 있다고 했습니다.

회원2: 예리한 질문을 주셨는데요.

(1) 사업 자체의 성장성이나 확장성이 높지 않아 매출이 획기적으로 성장하지 못하고 정체.

(2) Q가 성장하지 못하면 P라도 높아져야 하는데, 5년 내 휴대폰 인증서 보관 서비스의 단가가 900원으로 고정.

(3) 대표이사외 주식담보대출이 43억 5,000만 원으로 담보가액 52억 원에 육박. 주가가 추가 하락하면 반대매매 걱정됨.

지적하신 1·2항의 이유가 현재 주가를 보여주고 있습니다. 일반적으로 이런 기업은 투자 대상에서 제외하죠. 매출이 감소할 것이 확실한 데다 동사가 제공하는 공인인증서가 사용되지 않을 수도 있으니 사업 자체가 없어질 수도 있거든요.

그럼에도 기업을 이렇게 만들어낸 경영자가 그냥 손 놓고 있을까 하는 생각이 듭니다. 그냥 하는 얘기일 수도 있겠지만 지난 주총 때 뭔가 하고 있다고 하던데 그게 뭔지는 모르지만 기다려보는 겁니다. 이유는 본문에 언급했듯이 투자지표가 워낙 좋으니까요.

3항은 제가 보유 중인 기업 중 동사에 대해서만 M&A를 기대하는 이유입니다. 시가총액보다 더 많은 현금을 보유한 기업이 미래는 불안하지만 PER이 5가 안 된다면 통째로 사고 싶은 투자자가 있지 않을까요?

회원3: 저예산 고효율 기업에 관심이 많았었는데, 더욱 확신하게 되었네요.

현재 워낙 싸다는 것을 강조하느라 별거 아닌 것처럼 넘어갔지만, 매출과 수익이 함께 줄어드는 현상을 보이고 있습니다. 계속 이런 추세가 이어질 수도 있겠고요.

저는 현 상태가 더 악화되기 전에 (내부에서든 외부의 힘에 의해서든) 뭔가 해결책이 나오지 않을까 하는 기대감을 갖고 보유하고 있습니다. 당연히 편입하지 않기엔 너무 싸다는 것이 첫 번째 이유겠고요.

자사주를 차감한 시가총액은 374억이지만 보유하고 있는 현금은

인포바인(115310) 기업 현황

(단위: 억 원, 천 주)

1. 실적	1/4	2019. 12	2018. 12	2017. 12	2016. 12	2015. 12
매출액	48	193	203	227	210	184
영업이익	22	95	111	125	125	111
당기순이익	22	90	96	106	109	96
자산	901	904	821	768	755	670
부채	55	55	34	37	35	25
자본총액	846	849	787	731	720	645
(자본금)	(16)	(16)	(16)	(16)	(16)	(16)
BPS	26,496	26,590	24,649	22,895	23,124	20,715
EPS	689	2,819	3,007	3,320	3,501	3,083
ROE	2.6%	10.6%	12.2%	14.5%	15.1%	14.9%
배당금		900	950	1,080	900	1,750
배당성향		21.8%	21.4%	22.2%	19.4%	44.7%

2. 대주주	2018. 12		2016. 12		2015. 12	
	주식 수	지분율	주식 수	지분율	주식 수	지분율
권성준	530	16.6%	530	16.6%	530	17.0%
김재수	27	0.9%	27	0.9%	27	0.9%
계	557	17.4%	557	17.4%	557	17.9%
피델리티	319	10.0%	319	10.0%	306	9.8%
현종건	223	7.0%	224	7.0%	232	7.6%
* 자사주	1,031	32.29%	1,017	31.85%	725	23.28%
주식 총수	3,193	시가총액	549			
자사주 차감	2,162	시가총액	374			

3. 순현금	1/4	2019. 12	2018. 12	2017. 12	2016. 12	2015. 12
현금 등	165	240	169	195	134	171
단기 금융자산	580	499	498	414	460	421
장기 금융지산	18	20	29	50	53	20
단기 차입금	0	0	0	0	0	1

장기 차입금	0	0	0	0	0	1
순현금	763	759	696	659	647	610
매출채권	31	31	32	34	36	22
매입채무	0	0	0	0	0	0
재고자산	0	0	0	0	0	0
관계기업 투자	0	0	0	0	0	0
연구 개발비	6	18	14	18	18	17
매출액 비율	11.6%	9.4%	7.1%	7.8%	8.5%	9.1%

내재가치		투자지표	
자산가치	26,590	PER	4.13
수익가치	2,965	PBR	0.44
내재가치	28,120	PSR	1.93
내재가치(-자사주)	41,531	PDR	5.5%
안전마진	24,331		

• 2020년 6월 30일 주가: 17,200원

무려 759억으로 시가총액의 두 배가 넘습니다. 주가가 하락하면서 투자지표는 더 좋아 보입니다.

- PER: 4.2 / PBR: 0.44 / PDR: 5.5%

재무제표로는 분명히 싸고 여전히 많은 이익을 내고 있지만 미래가 불투명하다는 이유로 지나치게 쌉니다. 손해 보고 팔 생각이 전혀 없는 저로서는 해피엔딩이 가능할지 정말 궁금합니다.

〃 투자 사례 – 텔코웨어(078000)

2014년 7월

4G 투자가 있었던 2013년은 3G 투자로 실적이 좋았던 2005년 이후 최고의 실적을 올렸습니다. 일시적이라고 할 수 있는 4G 투자가 마무리되었으므로 2014년은 전기 대비 부진한 실적을 낼 수밖에 없었는데요. 주가가 흘러내릴 때 성급한 매수를 했고, 연말까지 계속 물타기 매수를 했습니다(7월 말 종가 14,350원).

시가총액: 807억 / 보유 현금: 580억

2013년 실적 기준, PER: 7.5 / PBR: 0.8 / 배당수익률: 4.5%

2014년 10월

7월 중순부터 꾸준하게 매도하는 매도 주체가 '연기금'으로 나타나고 있는데, 아직도 이렇게 매도할 물량이 있는지 의아할 정도입니다. 동사 기술에 대해서는 문외한이지만 배당정책이나 저평가된 재무 상황을 감안할 때 1만 4,000원 아래에 있는 가격은 쌉니다. 2013년 실적 기준 PER: 7.0 / PBR: 0.78 / PDR: 4.8%로 매력적이지만 2012년 실적으로 보면 PER: 11, PDR: 3%로 매력도가 많이 떨어지네요. 2012년 이상의 실적은 무난할 것으로 희망을 갖고 기대하고 있습니다.

텔코웨어 매매 정리

일자	매매	수량	단가	매매 금액	수수료+세금	매매 총액	비고
2014-07-09	매수	300	15,250	4,575,000	1,320	4,576,320	2014년 7월 매수 시작
2014-07-22	매수	500	15,150	7,575,000	2,190	7,577,190	
2014-07-31	매수	200	14,300	2,860,000	820	2,860,820	
2014-08-14	매수	500	14,750	7,375,000	2,130	7,377,130	
2014-08-18	매수	52	14,400	748,800	210	749,010	
2014-08-19	매수	131	14,450	1,892,950	540	1,893,490	
2014-09-29	매수	111	14,000	1,554,000	450	1,554,450	
2014-09-30	매수	103	14,000	1,442,000	410	1,442,410	
2014-10-01	매수	103	13,600	1,400,800	400	1,401,200	
2014-10-28	매수	200	13,000	2,600,000	750	2,600,750	
2014-11-06	매수	800	11,813	9,450,000	2,740	9,452,740	
2014-12-31		3,000	13,829	41,473,550	11,960	41,485,510	2014년 말 종가: 12,300원
2015-02-06	매수	600	12,225	7,335,000	2,120	7,337,120	
2015-03-25	매수	500	13,700	6,850,000	1,980	6,851,980	
2015-04-01	배당	3,000	600	1,800,000	227,200	1,522,800	
2015-05-07	매수	400	13,625	5,450,000	1,580	5,451,580	
2015-06-08	매도	500	14,300	7,150,000	23,520	7,126,480	
2015-06-11	매수	500	13,700	6,850,000	1,980	6,851,980	
2015-06-30	매도	500	14,950	7,475,000	24,546	7,450,454	
2015-09-08	매수	808	14,400	11,635,200	3,370	11,638,570	
2015-12-24	매도	808	14,750	11,918,000	39,204	11,878,796	
2015-12-31		4,000	13,290	53,050,750	110,260	53,161,010	2015년 말 종가: 14,050원
2016-03-16	매수	400	12,650	5,060,100	1,460	5,061,560	
2016-03-17	매수	329	12,600	4,145,400	1,200	4,146,600	
2016-03-18	매수	127	12,600	1,600,200	460	1,600,660	
2016-03-30	매수	144	13,150	1,893,600	540	1,894,140	
2016-04-15	배당	4,000	660	2,640,000	261,360	2,378,640	
2016-05-17	매수	500	13,000	6,500,000	1,880	6,501,880	
2016-06-24	매수	825	11,821	9,752,500	2,820	9,755,320	
2016-10-06	매도	825	14,964	12,345,000	40,602	12,304,398	
2016-10-14	매수	596	12,800	7,628,800	2,210	7,631,010	

날짜	구분						비고
2016-12-31		6,096	12,705	77,286,350	161,432	77,447,782	2016년 말 종가: 11,500원
2017-04-05	배당	6,096	500	3,048,000	469,390	2,578,610	
2017-04-05	매수	204	11,550	2,356,200	680	2,356,880	
2017-12-31		6,300	12,667	79,642,550	162,112	79,804,662	2017년 말 종가: 12,050원
2018-01-31	매도	900	15,400	13,860,000	45,590	13,814,410	
2018-02-22	매수	600	13,750	8,250,000	2,390	8,252,390	
2018-03-30	배당	6,300	580	3,654,000	562,710	3,091,290	
2018-06-15	매도	500	15,450	7,725,000	25,414	7,699,586	
2018-08-24	매도	500	14,575	7,287,500	23,972	7,263,528	
2018-10-29	매수	60	12,200	732,000	210	732,210	
2018-12-14	매수	440	13,150	5,786,000	1,670	5,787,670	
2018-12-31		5,500	11,964	65,538,050	261,358	65,799,408	2018년 말 종가: 12,750원
2019-02-21	매수	877	13,800	12,102,600	3,500	12,106,100	
2019-04-03	배당	5,500	650	3,575,000	550,550	3,024,450	
2019-04-03	매수	123	14,400	1,771,200	510	1,771,710	
2019-05-15	매도	500	17,620	8,810,000	28,980	8,781,020	
2019-06-14	매도	500	18,200	9,100,000	25,380	9,074,620	
2019-06-17	매도	235	19,600	4,606,000	12,845	4,593,155	
2019-06-18	매도	265	20,100	5,326,500	14,856	5,311,644	
2019-06-20	매도	300	21,000	6,300,000	17,570	6,282,430	
2019-07-24	매수	100	15,900	1,590,000	460	1,590,460	
2019-07-25	매수	200	15,700	3,140,000	910	3,140,910	
2019-12-31		5,000	10,073	49,999,350	366,369	50,365,719	2019년 말 종가: 13,300원
2019-04-03	배당	5,000	550	2,750,000	423,500	2,326,500	
2020-06-30		5,000	10,073	49,999,350	366,369	50,365,719	2020년 6월 종가: 12,350원
총계	매수	11,333	13,407	151,902,350	43,890	151,946,240	
	매도	6,333	16,040	101,903,000	322,479	101,580,521	
	보유	5,000	10,073	49,999,350	366,369	50,365,719	
	평가	5,000	12,350			61,750,000	2020년 6월 말 종가
	평가 손익	0				11,384,281	
	배당금					14,922,290	
	수익					26,306,571	17.3%

2014년 11월

이 기업의 사업에 대해서는 (정말로) 거의 이해를 하지 못하면서도 어떤 애착이랄까 미련을 버리지 못하고 있는데, 텔코웨어는 데이비드 아인혼의 말씀을 생각나게 합니다.

성공한 해지펀드 매니저인 데이비드 아인혼이 쓴《공매도 X파일》이란 책에는 저자가 펀드를 운용하는 과정에서 성공·실패한 다양한 투자 사례를 보여주고 있는데요. 다음은 1997년에 있었던 '피너클시스템즈'라는 기업에 대한 투자 경험을 설명하는 내용 일부인데, 저는 이 글을 읽으면서 텔코웨어를 떠올렸습니다.

피너클시스템즈는 1997년 2분기 동안 실망스러운 실적을 보인 기술기업이었다. 그 결과 주가는 대부분 현금이던 장부가 밑을 맴돌았다. 많은 가치투자자들이 제품 성격을 이해하기 힘들고 기술 변화 속도가 빠르다는 이유로 기술기업에 대한 투자를 꺼리는 경향이 있다. 그러나 우리 입장은 손실을 내지 않고 있으며, 장부가 이하에서 거래되고 있고, 경쟁력 있는 제품을 가진 기술기업이라면 좋은 투자 대상이 된다는 것이다. 피너클시스템즈가 그런 경우에 해당했다. 피너클시스템즈는 실적이 개선되면서 주가가 세 배로 뛰었다.

2015년 6월

주가가 크게 오른 날 500주를 매도했다 600원 싼 가격에 금방 채워놓는 장난스런 매매를 했고 월말에 비중을 줄이는 차원에서 500주를 매도했습니다. 포트폴리오 내 비중 19.1%.

2015년 12월

9월에 매수했던 808주를 회장이 자신의 주식 3%를 임직원들에게 나눠주면서 화제가 되었던 '성우하이텍'을 매수하기 위해 매도했습니다. 성우하이텍은 나중에 살펴본 재무상태표에서 금융부채가 계속 늘어나는 것이 부담스러워 4개월 후인 2016년 3월 동사에 호의적인 증권사 리포트가 나오면서 주가가 크게 오른 날 작은 수익(매매 차익: 306,238원 + 배당 수입: 219,300원)을 얻고 매도했습니다.

- 매수: 1,296주 × @9,173 = 11,887,760
- 매도: 1,296주 × @9,440 = 12,193,998
- 배당: 1,296주 × @200 = 219,300(세후)

2016년 12월

한 차례 고가에서 매도하기도 했지만 주가가 약한 것을 기회로 꾸준히 보유량을 늘렸습니다.

2015년 말 4,000주 → 2016년 말 6,096주(포트폴리오 내 비중 23.7%).

2017년 4월

수령한 배당금으로 (응원하는 마음으로) 워낙 낮아진 주가에 204주를 매수해서 6,300주를 만든 것이 2017년의 유일한 매매였습니다.

2018년 1월

증권사의 긍정적인 보고서가 나오면서 주가가 크게 오른 1월 마지막 날, 900주를 매도했습니다.

2018년 2월

1월에 1만 5,400원에 900주를 매도했는데, 2월 들어 매도가보다 10% 이상 하락한 가격에 600주를 매수해서 보유량을 6,000주로 만들었습니다. 보유 단가를 낮추는 효과적인 매매.

2018년 12월

6월쯤부터 5G 투자에 대한 얘기가 가끔 나오면서 동사의 주가가 반응하는 모습을 보였습니다. 보유량의 일부만으로 고가 매도, 저가 매수를 통해 보유 단가를 낮추는 매매를 했습니다.

보유량을 줄였습니다. 2017년 말 6,300주 → 5,500주

보유 단가도 낮췄습니다. 2017년 말 12,667원 → 11,964원

2019년 2월

주가가 크게 올랐던 '신영증권' 200주를 매도해서 만들어진 현금으로 877주를 매수했습니다.

2019년 6월

5~6월 주가가 급등했습니다. 그야말로 사상 최고가를 경신했는

데요. 지금도 그렇지만 동사에 대해서는 대략적인 가격이 있습니다. 1만 4,000원 이하에서는 매수, 2만 원 이상에서는 매도 구간으로 정해두었는데요. 특별한 이유보다는 1만 4,000원 이하는 시가총액보다 동사가 보유한 현금이 더 많아지고 2만 원 이상 가격은 PBR이 1을 넘기 때문입니다.

다른 계좌와 달리 펀드(친구)는 공개하는 포트폴리오라 더 잘하려고(많은 수익을 올리려고) 매도를 늦추면서 욕심을 부렸던 것이 나쁜 결과를 만들었습니다. 주가는 6월 20일 2만 1,100원에 최고가를 찍은 후 두 달 만에 거짓말처럼 시작했던 자리로 돌아갔습니다.

그리고 저는 위대한 투자자, 존 템플턴으로부터 비웃음을 받았고요.

그 주식이 예상 가치 이상으로 올랐을 때도 계속 보유하고 있다면 그들은 투자가 아니라 투기를 하는 것이다.

2008년 금융위기에서 벗어난 2010년 이후 우리나라 주식시장은 거의 횡보하고 있다고 볼 수 있습니다. 저는 대부분의 개별 주식들이 크게 오른 다음 그 자리에 머물지 못하고 다시 원위치하는 현상은 이런 주식시장 전체 분위기의 영향을 받기 때문이라고 생각합니다.

(아무런 고민 없이) 본격적으로 5G 투자에 따른 실적 주가를 기대했던 저의 무지한 탐욕의 결과는 엄청난 매도 기회에서 1,800주를 매도했고 싼 가격에 1,300주를 매수함으로써 2018년에 비해 500주가 줄어든 5,000주를 보유하고 2020년을 맞았습니다.

텔코웨어(078000) 기업 현황

(단위: 억 원, 천 주)

1. 실적	2019. 12	2018. 12	2017. 12	2016. 12	2015. 12	2014. 12	2013. 12	2012. 12
매출액	418	421	414	409	594	506	658	623
영업이익	34	60	52	46	84	80	131	72
당기순이익	43	63	53	45	81	76	108	68
자산	1,274	1,258	1,192	1,160	1,183	1,155	1,274	1,104
부채	163	151	114	107	137	153	309	246
자본총액	1,111	1,107	1,078	1,053	1,046	1,002	965	858
(자본금)	(49)	(49)	(49)	(49)	(49)	(49)	(49)	(49)
BPS	11,450	11,409	11,110	10,853	10,780	10,327	9,946	8,843
EPS	443	649	546	464	835	783	1,113	701
ROE	3.9%	5.7%	4.9%	4.3%	7.7%	7.6%	11.2%	7.9%
배당금	550	650	580	500	660	600	650	400
배당성향	72.2%	57.7%	61.6%	62.5%	47.7%	44.4%	33.9%	35.2%

2. 주주 현황	2019. 12		2017. 12		2014. 12		2013. 12	
	주식 수	지분율	주식 수	지분율	주식 수	지분율	주식 수	지분율
금한태	2,072	21.4%	2,072	21.4%	2,072	21.4%	2,072	21.4%
텔코인㈜	596	6.1%	596	6.1%	596	6.1%	781	8.1%
신승호	164	1.7%	164	1.7%	164	1.7%	164	1.7%
이공명					8	0.1%	8	0.1%
전성진	0	0.0%	0	0.0%	0	0.0%	0	0.0%
계	2,832	29.2%	2,832	29.2%	2,840	29.3%	3,025	31.2%
신영자산운용			491	5.1%				
* 자사주	4,076	42.01%	4,076	42.01%	4,076	42.01%	4,076	42.01%
주식총수	9,703	시가총액	1,198					
자사주 차감	5,627	시가총액	695					

3. 순현금	2019	2018	2017	2016	2015	2014	2013	2012
현금 등	176	302	387	453	296	258	385	129
단기금융자산	413	552	428	271	418	318	332	370
장기금융자산	230	3	3	8	2	12	32	4

단기차입금	0	0	0	0	0	0	0	0
장기차입금	0	0	0	0	0	0	0	0
순현금	819	857	818	732	716	588	749	503
매출채권	106	48	21	35	65	135	87	199
매입채무	−91	−48	−30	−18	−46	−56	−61	−96
재고자산	0	0	0	0	5	2	2	11
관계기업 투자	10	10	10	16	9	10	14	18
연구개발비	42	48	46	51	50	45	67	67
매출액 비율	10.0%	11.5%	11.2%	12.4%	8.4%	8.9%	10.1%	10.7%
금융수익	12	14	11	12	15	18	15	17
금융비용	0	0	0	0	0	0	0	0
직원수	184	186	189	205	207	204	206	206
인건비(천 원)	11,549	11,811	11,538	9,423	10,107	9,895	13,970	11,584
1인당 인건비	62.8	63.5	61.0	46.0	48.8	48.5	67.8	56.2
근속연수	9	9	8	8	7	6	5	5
등기 이사	2	2	2	2	2	2	2	2
인건비(천 원)	2,958	1,410	1,315	1,219	1,323	1,288	1,346	1,687
1인당 인건비	1,479	705	658	610	662	644	673	844
CEO: 금한태	2,475	922	822	722	828	799	885	
급여	574	572	572	572	573	581	580	
성과급	300	350	250	150	255	218	300	

내재가치		투자지표	
자산가치	11,450	PER	16.16
수익가치	529	PBR	0.63
내재가치	8,371	PSR	1.66
내재가치(−자사주)	14,434	PDR	4.5%
안전마진	2,084		

* 2020년 6월 30일 주가: 12,350원

배당금을 6번 수령하면서 텔코웨어를 만 6년 보유한 결과 배당금을 포함해서 17.3% 수익을 올리고 있습니다. 연 수익률로 따지면 2.9%*로 은행 정기예금에 든 것과 별 차이가 없네요.

자사주를 차감한 시가총액은 695억 원이지만 보유하고 있는 현금은 시가총액보다 120억 더 많은 819억 원입니다. 보유하고 있는 현금만큼 시가총액이 되는 주가는 1만 4,550원, 자산가치와 일치하는 PBR 1은 1만 9,700원입니다. 저는 기본적으로 성장주인 IT 업종 주식은 PBR 1 이하는 싸다고 봅니다.

아직은 실적이 나아지지 않고 있지만 과거 4G 투자 때 그랬듯이 5G 투자가 본격적으로 이루어지면 매출과 이익 면에서 크게 성장할 것을 기대하고 있습니다.

- PER: 16.2 / PBR: 0.63 / PDR: 4.5%

요즘은 잘 하지 않는데, 2017년까지만 해도 제가 꽤 부지런했습니다. 개별 주식에 대해 다음과 같이 한 장짜리로 요약한 표를 만들기도 했거든요.

---

* 총 매수 금액 151,946,240원 기준으로 계산한 수익률이고 실제 보유주식 보유 기간에 대한 적수 개념으로 따지면 42% / 연 7% 수익률은 나옵니다.

텔코웨어(078000)

사업	IT Software 개발 / 장비 / 유지보수 – 4가지 사업 영위: ① 음성 핵심망 솔류션 ② 무선 데이터 솔류션 ③ 요소기술 ④ Access Network
투자 포인트	1. 고배당성향 2. 재무구조 우량: 시가총액에 육박하는 순현금 보유 – 시가총액에 육박하는 순현금 보유 / 시가 300억 이상의 본사 건물은 덤 3. 국내 이동통신 1위 기업인 SKT와의 끈끈한 유대 관계 4. IT 기업 같지 않은 IT 기업 – 성장할 것 같지 않은 분위기
특이 사항	1. SKT에 대한 매출 비중이 80% 이상 – 판매처가 한 기업에 편중·종속된 점은 단점 – 국내 1위 기업을 매출처로 확보하고 있다는 점에서는 장점이 될 수 있음 2. 2016년 실적은 몇 년 동안 최악: 이동통신사의 주파수 경매 지연으로 인해 투자가 늦어졌음 – 2017년은 2015년도 실적 회복 / 2018년은 5G 투자 가시화로 동사 실적 호전 예상 촉매: 5G 개발 / 상용화, 사물인터넷

1. 재무 현황	2016. 12	2015. 12	2014. 12	2013. 12	2012. 12	2011. 12	2010. 12
매출액	409	594	506	658	623	549	491
영업이익	46	84	80	131	72	44	16
당기순이익	45	81	76	108	68	56	31
자산	1,160	1,183	1,155	1,274	1,104	1,120	1,113
부채	107	137	153	309	246	227	211
자본총액	1,053	1,046	1,002	965	858	893	902
(자본금)	(49)	(49)	(49)	(49)	(49)	(49)	(49)
BPS	10,797	10,725	10,274	9,895	8,798	9,156	9,249
EPS	472	861	820	1,343	738	451	164
ROE	4.4%	8.0%	8.0%	13.6%	8.4%	4.9%	1.8%
배당금	500	660	600	650	400	320	250
배당성향	62.5%	47.7%	44.4%	33.9%	35.2%	35.8%	55.1%
* 자사주	4,076	42.0%		PER		14.82	5/16 종가	11,850
주식총수	9,703	시가총액		1,150	PBR		0.63	
자사주 차감	5,627	시가총액		667	PSR		1.63	PDR	4.2%

* 투자지표는 자사주 차감한 유통주식 수로 계산

2. 직원 현황	2016. 12	2015. 12	2014. 12	2013. 12	2012. 12	2011. 12	2010. 12
직원수	205	207	204	206	206	200	194
인건비(백만)	9,423	10,107	9,895	13,970	11,584	10,087	8,651
1인당 인건비	46.0	48.8	48.5	67.8	56.2	50.4	44.6
근속연수	8	7	6	5	5	5	4

〰 종목분석표로 관심 종목에 대한 4대 조건 등 확인해보기

보유하고 있는 주식 네 종목으로 내재가치 계산 및 투자할 주식을 선
정하는 네 가지 조건을 확인해봅니다.

삼영무역 내재가치

- BPS: 20,487원

- EPS: 1,890원 = (2,033원 × 3 + 1,755원 × 2 + 1,731원 × 1) / 6

- 내재가치: 19,695원 = (20,487원 + 1,890원 × 10) / 2

  실제 내재가치(자사주 차감):

$$20,134원 = \frac{19,695}{(18,466,948주 - 402,632주)} \times 18,466,948주$$

- 시가총액: 2,366억 = (유통주식 수)18,064,316주 × 13,100원

(1) PER: 6.61 = 2,366억 / 358억

(2) PBR: 0.66 = 2,366억 / 3,607억

(3) PDR: 2.7% = 350원 / 13,100원

(4) 순현금: 1,790억(시가총액의 75%)

※ 배당금: 2020-03-18, 2020회계연도 배당금을 500원으로 이후 2022년까

지 매년 50원씩 증액한다는 배당정책을 안내하는 수시공시가 있었습니다.

따라서 현재 가격을 기준으로 2020회계연도 배당수익률(PDR)은 3.8%입니다.

삼영무역(002810) 기업 현황

(단위: 억 원, 천 주)

1. 실적	1/4	2019. 12	2018. 12	2017. 12	2016. 12	2015. 12
매출액	980	2,742	2,693	2,594	2,240	2,250
영업이익	51	92	68	99	52	29
당기순이익	62	358	289	285	245	190
자산	5,246	5,109	3,865	3,626	3,351	3,029
부채	1,244	1,133	520	530	484	413
자본총액	4,002	3,976	3,345	3,096	2,867	2,616
(자본금)	(92)	(88)	(82)	(82)	(82)	(82)
소수 주주 지분	376	369	7	7	7	6
순 자본 총액	3,626	3,607	3,338	3,089	2,860	2,610
BPS	19,636	20,487	20,272	18,760	17,369	15,851
EPS	336	2,033	1,755	1,731	1,488	1,154
ROE	1.5%	9.0%	8.6%	9.2%	8.5%	7.3%
배당금		350	300	275	275	275
배당성향		16.8%	16.9%	15.8%	18.4%	23.2%
주식 배당	주: 5%		주: 7%			

2. 대주주	2020. 03		2019. 12		2018. 12	
이승용	3,873	21.0%	3,675	20.9%	3,435	20.9%
가족	1,848	10.0%	1,746	9.9%	1,655	10.0%
이소연	944	5.1%	899	5.1%	840	5.1%
이지연	1,019	5.5%	971	5.5%	907	5.5%
근로복지기금	225	1.2%	214	1.2%	200	1.2%
계	7,908	42.8%	7,505	42.6%	7,037	42.7%
한국밸류	2,006	10.9%	1,922	10.9%		
High-clere Int'l	1,082	6.1%	1,082	6.1%		
Fidelity	1,069	5.8%				
* 자사주	403	2.18%	401	2.30%	180	0.61%
주식 총수	18,467	시가총액	2,419			
유통주식	18,064	시가총액	2,366			

3. 순현금	1/4	2019. 12	2018. 12	2017. 12	2016. 12	2015. 12
현금 등	371	319	233	325	573	393
단기금융상품	1,030	1,102	1,113	567	253	257
단기투자자산	497	507	246	180	186	259
장기투자증권	199	193	134	155	108	107
단기차입금	189	190	0	0	0	0
장기차입금	136	141	0	0	0	0
순현금	1,772	1,790	1,726	1,227	1,120	1,016
매출채권	850	793	606	697	585	526
매입채무	−539	−477	−236	−274	−231	−192
재고자산	350	334	154	131	109	104
지분법 주식	930	867	1,056	1,252	1,226	1,059
이자수입	6	40	24	13	19	20
이자비용	2	2	0	0	0	0
직원수	67	68	66	66	72	75
인건비(천 원)	785	3,809	4,236	3,576	3,877	3,884
1인당 인건비	11.7	56.0	64.2	54.2	53.8	51.8
근속연수	10	11	11	10	10	11
등기이사	2	2	2	2	2	3
인건비(천 원)	83	460	415	458	343	469
1인당 인건비	42	230	208	229	172	156

내재가치		투자지표	
자산가치	20,487	PER	6.61
수익가치	1,000	PBR	0.66
내재가치	19,695	PSR	0.86
내재가치(−자사주)	20,134	PDR	2.7%
안전마진	7,034		

* 2020년 6월 30일 주가: 13,100원

신영증권 내재가치

- BPS: 69,282원

- EPS: 2,878원 = (1,253원 × 3 + 4,507원 × 2 + 4,495원 × 1) / 6

내재가치: 49,032원 = (69,282원 + 2,878원 × 10) / 2

- 실제 내재가치(자사주 차감): 98,419원 = 49,032원 / (9,386,237주 − 3,320,605주) + (7,053,763주 − 4,929,099주) × (9,386,237주 + 7,053,763주)

- 신영증권은 보통주와 우선주가 있으므로 두 종류 주식을 단순 합산해서 내재가치를 계산합니다.

- 시가총액: 3,495억 = (보통주 유통주식)6,065,632주 × 42,600원 + (우선주 유통주식)2,124,664주 × 42,900원

(1) PER: 16.97 = 3,495억 / 206억

(2) PBR: 0.31 = 3,495억 / 11,390억

(3) PDR: 보통주 5.9% = 2,500원 / 42,600원. 우선주 5.9% = 2,550원 / 42,900원

(4) 순현금: 금융주는 대부분의 자산과 부채가 현금성 자산이기 때문에 순현금 여부는 의미 없으며 부실채권 여부를 따져보는 것이 중요합니다.

→ 최근 연도 당기순이익 206억 원은 이례적인 상황으로 다음 회기에서는 예년 실적 700억 원 수준을 정상적인 당기순이익으로 추정할 수 있습니다. 따라서 동사의 실제 내재가치는 이를 감안해서 더 높일 필요가 있습니다.

신영증권(001720) 기업 현황

(단위: 억 원, 천 주)

1. 실적	2020. 03	2019. 03	2018. 03	2017. 03	2016. 03	2015. 03
매출액	25,676	16,651	16,731	19,850	20,393	15,309
영업이익	162	1,033	1,166	835	741	933
당기순이익	206	741	739	619	531	765
자산	96,293	98,151	87,766	86,780	80,985	67,142
부채	84,605	86,442	76,189	75,629	70,310	56,909
자본총액	11,688	11,709	11,577	11,151	10,675	10,233
(자본금)	(822)	(822)	(822)	(822)	(822)	(822)
비지배 지분	298	185	388	364	391	10,233
순 자본총액	11,390	11,524	11,189	10,787	10,284	62,245
BPS	69,282	70,097	68,060	65,614	62,555	4,653
EPS	1,253	4,507	4,495	3,765	3,230	7.5%
ROE	1.8%	6.3%	6.4%	5.6%	5.0%	2,000
배당금	2,500	2,750	2,750	2,450	2,200	26.2%
배당성향	105.1%	33.4%	34.5%	37.3%	39.0%	

2. 대주주	2020. 03(보통주)		2020. 03(우선주)		2019. 03(보통주)	
원국희	1,523	16.2%	190	2.7%	1,523	16.2%
민숙기	69	0.7%	103	1.5%	69	0.7%
원종석	848	9.0%	299	4.2%	795	8.5%
친인척:12명	26 0.3%	181	2.6%	26	0.3%	0.3%
임원	7	0.1%	0	0.0%	7	0.1%
계	2,474	26.4%	773	11.0%	2,420	25.8%
신영자산운용	559	6.0%			611	6.5%
Ruane, Cunnff	715	7.6%			715	7.6%
자사주	3,104	33.10%	4,929	69.88%	2,948	31.41%

주식(천 주)	보통주		우선주			
* 자사주	3,321	35.38%	4,929	69.88%	3,529	
주식 총수	9,386		7,054		7,025	
유통 주식	6,066		2,125		3,495	

	2020. 03	2019. 03	2018. 03	2017. 03	2016. 03	2015. 03
직원수	647	664	601	604	612	
인건비(백만 원)	58,151	56,389	42,057	40,622	41,130	
1인당 인건비	89.9	84.9	70.0	67.3	67.2	
근속연수	9	9	9	9	8	
등기 이사	2	2	3	2	2	
인건비(천 원)	1,398	1,629	6,121	1,742	1,743	
1인당 인건비	699	815	2,040	871	872	
부회장: 원종석	971	1,177	1,146	907	951	
급여	580	540	525	450	450	
성과급	391	637	621	457	501	

내재가치		투자지표	
자산가치	69,282	PER	16.97
수익가치	2,878	PBR	0.31
내재가치	49,032	PSR	0.14
내재가치(-자사주)	98,419	보통주 PDR	5.9%
안전마진	55,819	우선주 PDR	5.9%

* 2020년 6월 30일 주가: 보통주 42,600원, 우선주 42,900원

에스텍 내재가치

- BPS: 14,115원

- EPS: 1,551원 = (1,577원 × 3 + 1,833원 × 2 + 907원 × 1) / 6

- 내재가치: 14,811원 = (14,115원 + 1,551원 × 10) / 2

- 실제 내재가치(자사주 차감):

$$19,213원 = \frac{14,811}{10,910,000주 - 2,500,000주} \times 10,910,000주$$

- 시가총액: 745억 = (유통주식 수)8,410,000주 × 8,860원

(1) PER: 4.33 = 745억 / 172억

(2) PBR: 0.48 = 745억 / 1,540억

(3) PDR: 6.8% = 600원 / 8,860원

(4) 순현금: 637억(시가총액의 85%)

에스텍(069510) 기업 현황

(단위: 억 원, 천 주)

1. 실적	1/4	2019. 12	2018. 12	2017. 12	2016. 12	2015. 12
매출액	734	3,380	3,064	3,004	2,906	2,702
영업이익	20	175	180	160	172	159
당기순이익	29	172	200	99	147	142
자산	2,109	2,139	1,952	1,844	1,913	1,772
부채	560	599	562	600	672	653
자본총액	1,549	1,540	1,390	1,244	1,241	1,119
(자본금)	(55)	(55)	(55)	(55)	(55)	(55)
순 자본총액	1,549	1,540	1,390	1,244	1,241	1,119
BPS	14,198	14,115	12,741	11,402	11,375	10,257
EPS	266	1,577	1,833	907	1,347	1,302
ROE	1.9%	11.2%	14.4%	8.0%	11.8%	12.7%
배당금		600	500	500	500	310
배당성향		29.3%	21.1%	42.4%	28.5%	18.4%

2. 대주주	2020. 03		2019. 12		2017. 12	
Foster Electric	5,391	49.4%	5,391	49.4%	5,391	49.4%
노성택	퇴임		퇴임		13	0.1%
오인용	12	0.1%	5	0.1%	5	0.1%
하병욱	4	0.0%	4	0.0%	4	0.0%
계	5,406	49.6%	5,400	49.5%	5,413	49.6%
* 자사주	2,500	22.90%	2,500	22.90%	2,500	22.90%
주식 총수	10,910	시가총액	967			
자사주 차감	8,410	시가총액	745			

3. 순현금	1/4	2019. 12	2018. 12	2017. 12	2016. 12	2015. 12
현금 등	389	394	307	340	385	339
단기금융자산	302	328	328	228	225	189
장기금융자산	0	0	0	31	0	15
단기차입금	76	85	95	0	0	223
장기차입금	0	0	0	0	0	0
순현금	615	637	540	599	610	320
매출채권	560	560	564	550	503	487
매입채무	−413	−418	−410	−465	−304	−313
재고자산	387	396	360	327	332	360
관계기업 투자	0	0	0	0	0	0
연구개발비	27	102	83	86	75	71
매출액 비율	3.7%	3.0%	2.7%	2.9%	2.6%	2.6%
금융수익	4	15	11	7	8	9
금융비용	1	5	5	5	3	4
직원수	342	348	333	334	341	343
인건비(천 원)	4,541	19,767	17,310	16,445	16,445	16,251
1인당 인건비	13.3	56.8	52.0	49.2	48.2	47.4
근속연수	12	12	11	11	10	9
등기 이사	4	4	5	5	4	5
인건비(천 원)	198	915	1,170	1,196	1,188	909
1인당 인건비	50	229	234	239	297	182

내재가치		투자지표	
자산가치	14,115	PER	4.33
수익가치	1,551	PBR	0.48
내재가치	14,811	PSR	0.22
내재가치(−자사주)	19,213	PDR	6.8%
안전마진	10,353		

* 2020년 6월 30일 주가: 8,860원

코텍 내재가치

- BPS: 20,412원

- EPS: 1,970원 = (1,978원 × 3 + 2,247원 × 2 + 1,393원 × 1) / 6

- 내재가치: 20,057원 = (20,412원 + 1,970원 × 10) / 2

- 실제 내재가치(자사주 차감):

$$21,386원 = \frac{20,057}{15,574,552주 - 968,037주} \times 15,574,552주$$

- 시가총액: 1,301억 = (유통주식 수)14,606,515주 × 8,910원

(1) PER: 4.23 = 1,301억 / 308억

(2) PBR: 0.41 = 1,301억 / 3,179억

(3) PDR: 4.5% = 400원 / 8,910원

(4) 순현금: 1,276억(시가총액의 98%)

이상 주식 네 종목은 내재가치 계산과 투자할 주식을 선정하는 네 가지 조건에 대한 이해를 돕기 위해 2020년 6월 30일 현재 제가 보유하고 있는 주식으로 예를 들어 설명했습니다.

이와 관련해서 유의사항을 말씀드립니다.

(1) 숫자와 투자지표를 계산함에 있어 꼼꼼히 검토했지만 오류가 있을 수 있습니다.

(2) 사례로 든 기업 4개는 투자 유망 종목으로 추천한 것이 아니라는 점을 밝힙니다. 행여 이들 주식을 임의로 매수해서 손실이 나더라도 제 책임이 아닙니다.

코텍(052330) 기업 현황

(단위: 억 원, 천 주)

1. 실적	1/4	2019. 12	2018. 12	2017. 12	2016. 12
매출액	671	2,853	3,466	3,275	2,980
영업이익	55	331	424	334	293
당기순이익	67	308	350	217	377
자산	3,589	3,531	3,253	3,019	2,758
부채	436	352	355	405	328
자본총액	3,153	3,179	2,898	2,614	2,430
(자본금)	(78)	(78)	(78)	(78)	(78)
소수 주주 지분	0	0	0	0	0
순 자본총액	3,153	3,179	2,898	2,614	2,430
BPS	20,245	20,412	18,608	16,784	15,603
EPS	430	1,978	2,247	1,393	2,421
ROE	2.1%	9.7%	12.1%	8.3%	15.5%
배당금		400	400	300	300
배당성향		19.3%	17.0%	20.6%	11.8%

2. 대주주	2020. 03		2019. 12		
아이디스홀딩스	5,132	33.0%	5,132	33.0%	
계	5,132	33.0%	5,132	33.0%	
국민연금관리	1,157	7.4%	1,157	7.4%	
Somers et apital			691	4.4%	
신영자산운용			587	3.8%	
* 자사주	968	6.22%	705	4.50%	
주식 총수	15,575	시가총액	1,388		
자사주 차감	14,607	시가총액	1,301		

3. 순현금	1/4	2019. 12	2018. 12	2017. 12	2016. 12
현금 등	705	966	351	347	591
단기금융자산	310	310	605	0	0
장기금융자산	0	0	0	0	0
단기차입금	0	0	0	0	0
장기차입금	0	0	0	0	0
순현금	1,015	1,276	956	347	591
매출채권	753	516	891	891	817
매입채무	320	144	137	−305	−234
재고자산	609	588	641	561	553
관계기업 투자		0	13	8	10
연구개발비	36	156	137	130	126
매출액 비율	5.4%	5.5%	4.0%	4.0%	4.2%
금융수익	7	31	18	10	7
금융비용	0	0	0	0	0
직원수	390	384	395	421	390
인건비(천 원)	5,132	22,795	24,036	22,904	20,474
1인당 인건비	13.2	59.4	60.9	54.4	52.5
근속연수	5	6	6	5	5
등기 이사	3	3	3	3	3
인건비(천 원)	221	941	928	1,048	860
1인당 인건비	74	314	309	349	287

내재가치		투자지표	
자산가치	20,412	PER	4.23
수익가치	1,970	PBR	0.41
내재가치	20,057	PSR	0.46
내재가치(−자사주)	21,386	PDR	4.5%
안전마진	12,476		

* 2020년 6월 30일 주가: 8,910원

PART 3

나의 은퇴 계획

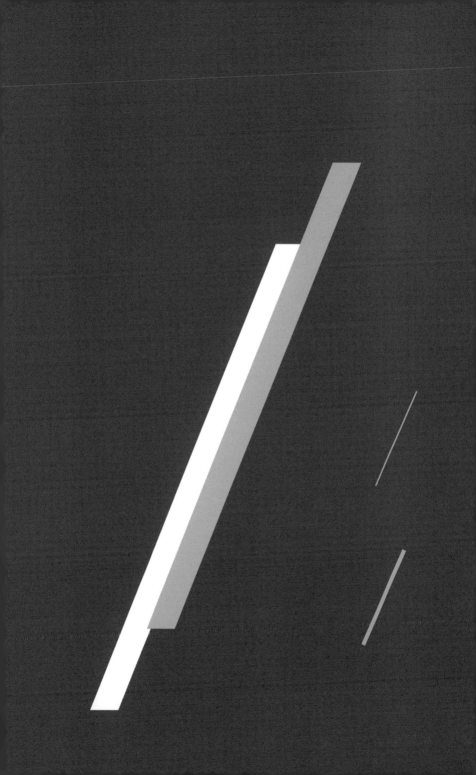

인생은 과정이지 목표가 아니다. 다음 순간을 위해 이 순간을 희생하지 말라.

– 법정, 류시화 엮음, 《봄 여름 가을 겨울》, p. 44.

전작에서는 40세에 빠른 은퇴를 단행했던 이유와 큰 실패를 겪은 후 생활비를 벌기 위해 재취업해서 생활을 안정시킨 다음 준비한 두 번째 은퇴 계획에 대해 설명했습니다. 저는 은퇴 후 맞게 되는 두 가지 문제를 '늘어난 자유 시간을 즐기는 방법'과 '생활비를 안정적으로 공급하는 방법'에 두었습니다. 그리고 이에 따라 구체적인 은퇴 계획을 세웠고, 이에 맞춰 산출된 필요 비용은 종잣돈을 주식에 투자해서 해마다 수령하는 배당금으로 안정적으로 공급할 수 있다고 했습니다.

4년이 지난 지금, 기본 계획은 변함없지만 적잖은 수정이 있었습니다. 월 3회 즐기려고 했던 골프는 집 앞 공원 산책으로 대체했고, 아이들 저축을 독려하기 위해 만든 매칭펀드(matching fund)에 투자하기로 하는 등 예상 비용이 줄어든 것도 있고 늘어난 것도 있습니다. 회사에서 받는 월급으로 여유롭게 사느라 몇 년 새 늘어난 낭비 요인은 줄였습니다.

저의 기준에 맞추어, 은퇴 후 생활하는 데 필요한 경비 계산법부터 이를 마련하는 방법까지를 구체적으로 나열해보았습니다. 은퇴 계획은 저마다 상황과 사정이 다르므로 저의 계획은 참고용으로 봐주시면 좋겠습니다.

Chapter 9

투자자는 어떻게
은퇴 계획을 세우는가

은퇴하기 전에 미리 하루 일과를 어떻게 보낼 것인지 계획을 짰었습니다. 또 이에 따른 필요 경비를 미리 계산해보기도 했지요. 이후 실제로 실행해보니 계획과 다른 점들이 있어 조정할 필요가 있었습니다. 이러한 과정들을 정리해보았는데, 각자 은퇴 계획을 설계할 때 도움이 되었으면 합니다.

∬ 은퇴를 앞둔 투자자의 하루 일과

저는 주식시장이 열리는 날은 주식 시세를 보면서 관심 종목 가운데 주가가 많이 하락하는 녀석을 사서 고가에 매도하는 식의 단기 매매로 용돈 벌이를 즐기거나 시장 흐름을 살핍니다. 장이 열리기 30분 전부터 시작 후 30분까지 중간에 잠깐씩 살펴보는 시간을 갖고 마감 전 30분, 장 마감 후 정리를 위해 30분 정도 사용하므로 아무리 많이 잡아도 3시간이면 충분합니다. 나머지 시간은 산보를 하거나 가벼운 책을 읽으며 보냅니다.

주중 여유 시간은 독서와 기업체에 대한 심층 분석(시장이 열리는 시간에 병행)에 사용하고 일주일에 한두 번쯤 지인들과 가벼운 술자리를 가지려고 합니다. 법인 사무실은 주 3회 출근하지만 실제적으로는 어중간한 6일 근무로, 월·수·금요일 늦은 오전에 출근해서 화·목·토요일 낮에 퇴근하는 방식입니다. 즉 일주일에 3일은 사무실로 사용하는 오피스텔에서 숙박-하는데요. 오피스텔에 TV를 설치하지 않았기에 온전히 독서와 투자 공부에 집중할 수 있습니다.

〉〉 은퇴 후 여가 생활

주말 하루는 집 근처 공기 맑은 곳을 찾아 산책하고 매월 한 번은 제가 가장 좋아하는 국내외 여행을 계획하고 있습니다. 국내여행은 유명 사찰과 유적지 위주로 2~3일 일정으로 해외여행이 없는 달에 하고, 해외여행은 짧은 여행 2회와 긴 여행 1회로 1년에 3회 하려고 합니다. 해외여행은 분기 1회를 원했지만 비행기 타는 것을 힘들어하는 아내의 의견을 받아들여 짧은 여행을 3회에서 2회로 줄였습니다. 최근 4년(2016~2019년)은 직장에 다니면서도 해외여행을 충분히 즐길 수 있었는데 4년 동안의 여행 일정과 지출 경비를 정리하면서 이를 기준으로 앞으로의 여행 계획을 조정했습니다.

〉〉 건강한 삶을 위한 계획

전작에서는 건강을 위해 라운딩할 때마다 1만 보 이상 걷는 골프를 월 3회 계획했었는데, 4년이 지나는 동안 (다행스럽게도) 우리 부부 모두 골프에 대해 흥미를 잃었습니다. 이에 반해 저는 3년 전부터 주말이면 집 앞 공원 트랙을 10바퀴씩 걷는 습관을 들였는데, 대략 6,000보가 됩니다. 자유인이 된 5월부터는 가능한 매일 걸으려고 하는데, 건강 관리는 이 정도 걸으면 되지 않을까 싶습니다.

골프를 제외하고 걷기로 바꾼 이유를 설명하는 게 필요할 것 같습

필요 경비 예측을 위한 지난 4년간 해외여행 경비 정리

(단위: 천 원)

여행 일정				경비				비고
출발	도착	일	여행지	기본 여행비	물품 구입	기타	계	
2016-03-06	2016-03-09	4	일본 후쿠오카	1,278	179	16	1,472	구마모토, 유후인, 벳부
2016-06-19	2016-06-21	3	일본 요나고	658	319	14	990	마츠에, 돗토리, 쿠라요시
2016-10-10	2016-10-13	4	일본 도쿄	1,158	575	16	1,748	오다이바, 하코네, 시즈오카
2016년		**3회**	**11**	**3,094**	**1,072**	**45**	**4,211**	
2017-03-08	2017-03-11	4	일본 오키나와	1,478	738	18	2,234	1일 자유여행
2017-06-02	2017-06-07	6	호주 시드니	2,904	2,082	67	5,052	울릉공, 하이암스 비치
2017-09-03	2017-09-06	4	일본 오사카	1,339	693	54	2,085	고베, 오카야마, 히메지
2017-11-05	2017-11-08	4	홍콩, 마카오	1,239	1,210	5	2,454	
2017-12-19	2017-12-21	3	일본 나가사키	859	216	0	1,074	막내와 여행
2017년		**5회**	**21**	**7,818**	**4,938**	**143**	**12,899**	
2018-04-08	2018-04-13	6	프랑스	3,082	1,959	3	5,043	베네룩스3국 및 독일 일부
2018-06-07	2018-06-09	3	일본 나가사키	759	267	39	1,065	운젠, 오마하, 후쿠오카
2018-08-20	2018-08-22	3	일본 다카마츠	719	310	36	1,064	고토히라 / 1일 자유
2018-11-04	2018-11-07	4	일본 가고시마	1,300	266	18	1,584	이부스키, 기리시마
2018년		**4회**	**16**	**5,859**	**2,802**	**96**	**8,756**	
2019-03-10	2019-03-17	8	이탈리아	3,672	3,044	5	6,721	이탈리아 일주
2019-05-21	2019-05-24	4	일본 홋카이도	1,478	283	0	1,761	하코다테 포함 북해도
2019-11-06	2019-11-14	9	동유럽 4국	3,562	2,926	137	6,625	+ 발칸 2국, 총 6개국
2019년		**3회**	**21**	**8,712**	**6,253**	**142**	**15,107**	

1. 2인 여행으로 막내와 다녀온 2017년 12월 여행을 제외하고는 모두 아내와 동행.
2. 기본 여행비: 여행사 기본 여행비(패키지) + 가이드 팁 + 옵션 관광비.
3. 여행사를 정할 때 가성비를 많이 따졌습니다. 온라인투어를 가장 많이 이용.
4. 물품 구입비 지출이 많았는데 국내보다 싸게 살 수 있는 해외 브랜드 가방 같은 고가품을 구입했기 때문입니다.
5. 2019년 하반기에는 일본의 나라-교토 지역과 아베의 고향인 야마구치-시모네세키 등을 두 차례 다녀올 예정이었는데, 갑작스런 아베의 만행으로 인해 일본 여행을 가지 않았습니다. 대신 예전에 계획했던 동유럽을 다녀왔습니다.

니다. 저는 원래 몸 움직이는 것을 좋아하지 않는 편입니다. 그렇지만 재미있는 운동은 즐겼는데, 어릴 때는 축구와 야구, 30대는 테니스, 40대부터는 골프가 그런 운동이었습니다. 4년 전 은퇴 계획에 골프가 들어 있었던 것도, 즐기면서 운동도 된다고 생각했기 때문인데요. 이게 산보로 바뀐 결정적인 원인은 스마트폰입니다. 큰애가 멜론에 가입해서 월 30곡씩 다운받을 수 있도록 해줬는데, 폰에 다운받은 좋아하는 노래를 들으면서 걸었더니 그 전에 공원 트랙을 돌 때마다 들었던 지루한 기분이 달아나더군요. 어이가 없나요?

치매 예방을 위한 대비책이 되는 독서와 주식 투자는 세상에 사표를 낼 때까지 가져갈 저의 평생 직업입니다. 세계 최고령 주식 투자자로 109세에 타계한 어빙 칸을 저의 롤모델로 삼고 있는데, 그의 기록을 깨는 것이 저의 (단기) 목표이기도 하고요. 투자를 포함해서 일상을 반성하며 기록하는 일과 독후감 작성 역시 꾸준하게 하려고 합니다.

4년 전에는 월 550만 원, 연 6,600만 원이면 여유로운 은퇴 생활을 누릴 수 있다고 생각했지만 4년이 지난 지금은 아이들 저축을 돕기 위한 매칭펀드 월 불입액 100만 원을 포함해서 175만 원이 늘어난 월 725만 원, 연 8,700만 원으로 그전 계획보다 31.8% 늘었습니다. 비용을 크게 늘린 계획을 밝힐 필요가 있을까 주저하다 그대로 공개했는데요. 누구나 가족 구성원의 변화나 취미 활동의 변화 등 각자 상황에 따라 은퇴 계획과 필요 비용은 달라지는 것이므로, 저의 은퇴 계획은 '저렇게도 하는구나' 하는 식으로 오로지 참고용으로만 봐주셨으면 합니다.

숙향의 은퇴 계획에 따른 예상 비용 내역

(단위: 천 원)

항목		금액		비고	
		2019년 실적	2020년 계획	적요	내용
1 생활비	가정 생활비	65,893	48,000	월 생활비	당초 계획은 은퇴 전 생활비의 75%
					⇨ 은퇴 전 생활비의 100%
	개인 용돈	18,407	12,000	개인 용돈	월 40만 원 계획했음
					⇨ 현실적으로 대폭 증액
2 자유	국내 여행	189	2,000	월 1회	당초 계획은 연 8회/ 1회당 경비는 40만 원으로 예산 설정
					⇨ 연 5회로 줄었음 / 40만 원 × 5회
	해외 여행	1,398	4,000	연 2회	가까운 곳으로 연 3회 계획했음
					연 2회로 줄였음 / 1회당 경비는 100만 원(100만 원 × 2인 × 2회)
		13,572	8,000	연 1회	먼 곳으로 10일 정도 연 1회 계획했음 / 1회당 경비는 400만 원(400만 원 × 2명)
					⇨ 유지
	매칭 펀드		12,000	아이들 저축 / 투자 지원	월 50만 원 × 12개월 = 600만 원
					2인: 600만 원 × 2 = 1,200만 원
	골프 (스크린)	0	1,000	연 18회	3~11월, 9개월 동안 필드 라운딩
					⇨ 실내골프 월 2회 × 9개월로 수정
계		99,459	87,000	31.9%	4년 전 예상금액 대비 31.9% 증가

1. 2016년에 계획할 때는 여유 있게 계산해서 연 6,600만 원 / 월 550만 원이면 가능할 것으로 예상.
   – 2019년 실제 지출액은 직장에서 받는 월급으로 여유 있게 쓰다 보니 늘어난 것으로, 낭비 부분을 줄여 산출.
2. 가정생활비는 아내에게 매월 지급하는 금액인데, 연 3,600만 원(월 300만 원)이면 현실적으로 충분한 금액.
   – 대학에 다니던 둘째가 취직하면서 용돈이 절감되는 등 실제로 생활비는 줄어듦.
   – 시어머니를 모시고 사는 데 대한 정신적 보상을 감안해서 은퇴 전과 동일한 연 4,800만 원 책정.
3. 은퇴 후에는 거의 활동이 없을 것 같아 월 40만 원이면 개인 용돈이면 가능하다고 예상했음.
   – 터무니 없이 부족하다는 것을 알게 되었고 실제로 직장다닐 때보다 활동량이 줄어들지는 않을 것으로 판단했음.
   – 도서 구입, 기부금, 가족 외식, 교제비, 차량비, 명절·경조금, 종합소득세 등.
4. 매칭펀드; 아이 둘이 투자 저축을 응원하기 위해 아이들이 투자하는 금액과 동액을 지원하기로 함.
5. 골프: 3년 이상 필드 라운딩하지 않았고 흥미를 잃었음
   – 대신 월 2회 아내와 스크린골프를 즐기기로 했음.

Chapter 10

은퇴 계획을 완성하는 투자 플랜

은퇴 후 필요한 자금을 계산해보았다면, 이 자금을 마련할 방법까지 생각해봐야겠죠? 어떻게 자금 마련 계획을 세웠는지 정리해보았습니다.

소유하고 있는 주택은 있으므로 여유자금을 100% 주식에 투자하는 것을 원칙으로 자금계획을 만들었습니다. 장기적으로 보면 주식 투자만큼 높은 수익률을 주는 투자 수단이 없다고 생각하기 때문인데요. 이번에 바뀐 비용 준비 방법 중에는 법인에서 수령하는 급여가 있지만 근원은 법인 자본금을 주식 운용해서 나오는 수입이기 때문에 동일합니다.

한 해 수령하는 배당금이 연 지출액에 미치지 못할 때는 계획을 축소하지 않고 보유주식을 일부 매각해서 사용하면 됩니다. 다음 찰스 칼슨의 말씀을 인용했듯이 총자산 원금에서 3%쯤 사용하면 죽을 때까지 원금은 남고 5%쯤 사용하면 재산이 바닥날 정도는 안 되니까 안심하라고 했습니다. 심리적 안정을 위해 2년치 생활비는 현금으로 보유합니다.

저는 은퇴 후의 안락한 삶을 위해 대비하는 것도 중요하지만 살아가는 하루하루 역시 즐거워야 한다고 생각합니다. 제가 생각하는 은퇴 후를 준비하는 방법은 조지 클래이슨의 《바빌론 부자들의 돈 버는 지혜(The Richest Man is Babylon)》리는 책에서 세시하는 수입의 10% 저축·투자를 바람직하다고 생각합니다.

은퇴 후 사용할 비용 준비

(단위: 천 원)

항목			금액		비고	
			연 합계	조달 방법	적요	설명
1	생활비	가정 생활비	48,000	24,000	법인 급여	법인 급여: 2019년 10월 법인 설립
				24,000	배당금	주식 투자금: 펀드(1호)
		개인 용돈	12,000	7,200	임대료	임대료: 월 60만 원 – 오피스텔: 시가 1.7억 원
				4,800	배당금	주식 투자금: 펀드(B)
2	자유	국내 여행	2,000	2,000	배당금	주식 투자금: 펀드(B)
		해외 여행	4,000	4,000	배당금	주식 투자금: 펀드(아내)
			8,000	8,000	배당금	주식 투자금: 펀드(아내)
		매칭 펀드	12,000	12,000	배당금	주식 투자금: 펀드(1호)
		골프(스크린)	1,000	1,000	MMF 계좌 현금 활용	MMF 계좌에 보관·유지하는 2년치 생활비: 1.74억 원
계			87,000	87,000		

1. 2년 생활비, 1.74억 원은 수시 입출금이 가능한 MMF 계좌에 보관·유지합니다.
2. 배당수익률: 주식 투자자산의 평균 배당수익률 4.0%를 기준으로 세후 3.4% 배당금이 입금되는 것으로 가정했습니다.
   - 연 4% 배당수익률은 무리가 없어 보이지만 주가 상승으로 인해 배당수익률을 충족시킬 수 있는 주식 이 절대 부족한 사태는 예상하지 않고 있습니다. 그러므로 현재 시점에서 안정되게 (세후) 3.4%의 배당 수익률이 가능한 주식 23.5억 원이면 0.8억 원의 수입은 가능한 것으로 판단합니다.
   - 연 4% 배당수익률을 충족시키는 주식이 없을 정도로 주가가 많이 올랐다면, 투자한 주식의 주가가 그 만큼 올랐으므로 절대적인 주식 투자금이 증가함으로써 계획했던 배당금 수령액은 변함이 없습니다.
   → 23.5억 원으로 3.4% 배당수익률을 적용해서 0.8억 원의 배당금을 수령하였다면, 시세가 2배가 되었다 고 가정하고 배당금이 동일하다면 47억 원으로 1.7% 배당수익률을 적용해서 0.8억 원으로 동일한 배 당금을 수령할 수 있습니다.
3. 살고 있는 아파트를 제외한 유일한 부동산인 여의도 소재 오피스텔 임대료 수입은 현재 시가의 4% 수준 입니다.
4. 투자 주식은 매년 수령하는 배당수입 4%와 장기적으로 배당수입과 동일한 4% 이상의 주가 상승은 가능 하다고 봅니다. 주가 상승으로 불어난 자산은 물가 상승률로 인한 실질 자산 감소분을 충분히 커버할 수 있습니다.
5. 은퇴 후 할 일로, 북카페 → 가치투자 전문 서점 → 1인 법인(자본금으로 주식 투자 및 집밖 공간)으로 변 했습니다. 투자금에서 월급으로 수령할 금액을 연 0.24억 원으로 설정했습니다. 다른 주주들의 배당금을 마련하기 위해서는 시세차익으로 0.24억 원을 더 벌어야 합니다.
6. 65세부터 입금될 국민연금 수령액은 우리 가족이 아닌 다른 사람을 위해 사용하려고 합니다.
   - 현재 매월 지출하는 기부금을 포함해서 좋은 일에 사용하고 있는 작은 금액들은 국민연금 수령액에서 지출합니다.
   - 62세부터 수령하지 않고, (만든) 법인에서 월급을 받기 때문에 연금 수령 개시일을 3년 늦췄습니다.

즉 월 급여가 200만 원인 직장인의 경우라면 90%인 180만 원을 생활비로 쓰고 10%인 20만 원을 저축하는 것은 어려운 일이 아닐 겁니다. 경력이 쌓이고 승진해서 급여가 300만 원으로 오르면 30만 원을 저축할 수 있고요. 이렇게 매월 수입의 10%를 저축(저는 주식 투자를 의미하는데)한다면 은퇴 후 준비가 가능하다는 것입니다. 당연히 빨리 시작하는 게 유리할 것이고 여유가 된다면 10% 이상 더 많이 하면 할수록 좋겠지만 오늘 삶을 궁핍하게 느끼면서까지 투자금을 늘리는 것에 대해서는 찬성하고 싶지 않습니다.

복리수익률표(284쪽에 있는 복리수익률표를 참조)는 자신의 투자금과 목표 수익률에 맞춰 은퇴할 때까지 적립할 투자원금과 수익금을 계산해볼 수 있습니다. 은퇴까지 20년이 남았다면 20년에 맞춰 표를 만들면 되니까요.

이 표를 작성해보면 누구든 하루라도 빨리 투자를 시작하고 싶다는 마음이 들 뿐만 아니라 해를 거듭할 때마다 투자금이 크게 불어나는 것을 보면서 미래에 대한 희망을 느낄 수 있을 것입니다.

투자에서만이 아니라 은퇴 계획을 만들고 정리하는 데 있어서도 투자 대가들의 책에서 많은 도움을 받았는데요. 은퇴 후 필요 비용 준비를 계획하면서, 특히 계획대로 되지 않았을 때의 고민을 덜어주고 자신감을 얻는 데 도움이 된 대가의 조언을 이 글이 담긴 책 두 권과 함께 소개합니다.

복리의 마술(월 100만 원, 연 1,200만 원씩 적립식으로 투자) (단위: 천 원)

나이	투자 기간	연 적립액	연 수익률 10%일 시			연 수익률 5%일 시			연 수익률 15%일 시		
			기초 금액	수익금	기말금액	기초 금액	수익금	기말 금액	기초 금액	수익금	기말 금액
25	1	12,000	12,000	1,200	13,200	12,000	600	12,600	12,000	1,800	13,800
26	2	12,000	25,200	2,520	27,720	24,600	1,230	25,830	25,800	3,870	29,670
27	3	12,000	39,720	3,972	43,692	37,830	1,892	39,722	41,670	6,251	47,921
28	4	12,000	55,692	5,569	61,261	51,722	2,586	54,308	59,921	8,988	68,909
29	5	12,000	73,261	7,326	80,587	66,308	3,315	69,623	80,909	12,136	93,045
30	6	12,000	92,587	9,259	101,846	81,623	4,081	85,704	105,045	15,757	120,802
31	7	12,000	113,846	11,385	125,231	97,704	4,885	102,589	132,802	19,920	152,722
32	8	12,000	137,231	13,723	150,954	114,589	5,729	120,319	164,722	24,708	189,430
33	9	12,000	162,954	16,295	179,249	132,319	6,616	138,935	201,430	30,215	231,645
34	10	12,000	191,249	19,125	210,374	150,935	7,547	158,481	243,645	36,547	280,191
35	11	12,000	222,374	22,237	244,611	170,481	8,524	179,006	292,191	43,829	336,020
36	12	12,000	256,611	25,661	282,273	191,006	9,550	200,556	348,020	52,203	400,223
37	13	12,000	294,273	29,427	323,700	212,556	10,628	223,184	412,223	61,833	474,056
38	14	12,000	335,700	33,570	369,270	235,184	11,759	246,943	486,056	72,908	558,965
39	15	12,000	381,270	38,127	419,397	258,943	12,947	271,890	570,965	85,645	656,610
40	16	12,000	431,397	43,140	474,536	283,890	14,194	298,084	668,610	100,291	768,901
41	17	12,000	486,536	48,654	535,190	310,084	15,504	325,589	780,901	117,135	898,036
42	18	12,000	547,190	54,719	601,909	337,589	16,879	354,468	910,036	136,505	1,046,542
43	19	12,000	613,909	61,391	675,300	366,468	18,323	384,791	1,058,542	158,781	1,217,323
44	20	12,000	687,300	68,730	756,030	396,791	19,840	416,631	1,229,323	184,398	1,413,721
45	21	12,000	768,030	76,803	844,833	428,631	21,432	450,063	1,425,721	213,858	1,639,580
46	22	12,000	856,833	85,683	942,516	462,063	23,103	485,166	1,651,580	247,737	1,899,317
47	23	12,000	954,516	95,452	1,049,968	497,166	24,858	522,024	1,911,317	286,697	2,198,014
48	24	12,000	1,061,968	106,197	1,168,165	534,024	26,701	560,725	2,210,014	331,502	2,541,516
49	25	12,000	1,180,165	118,016	1,298,181	572,725	28,636	601,361	2,553,516	383,027	2,936,544
50	26	12,000	1,310,181	131,018	1,441,199	613,361	30,668	644,030	2,948,544	442,282	3,390,825
51	27	12,000	1,453,199	145,320	1,598,519	656,030	32,801	688,831	3,402,825	510,424	3,913,249
52	28	12,000	1,610,519	161,052	1,771,571	700,831	35,042	735,873	3,925,249	588,787	4,514,036
53	29	12,000	1,783,571	178,357	1,961,928	747,873	37,394	785,266	4,526,036	678,905	5,204,942
54	30	12,000	1,973,928	197,393	2,171,321	797,266	39,863	837,129	5,216,942	782,541	5,999,483
55	31	12,000	2,183,321	218,332	2,401,653	849,129	42,456	891,586	6,011,483	901,722	6,913,205
56	32	12,000	2,413,653	241,365	2,655,019	903,586	45,179	948,765	6,925,205	1,038,781	7,963,986
57	33	12,000	2,667,019	266,702	2,933,720	960,765	48,038	1,008,804	7,975,986	1,196,398	9,172,384
58	34	12,000	2,945,720	294,572	3,240,292	1,020,844	51,040	1,071,844	9,184,384	1,377,658	10,562,042
59	35	12,000	3,252,292	325,229	3,577,522	1,083,844	54,192	1,138,036	10,574,042	1,586,106	12,160,148
계		420,000		3,157,522	3,577,522		718,036	1,138,036		11,740,148	12,160,148

* 35년 동안 적립했을 때, 투자원금은 4억 2,000만 원, 연 10% 수익률로 불린다면 투자수익금은 31억 6,000만 원으로, 총 35억 6,000만 원으로 은퇴할 수 있습니다.
　- 연 5% 수익률로 불렸다면 투자수익은 7억 1,800만 원, 15% 수익률로 불렸다면 투자수익은 117억 4,000만 원이 됩니다.

노후자금 지출 원칙

자산의 50~75%를 주식에, 나머지를 채권과 현금으로 유지하면서 자산의 3~4% 정도의 비율로 인출해서 사용하면 죽기 전에 재산이 바닥나는 두려움을 방지할 수 있는, 즉 재산 관리의 최적 비율이 된다.

– 찰스 칼슨, 《배당투자(The Little Book of Big Dividends)》, 7장

숙향'S 코멘트
벤저민 그레이엄이 제시했던 방식으로 보유 재산의 투자 비율을 유지하면서 일정 비율로 자금을 인출해서 생활하면 경제적인 어려움을 겪지 않는다고 하는군요.

자가 배당 전략

은퇴한 사람이든 은퇴가 임박한 사람이든 40대 장년이든 투자자는 배당수익률보다 총수익률(자본이득+배당)에 더 관심을 둬야 한다. 그래야 배당수익률 대신 시간 전망과 목표를 바탕으로 기준을 설정할 수 있다. 배당수익률에만 매달리면 배당주가 소외되거나 배당이 삭감되어 목표 달성이 어려워질 수도 있다. 고배당주 투자는 그다지 좋은 전략이 아니다.

– 켄 피셔, 《주식시장의 17가지 미신(The Little Book of Market Myths)》, p. 117.

숙향'S 코멘트
저자가 지적했듯이 고배당주만을 고집했을 때의 위험은 낭연합니다. 이를 해결하기 위해 가치에 비해 저평가되어야 하고 적당히 높은 배당수익률을 지급하는 기업으로 (최소한 5개 이상의) 포트

이 장을 끝내려다 문득 이런 의문을 갖는 분이 있겠다는 생각이 들었습니다.

문 왜 은퇴 계획을 계속 바꾸는가? 처음부터 완벽한 계획은 힘들겠지만 오래전부터 은퇴를 준비했다면 지금쯤은 완전무결한 은퇴 계획을 세웠어야 하지 않는가?

답 《전쟁론(Von Kriege)》의 저자로 19세기 프로이센의 장군인 클라우제비츠는 이런 말을 했다고 합니다. "좋은 계획을 망치는 최대의 적은 완벽한 계획을 만들려는 꿈이다." 세상일이 대부분 그렇듯 완벽한 것은 없으며 시대의 흐름에 맞춰 끊임없이 개선·발전시켜나가는 것이 바람직하다고 생각합니다. 은퇴 계획 역시 더 좋은 게 있다면 그에 맞춰 바꿔나갑니다.

PART 4

가치투자는
계속된다

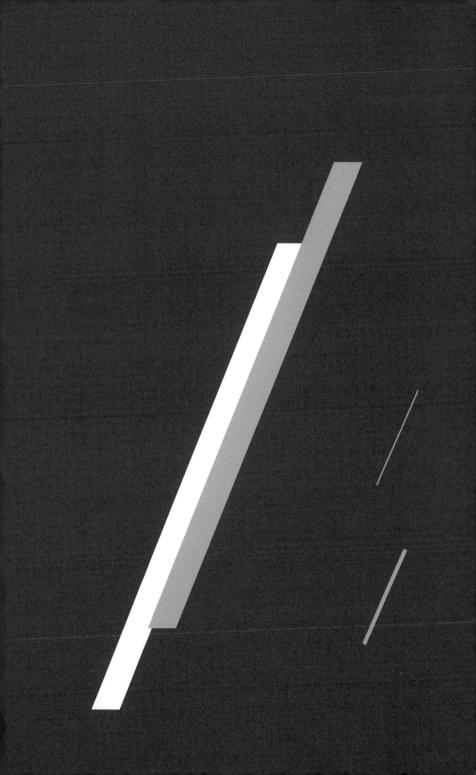

Chapter 11

운용하고 있는
다양한 포트폴리오

목적에 따라 다양하게 계좌를 나눠 투자금을 운용하고 있습니다. 우리 가족의 자산을 불리기 위해 운용하는 것도 있지만, 성과보수를 받는 조건으로 타인의 자금을 운용해주는 경우도 있습니다. 저의 포트폴리오가 자금 운용 방식에 참고가 되었으면 합니다.

저의 주력인 펀드(1호)를 비롯해 다양한 목적으로 계좌를 나눠 각각 제목을 붙여 투자금을 운용하고 있습니다. 2020년 들어 아이들의 저축을 돕기 위해 만든 매칭펀드 2개와 지인에게 투자를 권할 목적으로 만든 펀드 1개가 늘었습니다.

우리 가족 자금 운용

전작에서 소개했던 펀드는 간략하게 설명하고 이후 만들어진 펀드에 대해서는 대략적인 성격을 밝힙니다.

펀드(1호)

펀드 중에서 금액이 가장 큰 주력 펀드입니다. 늘 켜져 있는 계좌로 CMA 계좌와 함께 주문을 많이 넣는 가장 활동적인 계좌입니다.

펀드(B)

제가 야금야금 모은 B자금을 운용하던 계좌인데, 2008년쯤 힘들어하는 아내를 위로하기 위해 공개함으로써 부부 공유재산이 되었습니다.

펀드(BB)

펀드(B)를 공개한 이후 개인 B자금이 없어진 아쉬움을 달래기 위해 바로 다음 날부터 알뜰하게 모은 자금을 운용하는 계좌로 가장

운용 펀드	성격	용도	투자기간
Fund(1호)	투자금액이 가장 큰 숙향의 주력 펀드	생활비	무기한
Fund(B)	개인 B자금을 운용하던 계좌였으나, 가족 공유재산이 된 펀드	개인 용돈 + 국내여행 경비	무기한
Fund(아내)	아내가 생활비를 절약해서 건네준 돈으로 운용	해외여행 경비	무기한
Fund(CMA)	2년치 생활비 보관 및 집행	각 계좌에서 수령하는 배당금 보관	무기한
Fund(법인)	5.0억 원 – 숙향의 은퇴 후 직업	생활비 + 사무실 유지비	무기한
Fund(BB)	숙향의 B자금 운용 – 가장 소액 개인 용돈 무기한	개인 용돈	무기한
Fund(아이1)	큰아이 대학등록금 준비를 위해 2004년 설정, 큰아이 은퇴 후 무기한	큰아이 은퇴 후	무기한
Fund(아이2)	둘째 대학등록금 준비를 위해 2004년 설정, 둘째 은퇴 후 무기한	둘째 아이 은퇴 후	무기한
Fund(매칭1)	적립식: 매월 큰아이와 숙향이 각각 50만 원씩 적립. 5년 운용(2020년 1월~2024년 12월)	아이들 결혼자금	5년 or 결혼할 때까지
Fund(매칭2)	적립식: 매월 둘째와 숙향이 각각 50만 원씩 적립. 5년 운용(2020년 1월~2024년 12월)	아이들 결혼자금	5년 or 결혼할 때까지
Fund(아이들)	CMA 계좌로 운용, 아이들이 매월 월급에서 부담하는 생활비 투자	아이들 결혼자금	결혼할 때까지
Fund(친구)	1.5억 원(친구 0.8억 + 숙향 0.7억) 10년 운용 (2013년 3월~2023년 3월)	우정	10년
Fund(의리)	1.0억 원(지인 0.2억 + 숙향 0.4억 + 둘째 0.4억) 5년 운용(2020년 1월~2024년 12월)	지인 투자 독려	5년

소액입니다. 은퇴 이후 추가 불입할 자금이 별로 없으므로 월 50만 원, 즉 연 600만 원을 인출해서 쓰고도 원금이 줄어들지 않는 것을 목표로 운용하고 있습니다.

펀드(아내)

아내가 생활비를 아껴서 만든 자금을 운용합니다.

펀드(CMA)

2년치 생활비 보관. 각 계좌에서 매년 수령하는 배당금을 이 계좌로 모으기 때문에 정상적인 상황에서는 원금이 줄어들지 않을 것으로 예상합니다.

펀드(아이 1 & 2)

제가 파산상태에 몰렸던 2004년 아이들의 대학등록금을 마련하기 위해 시작했던 펀드로 매월 20만 원씩 적립했습니다. 다행히 펀드에서 자금을 인출하지 않고 둘 다 대학을 졸업했습니다. 큰아이가 취직하면서부터 추가 불입은 하지 않고 있으며, 두 아이의 은퇴 후 쓸 용도로 계속 관리해나갈 예정입니다.

매칭펀드

2020년 1월부터 두 아이의 동의를 얻어 일종의 매칭펀드(matching fund)를 시작했습니다. 아이들이 각자 명의로 주식 계좌를 개설해서 월급 받을 때마다 50만 원을 입금하면 저도 50만 원을 입금해서 제가 알려주는 주식을 아이들이 직접 주문하는 방식으로 운용합니다. 둘째가 2019년 11월에 취업했기 때문에 시작할 수 있었는데요. 투자·저축을 유도할 목적으로 제안했는데, 둘 다 흔쾌히 응해줘서 고맙게 생각합니다. 우리 부부는 아이들이 생활비 명목으로 아내에게 갖다 주는 작은 금액 외에는 각자 받는 급여에 대해서는 간섭하지 않습니다.

5년 후쯤 결혼할 때 썼으면 하는 마음을 담아 매칭펀드 운용기간은 5년을 목표로 했습니다. 5년 동안 적립할 금액이 6,000만 원이므로 5년 후 1억은 되지 않겠나 했는데, 따져보니까 연복리 수익률 20%를 올려도(9,800만 원) 안 되더군요. 적립식이라 적수로 따지면 3,000만 원을 운용하는 것과 같은데, 착각해서 아이들에게 5년 후 1억은 될 거라며 떠벌린 것을 엄청 후회하고 있습니다. 그래도 과거 화려했던 시절이 있었으므로 일단 도전해보려고 합니다.

펀드(아이들)

아이들이 취직하면서 아내의 요구로 (실비에는 많이 모자라는) 생활비를 내고 있습니다. 큰아이는 처음부터 30만 원, 둘째는 20만 원씩 월급을 받을 때마다 엄마에게 현금으로 갖다 주는데요. 이 돈을 제가 가만 놔둘 리가 없겠죠. 큰아이 몫은 아내 명의 계좌로 (작년 11월부터 시작한) 둘째 몫은 제 명의 계좌로 주식을 사주고 있습니다.

큰아이가 입금한 생활비로 운용하는 계좌는 2014년 9월부터 시작해 지금까지 70회 불입해서 원금만 2,100만 원입니다. 작년 말까지 1,000만 원 가까운 수익을 올렸으나 시장 상황이 최악이었던 3월 19일 원금을 까먹더니, 다행히 지금은 작년 말 수준을 회복했습니다.

펀드(법인)

법인을 두 번 설립했던 경험이 있습니다. 한 번은 2001년, 식자재 유통업을 목적으로 두 번째는 2005년, 특판(기업 등에 대한 대량 판매) 일반 유통업을 목적으로 했는데, 두 번 모두 영업을 하기로 했던 사람들이 막판에 참여하지 않음으로써 사업은 시작도 못 했습니다. 안면을 이용해서 명절 선물을 몇 개 기업에 수차례 납품하기도 했지만, 제가 적극적으로 나서는 성격이 아닌지라 오래 지나지 않아 영업은 포기했습니다.

배운 게 도둑질이라고 자본금을 주식으로 운용했는데, 첫 번째 법인은 원금 손실 없이 2년 만에 정리했고 2005년 설립했던 두 번째 법인은 2014년 6월 폐업 신고할 때까지는 법인 명의로, 이후 2019년 9월까지는 개인 명의로 14년 동안 운용했습니다. 자본금 1억을 14년 동안 운용하면서 사무실 경비 등으로 1억, 배당금으로 2억을 집행했고 청산하면서 원금과 별개로 1억을 더 줄 수 있었습니다. 원금 1억으로 대략 4억 이상을 벌었으므로, 성과는 나쁘지 않았습니다.

이제 세상을 떠날 때까지 어쩌면 아이들을 통해 계속기업으로 운영될 세 번째 법인을 창업했습니다. 설립일은 2019년 10월 1일, 우리 부부 결혼 30주년 기념일입니다. 당시 직장 생활을 더 할 수도 있는 상황이라 제 마음을 다잡기 위해 법인을 만들었는데, 어차피 회사에서 올해 내쫓을 계획이었으니 굳이 그렇게 서두를 필요는 없었습니다.

설립자본금 2억에 개인자금으로 가수금 3억을 더해 5억 원을 주식 투자금으로 운용하고 있습니다. 연 10% 수익을 내면 사무실 유지비 100만 원과 급여 200만 원, 주주 배당금 200만 원이 가능하므로 분발해야 합니다.

은퇴 후 하려고 했던 일은 전작에서도 언급했듯이 '북카페' 운영이었습니다. 하지만 온라인상에서 인기 있는 곳으로 직접 방문했던 몇 개 북카페는 제가 상상했던 것과는 많이 달라서 금방 가치투자 관련 책을 전문으로 하는 서점으로 계획을 바꿨습니다.

그런데 정작 은퇴 준비에 몰두하는 저를 지켜보던 아이들이 아빠 성격에는 서점을 할 수 없을 거라며 겁을 주더군요. 서점 운영이 특히 저에게 어려운 이유에 대해 아이들의 설명을 듣고 보니, 자유를 갈구했던 제가 다시 뭔가에 얽매이는 생활은 원했던 일이 아니라는 것을 깨닫고 이마저 포기했습니다. 그래서 일단 무위도식을 목적으로 법인을 만들기로 했고, 언젠가 해외여행도 맘대로 할 수 없는 상태가 되면 그때는 서점을 운영하려던 꿈을 실현시키기로 했습니다.

다음은 친인척 등 타인을 위해 투자 조언을 하는 사례를 따로 정리했습니다.

〃 타인 자금 운용

주식 투자를 한다고 하면 부정적으로 보는 시각이 일반적이지만 잘한다는 소문이라도 나면 주위에서 보이는 반응이 재미있습니다. 뭘 살까 물어오는 단순 유치한 질문부터 대신 운용해달라는 진지한 부탁까지 다양하죠. 저는 주식 투자를 권하는 입장이라 최소 5년 이상 쓰지 않아도 되는 돈으로 주식 투자를 하고 싶다고 하면 어떤 식으로든 도와주려고 합니다.

가장 흔한 방법은 주식 계좌를 만들게 한 다음, 주식 살 돈을 물어보고, 매수할 주식을 수량과 단가까지 지정해서 주문을 넣게 합니다. 형, 조카, 처남 등의 자금을 이런 식으로 운용하고 있는데요. 대부분 주식에는 깜깜이라 본인이 직접 관리하지 못하므로 제가 엑셀 프로그램으로 정리까지 해주는데 매매가 잦지 않기 때문에 가능한 일입니다.

다음은 성과보수를 받는 조건으로 타인의 자금을 운용해주는 경우인데요. 본인 명의로 계좌를 개설했지만 매매 주문은 제가 직접 넣습니다(펀드(5억)). 예전에 관리해준 적이 있지만 지금은 성과보수 없이 친구 자금만 운용하는 계좌가 1개 있고 지인과 제 자금을 합쳐서 운용하는 계좌가 2개 있습니다(펀드(친구)).

선의로 지인에게 주식을 권했던 것이 도리어 원수가 되는 경우가 많습니다. 하지만 가치투자의 원리를 파악했고 오랜 투자 경험을 통해 수익을 낼 수 있다는 자신을 가졌다면, 좋은 것을 가까운 사람들과 같이한다는 마음으로 도울 수 있다고 봅니다. 제가 했었고 지금 하고 있는 두 가지 사례를 정리했습니다.

타인 자금 운용 사례

(1) 펀드(친구)

제가 가장 신뢰하는 친구와 1억 5,000만 원(친구: 8,000만 원 + 숙향: 7,000만 원)을 10년 운용을 목표로 2013년 3월에 시작했으므로 만기까지 3년 남았습니다. 이 펀드 운용 내역은 처음부터 인터넷 카페, 가치투자연구소에 매월 말 공개하고 있습니다.

놀랍게도 최근 7년 동안 우리나라 거래소 시장은 (배당금을 감안하지 않았다고 하지만) 9.4%나 하락했습니다. 그에 반해 (다행히) 펀드(친구)의 투자 성과는 꽤 괜찮은 결과를 얻었습니다. 4년차만 시장에 비해 10.2%인 부진한 성과를 냈으나, 이때는 삼성전자와 일부 바이오 대형주들의 주가만 지나치게 많이 올랐기 때문이고 다른 시기에는 가치주들의 성과가 좋았음을 알 수 있습니다.

성과보수는 없지만 연복리 수익률로 10%를 넘기면 보너스로 친구가 부부 동반 크루저 세계여행 경비를 부담하기로 했습니다.

복리수익률 10%로 10년을 운용하면 원리금 3억 8,900만 원이 되는데, 충분히 넘어섰다 코로나19 사태가 발생하는 통에 만 7년째인 2020년 3월 평가 수익률은 목표액에서 조금 모자랍니다.

시장지수와 투자수익률 비교(2020년 3월 31일 기준)

연도	KOSPI			펀드(친구) 투자금 변화				KOSPI 대비
2013-03	2,004.89	지수 등락	등락률	연초	연말	손익	수익률	
2014-03	1,985.61	−19.28	−1.0%	150,000	178,896	28,896	19.3%	20.2%
2015-03	2,041.03	55.42	2.8%	178,896	286,078	107,182	59.9%	57.1%
2016-03	1,995.85	−45.18	−2.2%	286,078	302,097	16,019	5.6%	7.8%
2017-03	2,160.23	164.38	8.2%	302,097	296,050	−6,047	−2.0%	−10.2%
2018-03	2,445.85	285.62	13.2%	296,050	372,677	76,627	25.9%	12.7%
2019-03	2,140.67	−305.18	−12.5%	372,677	399,649	26,972	7.2%	19.7%
2020-03	1,754.64	−386.03	−18.0%	399,649	374,796	−24,853	−6.2%	11.8%
계		−250.25	−9.4%			224,796	109.7%	119.1%
7년 평균			−1.3%				15.7%	17.0%

* 2020년 3월 평가액은 입금될 배당금을 계상했음(4월 입금: 6,712 + 6월 입금: 5,816 = 12,528,000원).

(2) 펀드(5억)

1999년 퇴사한 다음 얼마 지나지 않아서 유혹을 뿌리치지 못하고 빠져든 벤처 투자 실패로 6개월 만에 보유 현금의 3분의 2가 회수 불능 상태에 놓였습니다. 위기감을 느낀 저는 벤처 투자를 전문으로 하는 창업투자사 대표로 있던 친구의 도움으로 IT 벤처기업에 입사했습니다. 자유를 찾아 나온 지 10개월 만에 퇴직했던 회사에서 받던 연봉의 3분의 2쯤 되는 열악한 조건으로 말입니다.

더구나 CFO로 입사한 제가 하는 일은 투자자들에게 가능하지 않은 희망을 주는 일이었습니다. 또한 언제 매출이 일어날지 가늠이 안 되는 회사에는 자금 공급이 필요했지만 저로서는 도움을 줄 능력도 없어 결국 3개월 만에 퇴사했습니다. 그런데 이곳에서 만난 성공한 유통업체 대표와의 고마운 인연은 지금까지 이어지고 있습니다.

입사한 벤처에서는 의욕적으로 제작한 제품이 있었는데, 판로를 찾지 못하고 있더군요. 친구를 통해 유통업체 대표 한 분을 소개받게 되었습니다. 당시 그분은 우리 회사를 방문했지만, 그날 샘플 한 개를 구입해 갔을 뿐 추가 발주는 이루어지지 않았고. 이후 서로 연락할 일도 없었습니다.

이후 저는 몇 군데 벤처를 전전했는데, 그동안 벤처에 투자했던 자금의 일부도 회수했고 경제적으로 안정을 찾았다 싶다가, 거금을 투자했던 사업가가 배신하는 통에 파산 상태에 빠졌습니다. 그리고 1년쯤 지나 최악의 상황에서는 벗어났지만 미래가 걱정되어 고민하던 차에 문득 4년 전에 꼭 한 번 만났던 유통업체 대표님이 생각나더군요. 알아보지 못하면 어쩌나 하고 전화했더니, 금방 알아봐 줬고 미팅 약속을 잡았습니다.

미팅을 청했던 이유는, 그 대표님은 용산 전자상가에서 교육 프로그램 판매 사업을 창업해서 성공으로 이끈 경험이 있으므로 제가 처한 상황에 대해 적절한 조언을 얻을 수 있을 것 같아서였는데요. 당시 저는 유통업을 하기 위해 법인을 설립했지만 영업을 맡기로 했던 사람이 합류하지 않는 통에 사무실로 사용하던 오피스텔에서 자본금으로 주식 매매를 하고 있었습니다.

그런데 지난 4년 동안의 얘기를 나누다 대화가 묘하게 진행되었습니다. 계획했던 일이 어그러져 사무실에서 주식 투자만 한다고 했더니, 대표님이 부쩍 관심을 보이더군요. 그리고 다음 미팅은 우리 사무실에서 만나기로 했고요.

사무실에서 (아마도 저에 대한 테스트를 했겠지만) 미팅 후에 우선 5,000만 원을 제가 맡아 운용하기로 했습니다. 다른 지인도 맡기기로 한 게 있어서 총 1억 2,000만 원으로 3년 동안 운용하기로 했습니다〔펀드(3인)〕. 원금 손실에 대한 보상 없이 성과보수만 정했습니다.

펀드(3인) (단위: 백만 원)
투자기간: 2005-11-01~2008-10-31

투자 원금	120
용산	50
지인	20
숙향	50
성과보수	
연 10% 미만	0%
연 10~20%	10%
연 20% 이상	20%

운용을 시작한 이후 다행히 성과가 좋았던 덕분에 2개월도 지나지 않아서 별도로 5억 원을 운용하기로 했습니다〔펀드(용산)〕. 최근에 이 내용을 책에 실어도 될지 허락을 받기 위해 만났는데, 누가 먼저 5억 원 운용을 제안했는지에 대해서는 두 사람 모두 기억이 나지 않아 결국 확인하지 못했습니다. 성과보수가 필요했던 제가 요청했을 가능성이 높았을 것으로 짐작됩니다.

5억 원을 3년 동안 운용하기로 했으나 성과가 좋았던 덕분에 상호 협의 하에 1년 1개월을 앞당겨 조기 정산하기로 했습니다. 다음 쪽 표에서 볼 수 있듯이 평가금액은 10억 500만 원으로 5억 500만 원의 수익을 냈습니다. 평가이익률은 101.1%로 같은 기간 KOSPI 지수가 39.4% 상승한 것에 비해 61.7% 잘했으므

펀드(용산) (단위: 백만 원)
투자기간: 2005-12-26~2008-12-26

투자 원금	500
용산	500
성과보수	
연 10% 미만	0%
연 10~20%	10%
연 20% 이상	20%

펀드(용산) 조기 청산 (단위: 백만 원)
투자기간: 2005-12-26~2007-11-30

			KOSPI 지수
투자원금	500	시작	1,367.57
평가금액	1,006	종료	1,906.00
평가이익	506	변동	538.43
평가이익률	101.1%	지수 변동률	39.4%
성과보수		평가이익	성과보수
연 10% 미만	0%	100	0
연 10~20%	10%	100	10
연 20% 이상	20%	306	61
성과보수		506	71

로 성과보수를 받을 자격이 있었습니다.

성과보수로 7,100만 원을 송금 받았고 대표님도 1억 8,500만 원을 출금한 다음 7억 5,000만 원을 1년 1개월, 즉 2008년 12월 31일까지 운용하기로 했습니다.

하지만 2008년 금융위기를 맞아 3억 4,400만 원의 평가손실을 입었습니다. 무려 45.8%의 평가손실을 냈는데요. 그래서 터무니없는 가격에 정리할 수 없으므로 2년 더 연장해서 2010년 말까지 운용하기로 합의했습니다. 다행스럽게도 2년 후 원금에다 소액이나마 수익을 내서 돌려드릴 수 있었습니다.

3년 동안 9,500만 원의 수익이 발생했고 평가 수익률은 12.7%입니다. 같은 기간 KOSPI 지수는 6.7% 올랐으므로 시장에 비해 6.0% 잘했습니다. 2년 더 연장했던 것은 정말 잘한 선택이었기에 한숨 돌렸습니다. 당연히 성과보수는 받을 자격이 없었습니다.

펀드(용산) 2차 (단위: 백만 원)
투자기간: 2007-11-30~2010-12-28

투자원금	750
용산	750
성과보수	
연 10% 미만	0%
연 10~20%	10%
연 20% 이상	20%

한편 1억 2,000만 원을 운용했던 펀드(3인)은 약정된 3년 만기에

청산했습니다. 2007년 말 평가액이 3억 300만 원이었으나 2008년 10월 만기에 1억 9,200만 원까지 줄어들어 아쉬움이 컸는데요. 이 펀드 역시 운용기간을 1~2년 더 연장했더라면 좋은 성과를 냈을 텐데, 수익이 나 있었기 때문에 쉽게 청산을 결정했습니다.

펀드(용산) 2차 청산 (단위: 백만 원)
투자기간: 2007-11-30~2010-12-28

		KOSPI 지수	
투자원금	750	시작	1,906.00
평가금액	845	종료	2,033.32
평가이익	95	변동	127.32
평가이익률	12.7%	지수 변동률	6.7%
성과보수		평가이익	성과보수
연 10% 미만	0%	95	0
연 10~20%	10%	0	0
연 20% 이상	20%	0	0
성과보수		95	0

언젠가 대표님에게 2000년 딱 한 번 만나고 4년이나 지난 2005년 전화 드렸을 때 어떻게 저를 바로 알아봤느냐고 질문했던 적이 있습니다. 2000년 겨울, 대표님이 회사를 방문하고 돌아갈 때 마침 점심시간이 가깝기에 제가 붙잡고서 근처 설렁탕집에서 함께 점심 식사를 했던 일이 있는데, 대표님은 그때 저의 호의를 잊지 못했다고 하더군요.

배려라고 할 것도 아닌 작은 마음 씀씀이가 맺어준 인연입니다.

펀드(3인) 청산 (단위: 백만 원)
투자기간: 2005-11-01~2008-10-31

		KOSPI 지수	
투자원금	120	시작	1,188.95
평가금액	192	종료	1,113.06
평가이익	72	변동	−75.89
평가이익률	60.3%	지수 변동률	−6.4%
성과보수		평가이익	성과보수
연 10% 미만	0%	36	0
연 10~20%	10%	36	4
년 20% 이상	20%	2	0
성과보수		74	4

Chapter 12

책이 탁월한 투자자를 만든다

저는 늘 투자자에게 독서가 중요하다고 강조해왔습니다. 성공한 투자자들은 대부분 많은 책을 탐독하고 자신만의 방법을 끊임없이 연구하는 사람들이기 때문입니다. 제가 직접 실천하고 있는 독서 방법과 추천도서 등을 알려드리고자 합니다.

> 다른 사람들의 실수를 보고 배워라. 당신이 직접 그 실수들을 다 저질러볼 필요는 없다.
> – 엘리너 루스벨트 / 스티븐 L. 바이스, 《월스트리트 전설들의 10억짜리 투자 교훈(The Billion Dollar Mistake)》, p. 7.

주식 투자를 잘하기 위해서는 주식 투자를 위한 공부가 필요합니다. 제가 오프라인 모임에 참석했던 2000년대 중반에는 주식 투자가 무엇인지부터 실제 수익을 내는 매매 방법까지 주식 투자에 대해 배울 수 있는 온·오프라인 유료 강의와 1:1 혹은 1:다수를 대상으로 하는 개인교습이 성행했습니다. 지금은 오프라인 강의보다는 유료 온라인 강의나 무료로 운영되는 유튜브 강의를 통해 배울 수 있습니다.

제가 권하고 싶은 방법은, 신뢰할 수 있는 교육기관의 강의에 출석해서 체계적으로 배우거나 투자 동아리에 가입해서 앞선 경험자들과의 교류를 통해 배우는 방법입니다. 다만 두 가지 모두 제가 직접 경험해보지 않았기 때문에 어떻게 진행되는지는 모르지만 (많은 분의 의견으로 판단하기에) 투자 실력을 늘리는 데 확실히 효과가 있을 것으로 생각합니다.

저는 워낙 남에게 배우는 것을 싫어하는 편이라 테니스나 골프를 배울 때도 선납한 코치비를 절반도 이용하지 않았습니다. 덕분에 테니스는 실력에 따라 A조와 B조로 나눠 운영하는 아파트 클럽에서 만년 B조였고 골프는 파4 홀에서 이글을 한 번 하는 행운은 있었지만 늘 100타를 오갔습니다. 기본기가 부족한 데다 게임만 즐겼을 뿐 연습을 싫어했기 때문이지요.

주식 투자 역시 다르지 않았습니다. 1985년 다니던 회사 업무로 코리아펀드에 대해 보고서를 만들면서 "이런 걸 하지 않으면 안 돼!" 하고 뛰어들었지만 재무제표를 읽을 수 있으면 된다는 생각으로 처음부터 따로 배우겠다는 생각이 없었습니다.

주식 투자는 기본기가 되어 있다고 해서 반드시 수익을 많이 올리거나 실력에 비례해서 수익률이 정해지는 것은 아닙니다. 투자 경험이 쌓이다 보면 주식 투자에서는 실력보다는 행운이 더 중요한 게 아닌가 싶은 상황도 왕왕 만나게 됩니다. 하지만 기본기가 탄탄하다면 행운의 기회도 더 많이 가질 수 있고 찾아온 행운을 제대로 맞아들일 수 있다는 것은 당연하겠지요. 따라서 가치에 비해 싼 주식을 선정할 자신이 없다면, 하루라도 빨리 실력을 늘리기 위한 공부를 시작하는 것이 옳습니다.

저는 투자에서 가장 중요한 재무제표를 읽을 수 있는 능력은 있었지만 기초적인 공부가 되지 않았던 탓에 나름 시장을 이겨왔음에도 경험에서 배운, 즉 시행착오를 통해 많이 배울 수밖에 없었습니다. 누구나 투자를 해나가다 보면 경험은 자연스레 쌓입니다. 개개인의 자질, 관심, 집중 정도에 따라 차이는 있겠지만 자신이 투자한 기업이 어떤 사업을 하고 무엇을 만들어내는지 등으로 관심을 넓혀가는 한편 주가의 움직임을 살펴보기만 해도 자연스레 실력은 늘어납니다. 이렇게 직접 투자한 주식이나 관심 기업을 지켜보면서 얻게 되는 것을 직접 경험이라고 한다면 독서를 통해 시행착오를 줄여주는 것이 간접경험입니다. 투자에서는 둘 다 중요합니다. 특히 남에게서 배우려는 마음가짐이 필요한 독서는 투자에서 가장 피해야 할 자만심을 눌러주는, 즉 겸손한 마음을 갖게 합니다.

저처럼 타인에게 직접 배우기 싫어하는 분들께 제가 추천하고 싶은 공부 방법은 (유일하게 알고 있는) 독서, 즉 책 읽기입니다. 세상의 모든 지식이 담겨 있는 것이 책이라고 하는데, 주식 투자자의 실력과 자질을 향상시켜줄 수 있는 훌륭한 책 역시 많이 나와 있습니다. 성공한 투자자가 되기 위해서는 위대한 투자자들의 경험을 담은 양서를 많이 읽어야 합니다. 책은 대가들의 투자 철학과 투자에서 수익을 얻는 방법, 바람직한 투자자의 자세 등 투자에 대한 모든 것을 가르쳐줍니다.

내 평생에 걸쳐 폭넓은 분야에서 많은 사람을 알았는데 현명한 사람치고 항상 뭔가를 읽지 않는 사람을 단 한 명도 본 적이 없다. 정말 단 한 명도 없다. 버핏이 얼마나 많이 읽는지, 내가 얼마나 많은 책을 소화하는지 아마 짐작도 못 할 것이다.

– 찰리 멍거, 버크셔 해서웨이 2004년 연례 주주총회

🎗 매년 100권 이상의 책을 읽는 습관

저는 2012년부터 매년 100권 이상의 책을 읽고 있습니다. 제가 독서량을 늘릴 수 있었던 과정을 들려드리려고 하는데, 책 읽는 습관을 들이는 하나의 요령으로 봐주셨으면 합니다.

저는 오래전부터 매년 연말이면 다음 해 계획을 세우고 있는데, 주로 자금에 대한 것이었습니다. 월급을 포함한 예상 수입에서 예상 지출을 뽑는 방식인데요. 그러다 2008년 계획부터는 운동 목표, 여행 계획, 독서량 등을 추가했습니다.

연간 계획에 몇 가지 항목을 추가하게 된 것은 운동 부족과 여가 생활에 대한 계획이 필요하다고 느꼈기 때문입니다. 그리고 독서량을 늘려야 한다는 생각도 들었고요. 시작 첫해는 무리하지 않고 싶어서 월 3권, 연 36권을 목표량으로 세웠습니다.

계획만 세웠고 실행에 관심이 없었던 탓에 그해 말 읽은 책을 세어봤더니, 27권에 그쳤더군요. 다니던 직장이 재무적으로 부실해서 회사 일에 신경 쓰느라 책을 가까이하지 못했을 것으로 변명거리는 있었지만 저 자신에게 무척 부끄러웠습니다.

그래서 나름 궁리해서 다음 해부터 실행한 것이 월 관리였습니다. 즉 매월 말 수입·지출을 관리하듯이 그달에 읽은 책이 몇 권인지 엑셀로 정리했는데요. 이게 효과가 있었던 것이 매월 정리하다 보니 경쟁심이 일어나더군요. 그해 목표량인 36권은 물론 지난해 읽지 못한 9권까지 읽어냈습니다. 그리고 어느 순간부터 책을 읽는 게 습관이 되었습니다. 다음은 2020년 4월 말 직장에서 은퇴할 때까지 책을 가까이하는 저의 모습입니다.

〰️ 독서 시간

독서는 출퇴근 시간과 사무실에 일찍 출근하기 때문에 업무가 시작되기 전까지 온전한 저만의 개인 시간을 이용합니다. 집에서 직장까지 대략 1시간 20분이 걸리는데, 대중교통을 이용할 때 책 읽는 시간을 갖습니다. 즉 마을버스 10분은 어렵더라도 전철 50분은 확실합니다. 출근 때 50분, 퇴근 때 50분, 이것만 해도 하루 100분이 확보되고 사무실에 도착하는 시간이 7시 15분으로 9시 업무 시간까지 1시간 45분이 남았습니다. 1시간쯤 책을 읽고 자투리 시간은 티타임, 뉴스 검색, 그리고 주식 주문을 넣는 데 사용했습니다. 하루 160분, 출근하는 5일이면 800분이 책 읽는 시간으로 확보되니까 쉽게 읽히는 소설은 800페이지, 투자 서적 400페이지는 읽을 수 있으므로 1주에 한두 권은 충분히 가능합니다. 주말에는 소파에서 뒹굴면서 TV를 보는 게 주로 하는 일이고 출퇴근 때만큼 책이 잘 읽히지 않아서 다른 여유 시간은 활용도가 낮습니다.

가끔 독서량을 늘리는 요령을 질문 받곤 하는데 그럴 때마다 월 독서량 관리와 출퇴근 시간 활용법 두 가지를 말씀드렸습니다.

⫶ 빠른 출근의 이점

일찍 출근하면 좋은 점은 일단 전철이 한가하기도 하고 늘 좌석에 앉을 수 있기 때문에 (졸지 않는다면) 책 읽기에 딱 좋습니다. 그리고 대부분의 직장인이 업무 시간에 임박해서 출근하므로 일찍 출근한 사무실은 조용한 절간 분위기라 도서관이 따로 없습니다. 일찍 출근하게 된 이유를 설명할 필요가 있겠네요. 1984년 두 번째 직장에 출근한 지 며칠 되지 않았을 때 (현재 그 회사의 대표이사로 재직 중인) 직장 상사로부터 바람직한 직장인의 자세를 배웠습니다. 그 말씀이 옳다고 받아들였기에 저는 직장 생활하는 동안 내내 실천하려고 노력했습니다. 직장인의 자세 세 가지에 대해서는 전작에서 설명까지 붙였지만 이 책에서는 주제만 소개합니다.

바람직한 직장인의 자세

(1) 나는 회사에서 가장 일찍 출근하는 사람이 되겠다.

(2) 나는 이 회사의 사장이 되겠다.

(3) 나는 회사에서 받는 월급의 세 배를 벌어주는 사람이 되겠다.

⫶ 가능한 책을 많이 보고 생각을 많이 하자!

배운다는 것을 타인이 지나온 과정을 통해 간접경험하는 것이라고 이해한다면, 성공한 투자자가 자신의 경험을 담아서 낸 책을 읽는 것보다 (간접경험하기에) 좋은 방법은 없다고 생각합니다. 특히 투자와 관련된 책은 (저자가 자신의 생각을 솔직하게 서술했다고 믿어지는) 많은 사람에 의해 양서로 검증된 책을 우선적으로 선택해서 읽어야 합니다. 그렇지 않으면 잘못된 독서로 인해 귀한 시간 낭비는 물론 자칫 잘못된 길로 끌려갈 수도 있기 때문입니다.

그리고 많이 생각해야 합니다. 책 내용을 충분히 자신의 것으로 만들기 위해 몇 번 반복해서 읽는다는 의미도 있지만 저자의 주장이 타당한지 비판적인 관점에서 따져봐야 한다는 뜻입니다. 또한 저자가 말하는 투자법이나 투자관 혹은 전반적인 생각이 자신의 주관과 성향에 맞춰 어울리면 좋겠지만, 그렇지 않더라도 최소한 자신의 생각을 개선하고 발전시켜나가는 데 도움이 되는 게 무엇인지 찾으려고 애써야 합니다.

"산은 산이요 물은 물이다"라는 멋진 말씀을 남긴 성철 스님의 화두에 대한 법정 스님의 삼빡한 해석에서 책 읽는 법을 배웁니다.

성철과 법정, 두 분 스님의 말씀을 엮은 책인 《설전》에서 원택 스님이 서술한 아름다운 장면 한 컷을 옮깁니다.

성철 스님께서는 제자들에게 이렇게 이르고는 하셨다.

"책 보지 마라."

그런데 성철 스님은 장서만 5~6천 권을 소장하신 녹서가셨다. 자신은 책을 그리 좋아하시면서 왜 제자들에게는 책을 보지 말라고 하셨을까?

법정 스님은 성철 스님의 그 말씀을 '지식에 안주하지 말라'는 뜻으로 풀이하셨다. 그리고 스스로 탐구하고 몸소 체험하는 것만이 오롯이 자기 것이 될 수 있다고 덧붙이셨다.

– 법정·성철, 《설전(雪戰): 법정이 묻고 성철이 답하다》, p. 125.

책을 읽는 방법에는 크게 두 가지가 있다고 생각합니다. 가능한 다양하게 많은 책을 읽는 방법이 하나이고, 투자의 고전으로 널리 알려진 책 몇 권만을 책장이 닳도록 반복해서 읽는 방법이 다른 하나인데요. 제 생각은 투자에 도움을 얻기 위해 책을 읽겠다는 마음을 먹고서 시작하는 위치에 있다면 후자가 맞겠고, 어느 정도 공부가 되어 한 단계 올라선 다음부터는 가능한 많은 책을 읽을 필요가 있다고 봅니다.

⫸ 독후감을 쓰는 습관

읽은 책에서 좋은 글귀를 옮기거나 중요하게 생각되는 내용을 요약하는 형식으로 독후감을 쓰면, 책에서 방금 배운 것을 복습하는 효과가 있고 나중에 좋은 참고자료가 됩니다. 책을 읽고 독후감 쓰기를 반복하다 보면 투자 실력 향상은 당연하고 이해력과 글 솜씨까지 늘어나는 등 여러 가지 부수적인 효과를 얻을 수 있습니다.

〰 도서관 이용

예전에 비해 도서관이 많아졌고 비치된 책도 많아졌습니다. 그래서 읽고 싶은 책을 구입하지 않고 도서관에서 대여해 읽을 수도 있습니다. 저는 2011년 12월 남산도서관에서 세일러의 《불편한 경제학》을 대여하면서부터 도서관 이용을 시작했고, 어떤 해에는 구입하는 것보다 대여해 읽는 책이 더 많을 때도 있습니다. 대여해서 읽은 책 중에는 반복해서 읽고 싶은, 그래서 소장하고 싶은 책을 가끔 만나게 되는데 그럴 때는 절판된 책을 제외하고는 즉시 구입합니다. 이런 책은 밑줄을 쳐가면서 몇 번이고 읽어야 하고, 잊을 만하여 다시 찾아 읽기 위해서는 내 것으로 갖고 있어야 하기 때문입니다.

버핏의 전기 3권 중 하나인 앤드류 킬패트릭이 쓴 《버핏 평전》을 보면, 버핏이 도서관에서 책을 빌려 보는 장면이 나옵니다. '세계 최고의 부자가 책을 대여해서 보다니…' 했는데, 이유가 있더군요. 제가 책을 대여해 읽기 시작하면서 버핏이 말한 대여해서 읽는 독서의 매력을 알게 되었습니다. 즉 대여한 책은 반납할 기한이 정해져 있어 읽기를 미루지 않게 된다는 것이죠.

워런 버핏은 주주총회나 강의, 인터뷰 등 기회가 있을 때마다 독서를 강조하는데요. 독서에 대한 버핏의 말씀이 너무 멋있지 않나요?

나는 주로 독서를 통해서 배웠습니다. 니는 내가 독창적인 아이디어를 가지고 있다고 생각하지는 않습니다. 나는 그레이엄의 책에서 읽은 것에 대해 이야기합니다. 나는 필립 피셔도 읽었습니다. 고로 내 아이디어의 많은 것들이 독서로부터 얻은 것입니다. 여러분이 다른 사람들로부터 많은 것을 배울 수 있다면 여러분 스스로가 너무 많은 아이디어들을 만들어내는 수고를 할 필요가 없습니다. 여러 분은 여러분이 알아낸 최고의 방법을 활용하기만 하면 되는 겁니다.

– 로버트 해그스트롬, 《워런 버핏 집중 투자》, p. 284.

독서의 중요성은 성공적인 투자를 위해서만이 아니라 제대로 된 삶을 살아가기 위해서도 필요한 일로서 아무리 강조해도 지나치지 않습니다. 독서를 통해 배운다고 했는데, 자신의 수준에 맞는 책을 찾는 것이 필요하고 이런 책을 많이 읽는 것이 중요합니다. 제가 좋아 하는 스포츠인 야구와 관련된 책에서 의미가 상통하는 글을 발견했 습니다.

나는 여러 가지 타격 이론을 훑어봤다. 어떤 이론에서는 어떤 점이 배울 만하고 또 어떤 이론에서는 또 다른 점이 배울 만했다. 또 어떤 것은 어떤 사람에게는 적용되지만 다른 사람에게는 부적합한 것도 있었다. 기본기는 틀림없이 있다. 선 수들은 기본기부터 배우고 난 다음 각자에 맞도록 조정해야 한다.

– 레너드 코페트, 《야구란 무엇인가》, p. 243.

이 책을 쓰면서 제가 읽은 책 중에서 각 장의 주제와 어울리는 글 을 인용하는 방식으로 많은 책을 소개했는데요. 저의 어설픈 주장을 대가들이 훌륭하게 보완해주었을 것으로 믿습니다. 서론에서 언급했듯이, 제가 생각하기에 가치투자자가 꼭 읽었으면 하는 책을 위주로 하면서 투자관을 넓히고 특히 열정을 불러일으키는 데 도움이 되는 책도 많이 포함시켰습니다.

스스로 경험이 부족한 투자자라고 생각한다면 가치투자 구루들의 책을 먼저 읽고 다른 대가들의 책은 가치투자자로서 충분히 내공을 쌓은 다음으로 미룰 것을 권하고 싶습니다.

추천 도서 104선

제가 권하고 싶은 책 104권을 선정해보았습니다. 가치투자의 고전 중 고전이라고 할 수 있는 벤저민 그레이엄의 《증권분석》을 제외했듯이, 제가 염두에 둔 것은 투자를 시작하는 단계에 있거나 경험이 많지 않은 분들이 읽기에 적당한 책을 소개하고 싶었기 때문입니다.

첫째 카테고리는 주식 투자를 해야 하는 이유를 잘 설명했거나 초보자가 투자에 접근하는 체계적인 방법과 실제 투자에 활용할 수 있는 쉬운 투자법을 배울 수 있는 책 12권과 회계 전공자가 아닌 분이 재무제표를 읽을 수 있는 능력을 배우는 데 도움이 되는 책 3권입니다.

둘째 카테고리는 앞서 설명했던 다섯 가지 투자법 중에서 가치투자법의 우월성을 확신하게 만들어주는 책과 기업분석에 활용하거나 능력 범위를 확대하기 위한 공부, 주주로서 갖춰야 할 자세에 대해 배울 수 있는 책들로 9권을 선정했습니다.

셋째 카테고리는 투자법을 배울 수 있는 책 모음입니다. 전통적인 가치투자법에 가까운 책 21권과 이에 가까운 퀀트 투자법 3권, 필립 피셔로 대표되는 성장주 투자법 5권입니다. 벤 그레이엄을 퀀트 투자의 원조로 볼 수 있듯이 많은 가치투자법은 퀀트에 가까운 면이 있고, 피터 린치의 저서 2권을 성장주 투자법에 포함했듯 이런 구분이 명확하지는 않습니다.

넷째 카테고리는 한 권의 책에서 성공한 많은 투자자들을 만날 수 있는 책 모음입니다. 이런 책은 대가들의 투자 철학과 각각의 투자법의 핵심만을 짧은 시간에 배울 수 있다는 장점은 있지만 깊이에서는 부족할 수밖에 없는데요. 전문 투자자를 다룬 7권의 책은 대가들에 대해 더 많이 공부하기 위한 입문서로 활용했으면 좋겠고, 아마추어 투자자를 다룬 3권은 성공한 개인 투자자들의 투자법과 경험을 자신이 해왔던 것과 직접 비교해서 개선하거나 보완하는 데 활용 가치가 높은 책입니다.

다섯째 카테고리는 멘토로 삼을 만한 투자자 14명의 투자 철학뿐만 아니라 투자 외적인 삶에 대해 배울 수 있는 책 20권입니다.

여섯째 카테고리는 주식시장이 움직이는 기본 원리를 배울 수 있는 책 10권을 소개합니다. 경기순환주기에 맞춘 주식 투자와 시장이 효율적이기에 가치투자자들이 가치에 비해 싼 주식을 보유하고서 기다릴 수 있으며, 또한 장기적으로는 주식이 어떤 투자 수단보다 높은 수익률을 얻을 수 있다는 확신을 줍니다. 실패하는 길로 끌고 가는 인간의 본성에 맞서 바른 길로 인도하는 지혜를 얻을 수 있습니다.

지금까지 경제학계를 지배하는 이론인 '효율적 시장 가설'은 특히 가치투자자들에게서 비난을 많이 받고 있지만, 시장 흐름의 기본을 공부한다는 점에서 존 보글, 버튼 멜킬, 찰스 엘리스 등 몇 분의 이론을 공부할 필요가 있다고 봅니다. 가치투자자가 저평가된 주식을 보유하고서 제 가치에 어울리는 가격까지 올 것으로 기다릴 수 있는 것은 시장이 장기적으로는 효율적이라는 것을 믿기 때문입니다.

일곱째 카테고리는 경제적으로 안정된 은퇴를 위해 주식 투자는 반드시 그리고 가능하면 일찍 시작하고 장기적으로 투자해야 한다는 것을 세뇌 받을 수 있는 책 3권과 적절한 자산 배분을 연기금 운용의 달인인 데이비드 스웬슨에게서 배웁니다.

여덟째 카테고리는 과거 역사적 사실과 사례를 통해 배울 수 있는 책 6권입니다. 지금 잘나간다면 행운이 몰려온 것은 아닌지 늘 시장에 대해 겸손한 마음을 간직해야 합니다. 이런 관점에서 우리나라 주식시장의 역사를 배우는 것도 필요하겠죠.

마지막 카테고리는 차트 책 한 권입니다. 가치투자자 중에는 알 필요가 없다는 분이 꽤 있지만 저는 현재 주가 위치를 쉽게 파악하는 방법으로 몇 가지 차트를 활용합니다.

숙향이 추천하는 도서 104선

분류	저자	제목	출판사	비고
가치 투자 기본기	김재영	주식부자들의 투자습관	리더스북	투자를 해야 하는 이유
	존리	엄마, 주식 사주세요	한국경제 신문	
	존리	왜 주식인가?	팍스넷	
	짐 로저스	딸에게 전하는 12가지 부의 비법	중앙북스	
	짐 로저스	내 아이들에게 주는 선물	이레미디어	
	조지 사무엘 클라슨	바빌론 부자들의 돈 버는 지혜	국일미디어	
	최준철·김민국	한국형 가치투자 전략	이콘	
	이채원·이상건	이채원의 가치투자	이콘	
	대니얼 타운· 필 타운	아빠와 딸의 주식투자 레슨	에프엔 미디어	기초 공부 및 투자법
	야마구치 요헤이	현명한 초보 투자자	이콘	
	재닛 로우	워렌 버핏, 부의 진실을 말하다	크레듀	
	앙드레 코스톨라니	실전투자강의	미래의창	
	박동흠	박 회계사의 재무제표 분석법	부크온	재무제표 공부
	박동흠	박 회계사의 사업보고서 분석법	부크온	
	박동흠	박 회계사의 재무제표로 보는 업종별 투 자전략	트로이목마	
가치 투자법의 우월성 이해	대니얼 피컷· 코리 렌	워런 버핏 라이브	에프엔 미디어	
	워런 버핏	워런 버핏의 주주 서한	서울문화사	
	벤저민 그레이엄	현명한 투자자 - 개정 4판	국일경제 연구소	
	제레미 밀러	워런 버핏, 부의 기본 원칙	북하우스	
	제임스 몬티어	100% 가치투자	부크온	
	헤더 브릴리언트 외	경제적 해자	부크온	
	리처드 번스타인	소음과 투자	북돋움	
	로버트 해그스트롬	현명한 투자자의 인문학	부크온	
	제프 그램	의장! 이의 있습니다	에프엔 미디어	

분류	저자	제목	출판사	비고
실천·투자법	랄프 웬저	작지만 강한 기업에 투자하라	굿모닝북스	전통적인 가치 투자법
	조엘 그린블라트	주식시장을 이기는 작은 책	알키	
	김현준·정호성	어닝스, 최고의 주식투자 아이디어	부크온	
	데이비드 드레먼	데이비드 드레먼의 역발상 투자	이레미디어	
	로렌 템플턴·스콧 필립스	존 템플턴의 가치투자 전략	비즈니스북스	
	존 네프	가치투자, 주식황제 존 네프처럼 하라	시대의창	
	로버트 해그스트롬	워렌 버핏 투자법	청림출판	
	로버트 해그스트롬	워런 버핏의 완벽투자기법	세종서적	
	티모시 빅	워렌 버핏의 가치투자 전략	비즈니스북스	
	폴 오팔라	100만 원만 있어도 워런 버핏처럼 가치투자하라 (구: 기업가처럼 투자하라)	부크온	
	저스틴 월쉬	버핏도 따라 한 케인스의 주식투자 비법	부크홀릭	
	비탈리 카스넬슨	적극적 가치투자(구: 타이밍에 강한 가치투자 전략)	부크홀릭	
	앤서니 볼턴	투자의 전설 앤서니 볼턴	부크홀릭	
	앨런 베넬로 외	집중투자	에프엔미디어	
	이건규	투자의 가치	부크온	
	조셉 칼란드로	가치투자 실전 응용법	부크온	
	존 마하일레비치	가치투자 실전 매뉴얼	북돋움	
	찰스 칼슨	배당투자	리딩리더	
	크리스토퍼 리소-길	안전마진	부크온	
	크리스토퍼 브라운	가치투자의 비밀	흐름출판	
	프레더릭 반하버비크	초과수익 바이블	에프엔미디어	
	신진오	전략적 가치투자	이콘	퀀트 투자법
	강환국	할 수 있다! 퀀트 투자	에프엔미디어	
	홍용찬	실전 퀀트투자	이레미디어	

분류	저자	제목	출판사	비고
	마이클 모	내일의 스타벅스를 찾아라	다산북스	성장주 투자법
	켄 피셔	슈퍼 스톡스	중앙북스	
	피터 린치·존 로스차일드	이기는 투자	흐름출판	
	피터 린치·존 로스차일드	피터 린치의 투자이야기	흐름출판	
	필립 피셔	위대한 기업에 투자하라	굿모닝북스	
다양한 투자자를 만날 수 있는 책	트레인	대가들의 주식투자법	오픈마인드	
	브루스 그린왈드	VALUE INVESTING	국일증권 경제연구소	
	커크 카잔지안	가치투자를 말한다	이콘	
	고미즈미 히데키	주식부자들의 투자수업(구: 거장들의 투자공식)	이레미디어	
	잭 슈웨거	시장의 마법사들	이레미디어	
	마이클 배트닉	투자 대가들의 위대한 오답노트	에프엔미디어	
	스티븐 L. 바이스	월스트리트 전설들의 100억짜리 투자교훈	비전코리아	
	닛케이 머니	일본의 주식 부자들	이레미디어	아마추어 투자자
	닛케이 머니	일본의 주식 부자들 – 실천편	이레미디어	
	이민주	대한민국 고수분석	부크온	
멘토	벤저민 그레이엄	벤저민 그레이엄	굿모닝북스	벤저민 그레이엄
	필립 피셔	보수적인 투자자는 마음이 편하다 & 나의 투자철학	굿모닝북스	필립 피셔
	재닛 로우	찰리 멍거 자네가 옳아!	이콘	찰리 멍거
	가이 스파이어	워런 버핏과의 점심식사	이레미디어	워런 버핏
	로저 로웬스타인	버핏	리더스북	
	앤드류 킬패트릭	워렌 버핏 평전 1, 2권	월북	
	앨리스 슈뢰더	스노볼 1, 2권	랜덤하우스코리아	
	앙드레 코스톨라니	돈이란 무엇인가	이레미디어	앙드레 코스톨라니
	앙드레 코스톨라니	돈, 사랑한다면 투자하라	더난출판	
	대니얼 스트래치먼	줄리언 로버트슨	이콘	줄리언 로버트슨
	데이비드 아인혼	공매도 X파일	부크온	데이비드 아인혼

분류	저자	제목	출판사	비고
멘토	에드윈 르페브르	어느 주식투자자의 회상	이레미디어	제시 리버모어
	조지 소로스	소로스가 말하는 소로스	국일증권 경제연구소	조지 소로스
	마이클 T. 카우프만	소로스, 그는 선인인가 악인인가	베스트인 코리아	
	존 보글	월스트리트 성인의 부자 지침서	세종서적	존 보글
	티머시 미들턴	채권왕 빌 그로스 투자의 비밀	이레미디어	빌 그로스
	피터 린치 · 존 로스차일드	전설로 떠나는 월가의 영웅	국일증권 경제연구소	피터 린치
	고레카와 긴조	고레카와 긴조 – 일본 주식시장의 신	이레미디어	고레카와 긴조
	니시노 다케히코	거래의 신 혼마 무네히사 평전	이레미디어	혼마 무네히사
	혼마 무네히사	거래의 신, 혼마	이레미디어	
시장 원리 이해	나심 니콜라스 탈렙	행운에 속지 마라	중앙북스	
	버튼 G. 멜킬	시장 변화를 이기는 투자	국일경제 연구소	
	우라가미 구니오	주식시장 흐름 읽는 법	한국경제 신문	
	사와카미 아쓰토	불황에도 승리하는 사와카미 투자법	이콘	
	사와카미 아쓰토	사와카미 장기투자	이콘	
	앙드레 코스톨라니	돈, 뜨겁게 사랑하고 차갑게 다루어라	미래의창	
	앙드레 코스톨라니	투자는 심리게임이다	미래의창	
	찰스 엘리스	나쁜 펀드매니저와 거래하라	중앙북스	
	프레드 쉐드	고객의 요트는 어디에 있는가	부크온	
	하워드 막스	투자에 대한 생각	비즈니스맵	
장기 투자 계획	데이비드 스웬슨	포트폴리오 성공 운용	미래에셋	자산 분배
	제레미 시겔	주식에 장기투자하라	이레미디어	
	제레미 시겔	투자의 미래	청림출판	
	존 보글	투자의 정석	국일 증권경제 연구소	
역사	구스타브 르 봉	군중심리	이레미디어	
	에드워드 챈슬러	금융투기의 역사	국일증권 경제연구소	
	찰스 맥케이	대중의 미망과 광기	창해	
	찰스 킨들버거 · 로버트 알리버	광기, 패닉, 붕괴 – 금융위기의 역사	굿모닝북스	
	비크람 만샤라마니	붐버스톨로지	부크온	
	김대중	대한민국 제데그사	원앤원북스	대한민국 주식시장의 역사
차트	김정환	차트의 기술	이레미디어	차트 책을 한 권 본다면

Chapter 13

독자와의 대화

쪽지나 메일로 질문을 받곤 하는데, 그중에서 몇 분과의 대화를 옮깁니다. 맞춤법 수정과 문장을 읽기 쉽게 손을 봤지만, 내용은 원문 그대로 유지했습니다.

2016년 11월

첫 책이 출간되고 얼마 지나지 않아서 받은 질문입니다. 저의 알맹이 없는 답변이 너무 장황한데, 그래도 성의 있게 답하려는 제 마음이 전해졌으면 합니다.

문 책 92쪽에 있는 내재가치 공식에서 상속세법에서는 BPS:EPS 비율을 2:3으로 적용한다고 했는데 실제로 그런가요?

답 '내재가치' 계산하는 방법을, 실제 상속세법에서도 그렇게 적용하는지로 받아들였습니다. '상속세 및 증여세법'을 찾아보면서 다시 확인했는데, 시행령 54조(비상장주식의 평가)부터 56조까지가 이에 해당합니다. 실제 적용에서는 융통성이 필요하겠죠. 저는 편리성과 자산가치와 수익가치를 동일하게 본다는 관점에서 BPS:EPS 비율을 1:1로 적용합니다.

문 저는 명퇴 후 주식 투자에 대해 공부하고 있는 사람입니다. 공부한 것도 없이 마음만 급하다 보니 지신민의 두사관이 정립되지 않은 상태에서 이 방법 저 방법 사용하다 보니 손실이 적지 않습니다.

책에 나온 투자법을 제대로 이해하고 실천한다면 적어도 주가의 고점에 매수하여 마음고생을 하는 일은 없을 것이란 생각이 듭니다.

책을 수회 반복해서 읽은 후 질문을 드려야겠지만 우선 한 가지만 여쭈어보겠습니다. 내재가치 계산에서 최근 연도 EPS의 경우 오늘자(2016년 11월 27일) 기준으로 한다면 2016년 분기 실적을 반영한 연환산 EPS를 기준으로 하는 것인지, 2015년 4분기 사업보고서를 기준으로 해야 하는지 의문입니다.

그리고 현 주가와 내재가치의 차이가 어느 정도일 때 매수하시는지도 함께 알려주셨으면 합니다.

답 내재가치 계산에서 적용하는 순이익은 전년도 실적을 기준으로 합니다. 기업의 특성에 따라 분기별로 매출·수익 변동이 심한 기업의 경우 분기 수익을 연 수익으로 환산하는 과정에서 왜곡이 심하게 있을 수 있습니다.

다만 분기별 수익을 참고하는 과정은 필요하다고 봅니다. 제 경우에도 분기 실적이 나올 때 관심 종목의 경우 꼭 확인하고 있는데요. 전년도 혹은 전 분기에 비해 수익 변동이 크다면 반드시 (이유를) 확인해야 합니다.

내재가치 계산에서 최근 연도는 3, 전년도는 2, 전 전년도는 1을 부여하는 방식은 상속세법에 의한 계산법이고 실전에서는 단순히 최근 연도 EPS를 적용합니다. 이 역시 예년과 순익 변동이 크다면 따져보는 절차가 필요합니다.

그리고 제가 나름의 투자법으로 내세운 네 가지 방법을 적용함에 있어 반드시 몇 개 종목으로 포트폴리오를 구성해야 합니다. 각 기업별로 알 수 없는 문제가 나올 수 있기 때문인데 각자의 투자 경력에 따라 다를 수 있겠지만 제가 생각하기에는 10종목 내외가 적당합니다.

내재가치와 현재 가격이 어느 정도일 때 매수하느냐는 질문에 대해서는 딱히 답변 드리기가 어려운데요. 가치투자의 구루들이 쓴 책을 보면 보통 50% 혹은 40% 가격일 때 산다고 하더군요. 제가 매월 포트폴리오를 올리고 있지만, 이런 방법을 염두에 두지는 않습니다.

대략 따져보면 현재 가격의 50% 정도는 싼 기업들로 채워져 있다고는 보지만, 올해 들어 수익률이 엄청 악화된 텔코웨어의 경우는 단순히 내재가치로만 따진다면 제외해야 맞습니다. 그럼에도 보유하고 있는 이유는 올해 실적은 올해만의 특수한 상황이고 내년 이후 개선이 될 거라고 보기 때문입니다.

제가 투자 종목을 선정하는 네 가지 방법을 제시하면서, 이 부분은 투자를 해나가며 스스로 경험을 쌓고 독서를 통해 간접경험을 쌓으면서 배워야 한다고 했는데 명확하게 글로 표현하기 어려운 부분입니다.

즉 이외에도 가장 중요한 것이 오너 경영자의 성품 문제인데, 제가 배당을 강조한 것이 많은 배당을 주는 기업은 대개 경영자의 자질이 평균 이상으로 판단할 수 있기 때문입니다.

생각할 수 있는 변수라고 하기엔 그렇지만 각 기업의 특성을 봐야 합니다. 그렇지 않다면 각 기업의 PER, PBR가 낮은 순으로 줄을 세운 다음 가장 나은 주식으로 포트폴리오를 구성하면 되겠지요. 이 역시 가치투자의 구루들이 쓴 책을 보면 이런 방법으로만 투자해도 시장을 많이 이길 수 있다는 것을 통계 수치로 보여주고 있습니다.

문 내재가치를 계산할 때 자사주 부분에서 보통주와 우선주를 합산해 계산하는 게 옳다고 보는지요? 아니면 우선주를 빼고 계산하는 게 맞는지요?

답 우선주도 자본을 구성하므로 당연히 들어가야 한다고 봅니다. 미국식 우선주를 생각하고 간혹 제외하는 식으로 얘기하는 사람들이 있는데, 저는 아니라는 쪽입니다.

제가 매월 포트폴리오를 올리면서 가끔 언급했었는데, 현재 보유하고 있는 신영증권이 여기에 해당합니다. 보통주와 우선주 총 발행주식 수에서 각각의 자사주를 각각 차감해서 나온 주식에 각각의 현재가를 적용해서 시가총액을 계산합니다. 이 시가총액을 갖고 자본총액과 당기순이익을 나누어서 PBR과 PER을 계산합니다.

2016년 3월 결산 실적을 기준으로 11월 23일 주가를 적용해서 계산하면 아래와 같습니다.

- 자사주를 차감한 유통주식 수는 보통주: 6,666,862주 / 우선주: 2,473,653주
- 유통주식 수를 현재가를 적용해서 계산한 시가총액: 4,485억
- PBR: 4,485억 / 자기자본: 10,675억 = 0.42
- PER: 4,485억 / 당기순이익: 576억 = 7.79

말씀하신 내재가치는 위에 정리한 계산법으로 유추해서 보시면 되지 않을까 싶습니다.

2017년 1월

배당락을 이용해서 싸게 매수하는 방법이 어떤지 일종의 마켓 타이밍에 대한 질문을 몇 차례 받았습니다. 저 역시 배당금보다 더 큰 배당락을 당함으로써 낭패감을 느끼는 경우가 워낙 많다 보니 차라리 배당락 전에 매도하고 배당락 후에 매수할까 고민할 때가 많으니 당연하겠죠. 개인 투자자는 배당에 대한 세금을 부담한다는 점에서 기관 투자자에 비해 불리한 조건이라 재빠른 매매도 생각할 수 있지만, 길게 보면 결국 배당락에 의한 주가 하락은 회복하기 때문에 그냥 가져가자는 것이 저의 기본적인 생각입니다.

문 12월 결산 배당주의 특성을 보니 일반적으로 10월부터 12월 하순까지 오르다가 배당락 이후 1월, 길게는 2월까지 약세인 듯하네요. 그러다가 다시 2~3월 전후로 반등하는 패턴인 듯합니다.

그렇다면 배당락 전에 팔고 동 주식을 배당액보다 더 떨어질 때 재매수해서 보유하는 패턴을 반복하는 게 좋을지, 아니면 아랑곳하지 않고 지속 보유하는 게 좋을지 궁금합니다.

신영증권이 3월 법인이라 슬슬 발동이 걸리는 듯한데 같은 개념으로 보유하다가 배당금 이상의 차익이 생기면 팔고 5월 진후에 재매수하면 어떨지요?

답 저는 대개 그냥 보유해서 배당을 받고 넘어갑니다. 간혹 배당이 이유인지, 혹은 다른 이유로 권리락을 앞두고서 급등하는 경우가 있습니다. 작년에 신영증권이 배당 권리락을 전후해서 그런 적이 있죠. 제가 책에 썼듯이 일부 매도해서 나중에 다시 싸게 사는 방법으로 보유 단가를 낮췄는데요. 좋은 방법은 아닙니다. 작년의 경우 운이 좋아 성공했지만, 내재가치에 비해 많이 싼 주식을 자칫 주가가 한 단계 레벨업(level-up)되는 상황에서 보유량을 잃게 되는 불상사가 일어날 수도 있었거든요.

배당을 강조하는 것은 가치에 비해 싸게 거래되는 주식을 제 가치에 어울리는 가격으로 갈 때까지 기다릴 수 있는 수고비(저는 은행에 예치한 예금에 대한 이자 성격으로 봅니다만) 정도로 생각합니다. 결론적으로 배당락을 앞두고 작은 주가 움직임을 이용하는 것은 바람직하지 않다고 봅니다.

＊ 다음 질문에 대한 답에서도 그렇지만 배당락에 따른 주가 하락에 대해, 즉 주가 관점에서 해명하느라 배당금의 중요성을 애써 간과하고 있습니다.

문 타이밍을 노린다는 것이 신의 영역이기도 하고 가치 자체를 보고 투자하라는 벤저민 그레이엄의 가르침도 있듯이 잔파도는 무시하고 바이앤홀딩(buy & holding)해야겠군요.

다음 질문은, 1년을 전체 시기의 사이클로 보고 배당주 매수 시기를 배당락 후 1~2월에 하고 추가로 배당금 수령하는 4월, 이렇게 연간 두 번 하는 게 어떨까 합니다. 매도는 없다는 가정으로, 그렇다면 매수 가격의 하락 효과가 부수적으로 따라오지 않을까 생각됩니다.

답 그것도 괜찮은 방법으로 보이네요. 제가 배당을 강조한 것은 어제도 얼핏 말씀드렸지만, 저평가된 기업을 사서 제 가치에 어울리는 가격까지 갈 때까지 기다리는 동안 음식 혹은 영양제라고 봅니다. 극단적으로 말한다면, 배당이 목적은 아니라고 볼 수 있습니다.

잃지 않는 투자와 시장수익을 초과할 수 있는 정도는 제가 제시한 네 가지 조건에 맞는 기업이라면 될 것이라 했고, 은퇴 후 여유로운 생활을 위해 배당금으로 준비가 가능하다고 하면서 유독 배당을 강조하긴 했습니다.

통상 저평가 종목으로 저PER과 저PBR 종목을 말하지만 제가 순현금 기업과 은행 금리 이상의 유배당 기업을 추가한 것은 투자 경험이 부족한 투자자가 할 수 있는 최소한의 안전장치이기 때문입니다.

저보다 많이 젊고, 그래서 앞으로 소득이 늘어날 분이라면 이를 바탕으로 조금 더 범위를 넓힐 필요는 있다고 봅니다. 단, 절대 싼 기업을 사겠다는 원칙 범위 내에서겠죠.

물론 저는 다른 조건보다 배당을 중요하게 생각합니다. 은퇴 후의 생활비 조달은 배당금으로 하겠다는 생각도 변함없고요. 또한 저평가된 주식의 주가가 상승하면서 얻게 되는 '자본차익' 역시 중요합니다. 이 부분은 물가 상승에 따른 자산의 절대가치를 지켜주기 때문입니다. 자산의 가치를 지키기 위해 배당이 중요하지만 질내직으로 싼 주식을 사야 하는 이유입니다. 그래서 네 가지 조건을 모두 중요하게 생각했으면 합니다.

2017년 10월

문 저는 저PBR주 중에서 매출이나 순이익이 증가하는 종목을 매수해서 장기간 보유하는 투자 방법을 사용합니다. 보통 PER 5% + ROE 5% + PBR 90% 정도로 생각합니다.

그런데 저PBR주는 거의 그 수준을 유지하며 사업 자체도 대부분 심심한 사업이다 보니 매출이나 이익도 큰 변동은 없습니다. 그렇다 보니 주가도 큰 변동은 없는 것 같습니다.

이런 종목을 사놓고 언제까지 기다릴 수가 없어서 한 가지 세운 규칙이 3년 동안 기다려서 큰 이슈나 변동이 없다면 손절을 하자였습니다. 특별한 이유는 없으나, 어느 책에서 본 대가 중의 한 분이 3년 동안 보유한 주식이 큰 변동이 없다면 향후에도 그럴 가능성이 높으므로 매도를 하라는 조언과 가치투자에서 가끔 나오는 기회비용이라는 단어 때문에 3년이라는 기간을 정해두었습니다.

이런 투자를 시작한 게 2015년 1월이라 내년 1월이 되면 그 당시에 투자한 종목들의 3년 기한이 다 되어갑니다. 그런데 몇몇 종목은 목표 주가를 달성하여 매도를 했는데 아직까지 가지고 있는 종목들은 오히려 -20~-30% 정도 되는 종목들도 있습니다.

그래서 요즘 저 종목들을 3년이 되는 시점에 정리를 해야 할지 더 가지고 가야 할지 고민이 많습니다. 사업 내용을 봐도 특별히 매출이나 이익이 증가할 것 같지는 않지만 그렇다고 특별히 나빠지지도 아닐

것 같고요.

그런데 숙향 님 종목들도 유동성이 적은 종목들인 것 같은데 특별히 보유기간을 정해놓고 매매를 하시는지요? 책을 읽어보면 인내를 강조하시는데 보통 보유기간이 어떻게 되는지도 궁금합니다. 그리고 만약 저 같은 경우가 생긴다면 어떻게 극복하시는지도 궁금합니다. 초반 부분에 물타기 말씀도 하셨는데, 암튼 실례가 되지 않는다면 답변 부탁드립니다.

답 벤저민 그레이엄을 비롯한 많은 대가들이 저평가된 주식을 매수하고서 2년 혹은 3년 내 수익 여부에 관계없이 무조건 파는 것을 투자 원칙으로 실행했다는 것을 책에서 보았습니다.

대개 PBR보다는 PER 기준을 많이 적용하는데요. 역발상 투자로 유명한 드레먼은 저PER, 저PBR, 저PCR 혹은 고PDR(고배당)으로 가장 좋은 지표를 보이는 종목으로만 포트폴리오를 구성하면 무조건 시장을 이긴다고 했죠. 단, 이때 기준은 좀 더 깁니다. 대략 5년 이상 10년이면 확실하다고 했죠.

* 드레먼의 경우 보유기간 동안 정기적으로 리밸런싱을 할 거라는 추정을 빼먹었습니다.

대가들이 2년 혹은 3년을 얘기한 것은 이들은 기본적으로 시장에서 소외된 기업들인지라 그 정도 기한 내에 저평가된 요소를 시장이 확인하고서 알아주지 않으면 언제 그런 저평가 상태가 해소될지 모르므로 또는 자신이 모르는 약점·악재가 있을 것이므로 포기하라는 뜻으로 알고 있습니다.

저는 투자기한을 정하지 않는다고 얘기합니다. 그래서 책을 보셨다니 투자 종목을 선정하기 위해 네 가지 요소 모두를 충족하는 종목으로 포트폴리오를 구성하라고 주장했는데, 여기서 중요한 것이 은행 금리보다 높은 배당을 지급한다는 세 번째 요소입니다.

즉 은행 정기예금에 들어둔 것보다 높은 배당수익을 지급하는 회사를 주가가 오르지 않는다는 이유로 서둘러 매도할 이유가 없거든요. 더구나 PER가 낮으므로 해가 갈수록 주식 가치는 늘어날 테니, 주가가 그대로라면 저평가 상태는 더 심해지므로 투자 매력은 더 높아진다고 생각하기 때문입니다.

은행 이자 대신 더 많은 배당금을 받으면서 가치에 어울리는 주가가 될 때까지 느긋하게 기다리자, 그게 저의 투자법입니다.

문 저는 주식 투자 햇수로만 따지면 7~8년 정도 됩니다. 하지만 지금과 같은 방식으로 투자를 한 지는 3년 정도 됩니다. 처음에는 90% 차트 매매를 했습니다. 하지만 수익률도 낮고 위험 부담도 너무 커서 가치투자를 지향하게 됐습니다. 그러다 보니 아직은 확실한 중심이 잡히지 않은 것 같습니다.

그나마 무조건 지키고 있는 조건 중에 하나는 PBR 1 이하인 종목입니다. 하지만 대부분의 투자자들은 PER을 중요시 여기는 것 같습니다. 저도 PER을 무시하는 것은 아니지만 PER은 EPS를 가지고 측정하기 때문에 만약 일시적인 문제로 인해 EPS가 낮아진다면

PER이 급격히 높아져 주가가 왜곡되는 문제가 발생하지만 PBR은 BPS를 기반으로 하기에 일시적으로 잘못된 실적으로 인해 PBR이 왜곡되는 문제가 발생하지 않기 때문에 장기 투자에 적합하다고 생각합니다.

하지만 대부분 주가가 뻗어나가는 종목들을 보면 PBR이 3 이상 되는 종목들이 허다합니다. 그럴 때마다 내가 하는 방식이 맞는가 싶기도 합니다. 이에 대해 숙향 님은 어떻게 생각하는지요?

답 PBR에 앞서 순자산, 즉 자기자본은 그 기업이 오랫동안 사업을 통해 벌어들인 돈이 축적된 것이죠. 지난 기업의 성과가 누적된 순자산에 비해 시장에서 더 낮은 가치를 받게 되면 저PBR주가 되는 것이고요.

PER은 현재진행형입니다. 과거 많은 수익을 얻어 엄청난 자산을 보유하고 있는 기업군이 있는데 대표적인 것이 방직, 시멘트, 일부 철강회사 등입니다. 이들이 중국이든 어디든 다른 경쟁 회사 때문에 (예전과 같은) 수익을 내지 못하면 고PER 기업이 되겠죠.

제가 투자기업을 선정함에 있어,

- PER $<$ 10
- PBR $<$ 1

둘 다를 충족시키는 기업을 원했던 이유입니다. 그러면서 PER이 20이면 PBR이 0.5가 되어 둘을 곱해서 10 이하기 되면 그것도 괜찮다면서 그럴 때 저는 PBR이 낮은 쪽을 선호한다고 했습니다. 아마

님이 PBR을 선호하는 것과 비슷한 생각일 것 같네요.

하지만 PBR에는 함정이 있습니다. 앞서 수익을 내지 못하거나 아주 조금 내는 기업의 경우 보유 자산의 가치가 장부가에 비해 많이 떨어질 수도 있습니다. 그 기업을 청산한다고 했을 때 장부가만큼의 가치를 인정받지 못할 수 있다고 보는 거죠.

PER을 더 중요하게 생각하는 것은, 기업에 대해 계속기업이란 말을 쓰는데 앞으로도 꾸준히 이익을 낸다는 전제가 있습니다. 수익을 내지 못하는 기업은 존재 가치가 없죠. 빠른 청산으로 주주에게 회사 유보금을 나눠준다면 그것도 괜찮겠지만 실제 그런 일이 일어나긴 힘듭니다. 이익을 내려고 버둥거리며 버티다 결국 부도나서 회사가 없어지는 경우는 자산이 없어서가 아니라 수익을 내지 못하기 때문입니다.

투자기업 선정에서 배당수익률이 은행 금리 이상일 것과 순현금 기업을 조건으로 한 것은 이런 문제를 보완하기 위해서입니다. 배당을 한다는 것은 기업의 자산이 건전하다는 뜻이고, 순현금 기업은 절대라고 할 수는 없지만 망하지 않는 기업이라는 것을 어느 정도 확신할 수 있기 때문입니다.

문 많은 도움이 되었습니다. 저도 저PBR의 함정을 피하기 위해 무조건 저PBR 종목을 찾기보다는 우선 경기가 좋아질 업종을 보고 업종 중에서 저PBR 종목을 매수합니다. 하지만 업종 평균 자체 PBR이 너무 높아 저PBR이 없는 업종은 아예 접근을 못 합니다. 예로 화

장품이나 바이오 등이 있겠네요. 하지만 업종을 잘 찾아도 저PBR주
종목은 다른 종목에 비해 상승률이 낮더라고요. 그럴 때마다 허탈
하기는 하지만 그래도 고PBR 종목은 불안해서 매수를 하지 못합니
다. 숙향 님은 어떠한지요?

그리고 저PBR 종목에 관해서입니다만, 정말 이 부분은 아직까지
도 고민인 부분입니다. 저PER은 대부분 고ROE인데, 문제는 언제까
지 저PER 고ROE를 유지하는가입니다. 이 문제는 저뿐만이 아니라
아마 대부분의 가치투자자가 고민하는 부분이 아닌가 싶습니다. 예
로 조선선재 같은 경우도 몇 년 전 ROE가 20%를 넘길 때도 PER은
5~6배 사이였습니다. 그러다 최근 매출 하락과 이익이 줄며 ROE는
낮아지고 PER은 높아지고 있습니다. 이런 이유로 저는 업황 회복이
기대되는 업종에서 저PBR 종목을 매수하지만 수익률은 기대 이하
네요. 위에서 언급한 대로 업황을 잘 선택해도 저PBR 종목은 다른
종목에 비해 상승폭이 굉장히 낮거나 횡보를 하네요.

답 앞서 말씀드렸듯이, 네 가지 조건에 맞는 기업을 우선 투자 대
상으로 하기 때문에 님이 언급하신 고민은 제가 답해드릴 수가 없네
요. 말씀하신 고PBR 기업군인 화장품이나 바이오는 저에겐 당연히
대상이 되지 않습니다.

ROE에 대해서는 제가 지표상으로 표기는 합니다만, 투자 대상으
로 볼 때는 거의 참고하지 않습니다. 고ROE 기업 대부분이 고PBR
이기 때문이기도 하시만, PER과 PBR을 동시에 보는 저로서는 굳이
ROE를 볼 필요가 없기 때문입니다.

2019년 8월

가치투자법으로 주식 투자를 하기 위해 몇 개월째 열심히 공부하고 있지만 막상 주식을 매수하는 게 고민이라는 분의 쪽지를 받았습니다. 질문을 주신 분은 주식을 사기에 좋은 시기로 생각되지만 매수한 다음 주가가 내려가서 손실을 보는 게 두렵다고 하였습니다. 그렇지만 투자를 늦추면 좋은 매수 기회를 놓칠 것 같고 겁은 나지만 지금이라도 매수하고 싶지만 주저하게 된다는 얘긴데요.

문 질문자의 입장을 정리한 내용은 다음과 같습니다.

(1) 현재는 투자 철학을 공부하는 단계입니다.

(2) 최근 하락장이 매수 기회라고 생각합니다.

(3) 공부가 아직 부족한 상태라도 용기를 내어 매수를 해야 하는지, 공부가 다 된 상태에서 천천히 매수를 해야 하는지 궁금합니다.

답 (1) 하락장이기 때문에 매수 기회인 것이 아니라, 주가가 싸게 거래되고 있기 때문에 매수 기회라는 말씀을 드리고 싶습니다.

(2) 경험이 없는 투자자에게 가상매매, 즉 직접 현금을 투자하지 않고 가상으로 주식을 샀다고 가정해서 주식을 매수하고 주가가 오르면 매도하는 방법을 권하기도 합니다. 현금을 투입하지 않고 매매하니까 수익이든 손실이든 실제로 발생하지는 않지만 이런 방법을 통해 매매법을 익히는 건데요.

손해를 본다는 게 너무 싫고 겁이 난다면 우선 이런 방법으로 내가 생각하는 게 옳은지 어떤지 배울 수는 있겠죠. 하지만 저는 직접 손익을 경험하는 것과 가상의 돈으로 경험하는 것은 '백문이 불여일견'이라는 말처럼 배움의 차이가 크다고 생각합니다. 그래도 어떻게 해야 할지 망설이고 있기만 하는 것보다는 낫겠죠.

(3) 투자는 절대적으로 안정적인 수입을 주는 국채나 은행예금보다 높은 수익을 추구하는 행위이기 때문에 손실을 볼 수도 있습니다. '하이 리스크 하이 리턴(high risk high return)'이란 말이 그래서 맞는데, 가치투자자는 워런 버핏의 말씀처럼 절대 잃지 않는 투자를 추구합니다. 잃지 않는 투자는 당장은 시세의 움직임에 따라 손실을 볼 수도 있고, 그 손실기간이 장기간이 될 수도 있습니다. 하지만 가치에 비해 싸게 매수했기 때문에 결국은 수익을 얻게 됩니다. 절대 잃지 않는 투자란 것은 언제나 그렇다는 뜻이 아니라 결국 그렇다는 뜻으로 받아들여야 합니다.

마지막으로 경험이 중요하다는 말씀을 드리고 싶네요. 직접경험은 시행착오를 통해 배우는 것이고 간접경험은 대가들의 책을 통해 배우는 것입니다. 멀리 보고 일단 내질렀으면 합니다. 그리고 절대 포기하지 말고 꾸준히 정진해나가셨으면 합니다.

추가 조언을 드린다면 분할 매수, 즉 어느 주식을 100만 원어치 매수하려고 한다면 30만 원씩 최소 3번은 나눠 매수했으면 합니다. 나중에 수익을 얻고서 매도할 때도 같은 요령으로 하시고요. 앞으로 투자금액을 계속 늘려나갈 테니 당장 손해 보는 것에 대해 두려워하지 않았으면 합니다. 오히려 초보자의 행운이라는 말이 있듯이 첫 투자에서 수익을 얻는 상황을 두려워해야 합니다.

또한 경험이 부족한 투자자라면 (자신의 분석에 의해 평가하기에) 싼 주식은 대상이 되는 모든 종목을 조금씩이나마 매수하는 게 바람직하다고 봅니다. 보유하고 있는 주식을 들여다보고 있는 것만으로도 좋은 공부·경험이 되니까요. 집중 투자는 경험을 많이 쌓고서 더 큰 자금을 운용할 때 하더라도 늦지 않습니다.

2017년 8월

질문자는 20대 후반의 직장인으로 작년 주식 투자에서 17% 정도 손실을 보았고 올해 들어 열심히 공부하고 있다고 했습니다.

* 메일로 주고받은 문답입니다.

첫 번째 메일

문 책을 보니 굉장히 보수적인 투자 철칙을 유지하는 모습이 존경스럽습니다.

가치투자를 하시면서 책에 나와 있는 '투자현황표'를 보면 1997, 2003, 2008년도 등 큰 경제공황을 제외하고는 투자수익률이 대개 말씀하신 시중금리의 2배를 훨씬 뛰어넘으셨습니다. 그럼에도 수익률이 저조했을 때나 예상했던 시나리오를 벗어났을 때(예를 들면 엔젤투자클럽의 실패담 등) 어떤 식으로 스트레스, 마음 관리를 하셨는지 궁금합니다. 179쪽을 보면 '투자자의 자세: 낙관적인 생각'이란 챕터가 있습니다. 좀 더 구체적인 스트레스 관리 방법이나 취미 생활이 있으신지요?

답 저는 주식 투자에 관한 한 일단 운이 좋았다고 생각합니다. 주식 투자에 부정적인 생각을 갖고 있었던 저에게 다니던 직장 상사로부터 코리아 펀드에 대해 조사해 오라고 지시 받았던 1985년이 행운의 시작이었습니다. 이 사건이 아니었다면 언제 주식 투자를 할 마음을 먹었을지 저 자신도 무척 궁금하거든요.

당시 조사하는 과정을 거치면서 주식 투자에 대한 부정적인 생각을 버리고 바로 주식 투자를 하기로 결정한 것은, 어쩌면 인생에서 몇 번 결단의 시기가 있었다면 그때가 한 번이었습니다. 그리고 제가 당시 갖고 있던 유일한 현금 16만 원을 투자했고 여기서 수익을 얻은 것도 좋은 영향을 주었다고 봅니다. 그래서 회사 사우회에서 100만 원을 빌려 추가 투자를 하게 되었고요. 마침 1985년에서 3년 정도는 우리나라 증시 사상 최고의 활황장이라 정상적인 사고를 가진 사람은 모두 돈을 벌 수 있었습니다.

2000년, 엔젤 투자로 실패한 것은 조금 다른 경우인데요. 이 활동으로 시작하게 된 벤처 투자를 포함해 이후 다른 사업가에게 투자한 게 실패하면서 2004년 보유하고 있던 현금을 모두 잃었습니다. 생활비를 어떻게 조달해야 할지 막막한 상황에 놓였죠. 일단 사람을 쉽게 믿었고 다음은 제 욕심이 제대로 된 판단을 하지 못하게 했습니다. 스트레스나 마음 관리를 따질 겨를이 없었고 어떻게 살아가야 하나 하는 걱정만 했죠. 그래서 개인적으로 돈이 들어가는 모든 활동을 중단했습니다. 회비 내는 모임, 술자리, 골프 등 모두요.

투자자의 자세에서 낙관적인 생각은 이런 고비를 지난 다음에 어느 정도 생활 안정을 찾은 후의 얘기라고 할 수 있습니다. 물론 그 전에 이런 얘기를 알고 있었고 어려운 시절을 넘기는 데 도움이 된 얘기가 있습니다. 삼성 창업주, 이병철 회장이 하신 말씀인데요. 엄청난 어려운 일에 닥쳤을 때, 혹은 큰 실수를 했을 때 어쩔 줄 몰라 쩔쩔매는 직원에게 이렇게 말했다더군요. 잘못된 일의 원인은 뭐냐? 고민한다고 해결은 되냐? 그렇지 않다면 뭘 고민하고 있느냐?

이제 주식 투자를 함에 있어서 낙관적인 생각은 책에서 얘기한 것처럼 스톡데일 패러독스에서 얻은 겁니다. 가치에 비해 싼 주식을 보유하고 있다면 주가가 내리면 더 사면 될 텐데 뭘 걱정하느냐는 거죠. 100% 주식이라면 매년 한 번씩 입금되는 배당금으로 싼 가격에 주식 수를 더 늘리면 될 테고요. 주식이 제 가치에 어울리는 주가가 될 시기가 언제인지 모르지만 언젠가는 주가가 올라갈 것을 믿고 즐거운 마음으로 기다리자는 겁니다.

그리고 많은 대가들이 얘기했듯 그날이 올 때까지 기다리는 거죠. 기다리는 동안 가장 큰 도움이 되는 것은 역시 책입니다. 독서를 통해 대가들의 경험에서 배우고 위로를 받는 거죠. 제가 독서를 강조하는 것은 대가들의 경험에서 인내를 배우자는 데 있습니다. 그래서 주식 투자자에게는 투자 관련 책도 좋지만 역사책도 그 이상으로 큰 도움이 된다고 봅니다.

또한 만사형통이란 말이 있듯이 투자에서 중요한 것은 삶을 살아가는 데 있어서도 중요합니다. 그런 점에서 낙관적인 생각은 투자에만 해당하는 생각이 아니겠지요.

문 주식 매매에 관해서도 질문이 있습니다. 주가가 계속 하락하는 경우 분할 매수로 현금이 바닥날 때까지 물타기를 하신다고 하셨는데(100쪽) 보통 현금 비중을 어떻게 두고 관리를 하시는지요?

답 일정 부분 현금 비중을 갖고 가려고 하는 마음은 있지만 거의 100% 주식입니다. 현재도 그렇고요. 이것도 욕심이라고 생각되는데, 현금을 들고 있으면 왠지 손해 보는 듯한 '기회비용'을 너무 의식하는 모양입니다. 말씀하신 것처럼 물타기를 한다고 하는 것과 어폐가 있는데, 이는 상황에 따라 조금 다릅니다. 보유 종목을 매도해서 현금이 만들어졌고, 이를 갖고 새로운 종목을 매수한다고 하면 적절한 표현이 되겠죠. 다른 경우는 적립식으로 매월 일정액이 입금될 경우에도 해당이 되겠고요.

문 117쪽의 '주식 보유기간은 중요하지 않다'와 200쪽의 '안 먹고 말아!'의 챕터 내용이 인상 깊었습니다. 숙향 님의 내재가치 계산법에 따라서 나온 주식의 적정가에 도달하면 바로 매도를 하시는 건지요? 매수가 더 중요하다고 하셨지만 매도에 대한 자신감이 없어서 묻습니다.

답 내재가치에 비해 싼 주식을 매수한 다음 제 가치에 어울리는 주가가 될 때까지 갖고서 기다리는 게 가치투자자의 투자법이라고 할 수 있습니다. 그렇다면 보유기간이 정해져 있을 수가 없죠. 더구나 장기 투자가 답이 되는 것도 아니고요. 매수하자마자 급등힌디면 최선의 시나리오입니다.

말씀처럼 매수에 비해 매도가 어렵습니다. 대부분의 투자가가 같은 고민을 할 겁니다 그래서 분할 매수와 분할 매도를 최선의 매매법으로 권하죠. 제가 책에서 얘기한 것도 마찬가지입니다. 주식의 적정가라는 게 대략적인 가격이라고 할 수 있습니다. 그래서 매도 목표가를 정하지는 않습니다. 상황에 따라 다르다고 할 수 있는데, 일단 이 가격(내재가치)까지 간다면 당연히 매도를 고려해야겠죠.

'매수는 수익을 결정하는 것이고 매도는 수익률을 결정하는 것이다', 우선 잃지 않는 투자가 중요하다는 점에서 저는 매수가 매도보다 더 중요하다고 봅니다.

"나는 항상 빨리 팔았다. 그래서 부자가 되었다"는 말은 투자자라고도 하고 투기꾼이라고도 하는 버나드 바루크의 말씀입니다. 트레이더가 가장 근접한 표현일 듯한데, 성공한 트레이더의 이 말씀이 그래서 좋다 싶어 인용했었습니다.

제가 가치투자자를 성품이 착한 사람이 하는 투자라고 했었는데요. 이는 항상 싸게 거래되는 주식을 행여 좀 빨리 팔아 수익을 챙기더라도 내가 판 주식을 산 사람도 싼 가격에 사기 때문에 수익을 얻을 수 있다는 점에서 이렇게 표현했습니다. 살 때 바닥을 콕 찍어 사는 게 욕심이듯이 팔 때 최고 꼭지에 팔려고 하는 것도 욕심이라고 생각합니다. 내가 판 주식을 산 다른 사람도 수익을 내면 좋겠다고 생각하면 마음이 편하지 않을까요.^^

문 매수에 대한 네 가지 조건은 저 역시 앞으로 계속 지켜나가야 할 철칙으로 삼고자 합니다. 이것과 관련해 네 가지 조건을 충족하는 퀀트 조합이나 네 가지 조건에 위배되는 제약주, 4차 산업 성장주에 대한 숙향 님의 의견이 궁금합니다.

답 워런 버핏의 공식 전기인 《스노볼》을 보면 2004년에 우리나라 주식을 사는 과정이 나옵니다. 여기에 보면 우리나라 전체 상장기업을 수록한 전화번호부 몇 권 분량의 두툼한 책을 받았다고 하네요. 버핏은 이를 모두 살펴보면서 투자할 기업을 추려냅니다. 최종적으로 25개 정도였다는데, 그런 다음 우리나라 회계 처리 방법을 배우기 위해 다른 책을 주문해서 배웠고요. 버핏은 개인 재산을 이런 방식으로, 즉 전통적인 벤저민 그레이엄의 방식으로 우리나라 주식에 투자했다고 합니다.

네이버 등에서 조건을 붙여 검색하는 방법이 있다고 하며 이런 정보를 제공하는 유료 사이트가 있다고 하던데, 저는 이용한 적이 없습니다. 버핏의 예를 들었는데, 저도 증권사에서 얻은 투자 편람으로 일일이 종목을 검색해서 찾아내는 방법을 사용합니다.

이를 조금 편하게(?) 하는 방법은 제가 네 가지 조건 중에서 배당수익률이 정기예금 이자율(편하게 2%로 하죠) 이상인 기업을 우선 찾은 다음 다른 조건을 따져보라고 했는데, 그러면 작업 시간이 훨씬 줄어들 겁니다.

제약주처럼 성장성이 높은 종목은 저도 매력이 있다고 생각합니다. 공개하고 있는 펀드(친구)에서도 부광약품을 매수해서 제법 많은 수익을 얻고 매도하기도 했고요. 이들이 네 가지 조건에 부합하지 않다는 것을 지적하신 것이죠? 대개 PBR이 많이 높게 나올 텐데, 개인적으로 판단할 수 있는 능력이 된다면 얼마든지 투자할 수 있겠지요. 저는 PER과 PBR을 곱해서 10 이하가 되면 투자할 수 있다는 식으로 표현했는데, 이를 20으로 올릴 수도 있겠죠.

제가 네 가지 조건에 부합하는 주식으로 포트폴리오를 만들면 시장을 이길 수 있다고 한 것은 경험이 부족한 투자자에게 권하는 것이면서도 저처럼 경험은 많지만 게을러져서 기업에 대해 분석하는 게 귀찮아진 투자자도 편하게 투자할 수 있는 방법이라고 생각했습니다. 그러면서 제가 뒷말을 붙였죠. 경험이 쌓이면서 순현금이 아닌 기업에도 투자할 수 있고 얼마든지 자신만의 투자 방법을 만들어낼 수 있다고요. 다만 벤저민 그레이엄이나 워런 버핏이 강조했듯이 가장 중요한 것은 내재가치에 비해 많이 싼 기업에 투자한다는 기본을 잊지 말아야 한다는 것입니다.

두 번째 메일 – 추가 질문

문 그리고 그레이엄의 책에서 정액우량 방식에 관한 내용을 보았습니다. 장기간으로 노후를 위해 대형 우량주를 적립식으로 투자한다고 하면 일반적으로 계산한 내재가치보다 비싼 주식들뿐인데, 이 역시 저렴하게 주식을 모으는 곳으로 봐도 되는지 궁금합니다. 혹은 그렇게 차곡차곡 모으시는 주식이 있으신가요?

답 정액우량 방식이란 말이 정확한 용어가 아닌 것 같습니다만, 우량 대형주를 정액적립식으로 매수해서 모아가는 방법으로 투자하라는 뜻이겠죠?

그레이엄은 1929년 대공황 때 한마디로 식겁했던 경험이 있는 분입니다. 그래서 지나치게 보수적이라는 평가를 받기도 하는데, 대표적인 것이 주식:현금의 비율을 50:50을 기준으로 주식 보유 비중을 최대 75%까지로 제한했었죠. 그리고 주식은 대형주로 분산투자할 것을 권했고요.

제가 투자 종목을 선정하는 방법은 아무래도 중소형주가 대상이 됩니다. 경기 변화에도 둔감한 편이고요. 그래서 대부분 주식 100% 상태로 있을 때가 많습니다.

제 책을 보셔서 아시겠지만, 가치투자연구소라는 카페에 펀드(친구)를, 아이투자 사이트에 펀드(아내)를 매월 공개하고 있습니다. 제가 현재 보유하고 있는 주식 포트폴리오죠. 제가 모으는 종목을 문의하시니 이게 답입니다. 다만 저는 고기 잡는 법으로 이런 정도를 제시했는데, 제가 이런 고기를 주고 싶다며 따라 하라는 뜻은 결코 아닙니다. 가치투자연구소에 2013년 6월부터 올린 글이 있으니 시간 내서 한번 읽어보실 것을 권하고 싶네요.

마음이 급하시다면, 가장 먼저 올린 2013년 6월 글과 2016년 12월 글과 함께 붙인 글을 먼저 보시고요.

* 보내온 세 번째 메일에서 올려놓은 독후감까지 읽느라 답이 늦었다고 했습니다. 부디 서두르지 마시고 느긋한 마음으로 임하시길 바랍니다.

2016년 12월 26일

온라인 카페, 가치투자연구소에서 무상증자, 주식배당, 현금배당과 관련해서 회원들과의 대화를 정리했습니다. 우선 이 주제에 대해 저는 다음과 같이 생각합니다.

무상증자는 기업의 가치는 변화가 없으면서 보유주식 수만 늘어나기 때문에 주가와는 아무 상관이 없다고 얘기하는 분이 꽤 있습니다. 주식배당에서도 같은 논리로 아무 의미가 없다고 하는데 얼핏 당연하게 들리는 말씀이지만, 제 생각은 다릅니다. 실제 주가 (상승) 움직임에 따른 수익 면에서 대부분 플러스 효과가 있기 때문이죠.

유통 물량 증대 같은 논리는 차치하고 보유주식 수가 늘어난다는 것이 느낌상으로 좋습니다. 이는 회사에서 주주들을 배려한다는 느낌을 받게 되는데, 실질적으로 주식 수는 늘어났지만 많은 기업이 배당금을 예년과 같이 집행함으로써 수령하는 배당금이 늘어나는 효과도 있습니다.

주식배당에 대해서는 성장하는 기업의 경우 투자할 현금이 부족한 상태에서 주식으로 주주의 배당 욕구를 채워준다는 것을 정설로 알고 있는데 반드시 이런 이유만으로 실행되는 것은 아닙니다. 정상적인 배당금의 개념으로 혹은 현금배당보다 실질적으로 배당수익률이 높은 효과가 있기 때문에 실행한다고 볼 수도 있습니다.

우리나라 상장기업은 자본금을 늘리는 수단으로 무상·주식배당을 하는 경향이 있다고 봅니다. 오래전 기억이지만, 제가 아는 기업가들은 매출액의 10분의 1 정도의 자본금을 정상적으로 생각하더군요. 즉 매출액이 증가하니까 그에 맞춰 자본금을 늘리기 위해 무상증자 또는 주식배당을 하는 건데요. 제약주 중에 매년 무상증자, 주식배당을 하는 많은 기업이 이런 경우로 보입니다.

회원1 심리적인 효과는 있지만 근본적인 효과는 없지 않나요?

답 말씀하신 대로 근본적인 효과는 없다고 봐야겠지요. 하지만 대가들의 말씀 중에 주식 투자는 과학이 아니라 예술이라고 하는 말씀이 있는데, 조금은 억지스럽지만 그런 관점으로 볼 수 있다고 봅니다.

회원2 무상증자하면 될 것을 굳이 세금을 내야 하는 주식배당을 할까요?

* 무상재원으로 증자하면 소득세를 내지 않는데, 굳이 잉여금을 배당하는 주식배당을 해서 세금을 내게 하느냐는 지적이죠. 예전 다른 회사 주주 담당자에게 요구하기도 했고 최근에는 2020년 3월 매년 주식배당을 실시하는 동일기연 주주총회에 참석해서 요구했던 건인데, 대표로부터 검토해보겠다는 답을 들었습니다.

답 맞습니다. 언급했던 제약주들 가운데 연말에 무상증자를 하는 기업이 꽤 있거든요. 반면 매년 주식배당을 실시하는 기업들은 그 이상으로 많습니다. 무상증자를 하면 개인들의 세금 부담이 없으니까 차라리 연말에 주식배당만큼 무상증자를 하라고 요구했던 적이 있습니다. 하지만 이건 대주주 마음인데, 아마 오너(대주주보다는 이 표현이 더 와 닿죠)는 배당을 준다는 것은 말 그대로 배당을 주는 것이지만 무상증자는 주식분할과 같이 다른 개념으로 받아들이는 것 같습니다. 혹은 세금 좀 내자는 선의로 생각했을 수도 있겠죠.

그렇게 받아들이고 맘이 끌리는 회사에 투자하는 것, 그게 일반 주주들이 할 수 있는 나름의 투자 방법이 아닐까 싶습니다. 저는 그렇게 하고 있고 (실질적으로 투자수익에 도움이 되더라는 점에서) 이런 기업(정기적으로 주식배당 혹은 소액 무상증자하는 기업)을 선호합니다.

회원3 무상증자, 주식배당, 액면분할은 실질적인 기업 가치의 변화가 없잖아요?

답 따지려면 끝이 없습니다. 그래서 과학이 아니라 예술이라는 얘기를 했을 텐데요. 심하게 얘기하면 현금배당도 마찬가집니다. 현금배당을 하지 않았다면 그만큼 기업의 자본으로 남아 있겠죠. 현금배당을 하게 되면 잉여금이 감소함으로써 자본이 줄고 그만큼 자산가치가 감소합니다. 즉 현금배당만큼 BPS가 줄어듭니다. 주주로서는 실질적으로 전혀 도움이 안 된다는 건데요. 현실적으로 그런가요?

제가 현금배당을 많이 하는 기업을 선호하는 이유 중에 하나로 '대리인 비용'을 줄여준다고 하는데요. 한마디로 기업에 보관되어 있는 돈과 내 손에 주어지는 돈은 다르기 때문입니다. 다시 주식배당은 다르지 않느냐고 얘기가 될 수 있는데, 그런 점에서 주식배당과 현금배당의 차이를 얘기하자면, 저는 실질적인 면에서 큰 차이가 없을뿐더러 나중에 자본차익 관점에서 볼 때는 오히려 주식배당이 유리하지 않을까 하는 생각을 갖고 있습니다. 주절거리다 보니, 주식 투자는 과학이 아니라 예술이라는 말이 확실히 와 닿네요.

회원4 현금배당은 기업의 성장 지속을 위한 투자재원을 제외하고 남은 현금에서 배당한다면 미래 EPS의 훼손은 없습니다.

답 제 편을 들어주는 의견인데요. 그래서 '심하게 얘기하면⋯'이라는 전제를 달았습니다만, 이에 대해 조금 더 제 생각을 붙이겠습니다.

제가 자산가치를 중시하는 면은 확실히 있지만 자산가치의 변동이 없다는 점에서는 무상증자나 주식배당이 (기업 쪽에서 본다면) 주주 보상이란 점에서는 오히려 우월한 방법이 될 수 있습니다. 주주 입장에서는 받은 주식을 매도해서 현금화함으로써 배당을 받은 것처럼 사용할 수 있는데, 이 부분은 절대적인 지분 감소라는 점에서는 비난 받을 주장이 되겠네요.

EPS가 늘어나는 기업에 투자하는 것이 주식 투자에 있어 자본(시세)차익이란 점에서 본다면 가장 낫다는 것은 누구나 인정하는 부분입니다. 그래서 ROE를 굉장히 중요시 하는 것도 사실이고요.

자산가치와 수익가치에 대해 거의 같은 비중으로 놓고 보는 저로서는 기업의 수익 관점에서 본다는 것은 미래 성장성과 연결이 되므로 (짧은 생각이지만) 이는 투자의 불확실성을 그만큼 높이는 투자라고 봅니다.

은퇴한 투자자는
영원한 전업 투자자가 된다

2016년 첫 책을 내고서는 그 과정이 너무 힘들어서 다시는 이런 일을 하지 않겠다고 마음먹었었는데, 프롤로그에서 변명했듯이 주제 넘게 두 번째 책을 내게 되었습니다. 2016년 첫 책을 쓸 때도 그랬지만 원고를 거의 끝낸 2020년 7월 중순 현재까지 이번에도 주식시장이 저를 힘들게 하는 통에 이중고를 겪었는데요. 시장수익률을 따라잡지 못하는 제 주식 포트폴리오를 보면서 과연 책을 쓸 자격이 있는지 숱하게 자책하기도 했습니다. 하지만 과거에 그랬듯이 결국 제가, 아니 그레이엄이 옳을 것이라는 믿음으로 버텼고, 이렇게 끝낼 수 있어서 다행입니다.

피터 린치는 《전설로 떠나는 월가의 영웅》에서 자신에게 좋은 일이 있을 때면 불행이 찾아왔다며 몇 가지 일화를 소개하던데, 저에게도 책과 관련된 징크스가 있는 것은 아닌지 괜히 남 탓을 하게 되네요. 그래서 세 번째 책을 쓸 일은 결코 없을 것임을 다짐합니다.

이 책에서는 다음 네 가지를 중점적으로 말씀드리고 싶었습니다. 프롤로그에서 밝힌 이유와 중복되지만, 제가 책에서 강조하고 싶었던 내용이 제대로 전달되었는지 확인해주셨으면 합니다.

첫째, 첫 책에서 숱하게 지적 받은 공통된 질문에 대한 답이 되었으면 합니다. 가장 많이 받은 질문은 내재가치 계산법과 순현금 기업을 찾는 방법이었는데, 그동안 쪽지 등으로 받은 질문에 답을 드리며 이해를 구했던 것을 참조해서 설명했습니다. 또한 제가 투자하는 기업을 정리하는 표를 이용해서 추가 설명했으므로 웬만큼 답이 되었을 것으로 믿습니다.

둘째, 노동수입 없이 자본수입으로 살아야 하는 은퇴 후의 경제적인 부담은 주식 투자를 통해 가능하다는 것을 최대한 강조하고 싶었는데요. 가치투자법을 이용한 주식 투자는 간단한 투자지표를 이해할 능력만 있으면 많은 시간을 들이지 않고도 할 수 있는 투자법으로, 장기적으로는 시장수익률을 앞서는 높은 수익률을 올릴 수 있습니다. 워런 버핏은 주식 투자를 위한 수학은 초등학교 4학년 수준이면 충분하다고 했는데, 실제로 사칙연산을 이해하는 능력이면 충분합니다.

셋째, 직장인과 개인사업자에게 노후자금을 마련하기에 주식 투자만큼 훌륭한 투자 수단이 없다는 것입니다. 일반 중소기업에 다닌 평범한 직장인으로서 주식 투자로 불린 재산 덕분에 편안하게 은퇴를 맞았던 제 경험을 보여드림으로써 주식 투자는 어렵지 않으면서도 안정적으로 높은 수익률로 재산을 불려준다는 것을 알려드리고 싶었는데요. 특히 상대적으로 열악한 조건에 있는 직장인들이 하루라도 빨리 시작했으면 하는 저의 바람은 복리수익률표로 강조했습니다.

마지막으로 제가 지향하는 삶이기도 한데 주식 투자는 돈으로부터 자유롭기 위해서이지 돈을 불리는 데에만 목적을 두지 않았으면 합니다. 돈은 원하는 삶을 살기 위한 수단일 뿐이고 한 번 주어진 인생의 목표는 하루하루를 멋지고 즐겁게 사는 데 있습니다.

주식 투자는 매일 매 시간 변하는 주가 움직임 때문에 도박성이 매우 강할 수밖에 없는데 주식 투자자 10명 중 9명이 손해를 보고 결국 주식을 포기하게 만드는 것은 이런 주식의 도박성 때문입니다. 인간의 본성이기도 한 도박심리를 이기는 특효약은 대가들의 말씀을 담은 좋은 책이라는 게 제가 아는 유일한 약입니다.

또한 빨리 부자가 되고 싶어 빚을 내거나 곧 쓸데가 있는 돈으로 주식을 사는 식의 무리한 투자를 해서는 안 됩니다. 무리한 투자는 마음을 불안하게 함으로써 즐거운 삶을 방해할 뿐만 아니라 이성과 달리 움직이는 조급한 감정은 실패하는 길로 끌고 가기 때문입니다. 투자에서 가장 중요한 덕목은 인내, 즉 느긋한 마음가짐에 있습니다.

잔소리로 들릴 것을 뻔히 알면서도 거듭해서 강조하고 싶은 것은 독서의 유용성입니다. 성공한 투자자가 되기 위해서는 직접 경험을 쌓아가면서 능력을 키우는 것이 가장 중요하지만, 투자 대가들의 경험을 배울 수 있는 좋은 책을 많이 읽는다면 그 시기를 앞당길 수 있습니다. 양서는 도박 본능은 물론 투자를 방해하는 인간의 다양한

감정을 자각하게 함으로써 바른 판단을 하는 데 상상 이상의 도움
을 줍니다.

 주식 투자를 금방 큰돈을 벌어주는, 마치 로또 같은 것으로 생각
하는 사람들이 의외로 많습니다. 모든 투자는 가장 안전한 투자자산
인 국채 수익률 또는 일반인들이 쉽게 이해되는 은행 정기예금 금리
와 비교하는 데서 시작해야 합니다. 즉 은행에 돈을 맡겼을 때 1년에
받을 이자와 주식에서 기대할 수 있는 수익률을 따져보아야 합니다.
저는 투자를 시작한 이후 은행 금리의 두 배를 목표 수익률로 삼았
습니다. 지금 은행 금리 수준은 경제 상황 악화로 인해 워낙 낮은 상
태에 있습니다. 반면 안정적인 배당금을 지급해온 고배당 기업들 중
에는 배당수익률이 은행 금리의 몇 배나 되는 주식들이 꽤 많이 보
입니다. 투자할 주식이 널려 있는 것이죠.
 주식 투자는 지금 당장이 아닌 먼 미래를 대비하기 위한 적금과
같은 저축으로 받아들였으면 합니다. 투자 대상으로 거론되는 많은
자산 중에서 역사적으로 가장 높은 수익률을 보여준 것이 주식이
고, 주식 투자는 과거 통계에 의하면 최소 5년 이상 장기적으로 투
자한다면 손해 볼 위험이 거의 없으며 10년 이상 투자하면 손실 확
률은 0%입니다. 즉 주식은 장기적으로 투자하면 손해 볼 위험은 없
으면서 수익률은 가장 높은 투자자산이라는 것이죠.

 전작에 이어 제가 사용하는 간단한 투자법을 제시했습니다. 또한

간단한 몇 가지 정성적 방법으로 기업의 신뢰 여부를 파악하는 요령을 더했습니다. 저는 이 정도를 기본으로 해서 스스로 공부하고 경험을 쌓아나간다면 불어난 투자금으로 은퇴 후에도 돈에 구애 받지 않는 멋진 삶을 누릴 수 있다고 생각합니다.

주식 투자에서 손실을 보지 않고 수익을 얻기 위해서는 기업 가치에 비해 싸게 거래되는 주식을 사서 가치에 어울리는 주가가 될 때까지 기다리는 겁니다. 이를 위해 네 가지 조건을 충족하는 기업에 투자할 것을 제시했는데, 이 방법을 기본으로 투자한다면 장기적으로 위험 없이 시장수익률 이상을 얻을 수 있습니다. 다시 한 번 강조합니다. 전작에서 제시한 네 가지 조건은 4년이 지난 지금도 경험이 적은 초보 투자자에게는 원금을 잃지 않는 안전한 투자법이면서 시장을 이길 수 있는 가장 효율적인 투자법이라는 저의 믿음에는 변함이 없습니다.

(1) PER이 최소 10 이하일 것

(2) PBR이 최소 1 이하일 것

(3) 배당수익률이 은행 정기예금 금리 이상일 것

(4) 순현금 기업일 것

주식 투자는 많은 시간을 들이지 않아도 충분히 시장을 이길 수 있으므로 미래를 위해 주식 투자를 해야 한다고 주장했습니다. 물론 가치에 비해 싼 주식들로 분산투자를 한다는 전제를 깔았고요. 그럼에도 투자를 하다 보면 저도 숱하게 경험했듯이 잘될 때는 자만심으로, 안 될 때는 실망감에 의해 큰 실수를 저지르곤 합니다.

그런 점에서 투자는 단순하지만 실행에 있어 쉽지 않기 때문에 꾸준히 공부해서 스스로를 단련시켜야 합니다. 마침 제가 좋아하는 버나드 바루크가 무시무시한 경고를 했더군요. 지레 겁먹을 필요는 없지만, 시장이 만만해 보이고 감정이 이성을 지배한다는 생각이 들 때마다 떠올리는 경구로 삼았으면 합니다.

다른 모든 것을 포기하고 시장의 전체 역사와 배경 및 시장에 상장된 모든 주요 기업을 마치 의대생이 해부학을 공부하듯 신중하게 연구하기를 불사한다면, 그리고 이 모든 것을 할 수 있고 거기에 더해 도박사의 냉정함, 천리안적인 육감, 사자의 용기까지 갖춘다면 아주 조금은 가능성이 있다.

– 마이클 배트닉, 《투자 대가들의 위대한 오답노트》, p. 229.

우리나라 주식시장에 대해 불만이 커지고 대안으로 미국 등 외국 주식에 투자하는 투자자가 늘어나는 추세입니다. 수수료 수입을 늘리기 위한 증권사의 상술도 엿보이지만 2008년 금융위기에서 벗어난 2010년 이후 우리나라 주식시장이 10년째 횡보하고 있는 현실에 실망해서겠지요. 2020년 11월에 시행이 취소되었지만 2021년부터 시행되는 양도세 부과를 위한 대주주 인정 범위 확대와 2023년부터 시행 예정인 양도세 전면 확대는 이런 현상을 부추기는 모양입니다.

이와 별개로 우리나라 주식시장은 늘 저평가 상태에 놓이게 하는 두 가지 큰 요인이 있는데, 바로 불투명한 기업 지배구조와 남북한 긴장 관계입니다. 그렇다면 이 문제가 해결되면 저평가 요인이 해소된다고 볼 수 있겠죠. 삼성, 현대차그룹 등이 배당성향을 높이면서 하나는 이미 개선되는 추세이고 남북 관계는 남북한 철도 연결이 돌파구가 될 것으로 예상합니다. 남북 긴장 완화와 함께 (강제된) 섬나라에서 벗어나기 때문입니다.

저는 저평가된 주식이 많을 수밖에 없는 우리나라의 고질적인 문제는 차치하고서도 두 가지 관점에서 우리나라 주식시장은 떠나기보다는 오히려 투자를 늘려야 할 매력이 큰 시장이라고 봅니다.

첫째, 일반적인 예상과 달리 수익률 면에서 우리나라는 미국보다 더 높은 수익률을 안겨주는 주식시장입니다. 1980~2018년 우리나라 주식시장은 연평균 12.8% 상승했지만 미국은 같은 기간 동안 9.7% 상승에 그쳤습니다.

둘째, 코로나19 사태는 세계적인 팬데믹을 맞아 훌륭하게 대처하는 모습을 보여줌으로써 우리나라의 저력을 세계인들에게 과시했는데요. BTS로 완성된 K-POP으로 대표되는 문화 강국으로 자리 잡은 우리나라는 이번 코로나19에 대처하는 국가 시스템과 우리 국민의 성숙한 시민의식으로 모든 면에서 선진화된 경제 강국임을 자랑했습니다. 앞으로 코로나19 치료제를 발견하거나 백신이 개발되어 경제가 정상화된 다음, 우리나라 주식을 사기 위해 몰려오는 외국인 투자자들을 상상해봅니다.

멋진 시 한 편을 인용하는 것으로 책을 마무리합니다. 딸 바보인 짐 로저스가 두 딸에게 삶의 지혜를 들려주기 위해 쓴 책인《내 아이들에게 주는 선물(A Gift to My Children)》에 인용된 시인데요. 짐 로저스는 집 벽에 걸어 두고서 딸들과 함께 백번도 더 읽었다고 합니다. 투자자, 특히 무엇보다 인내를 가장 큰 덕목으로 여기는 가치투자자가 힘들 때 이 시를 읽으면 지친 마음을 달래는 데 큰 위로가 될 듯합니다.

다시 해봐

— 파머(T. H. Palmer)

이 교훈을 마음에 꼭 새겨둬야 해
처음에 성공하지 못하면 다시 해봐

용기를 내야 해
참고 견디며 계속하면
결국이 이기게 돼, 절대로 두려워 말고
다시 해봐

한두 번 실패하더라도
계속 시도하면 결국은 승리할 테니
다시 해봐

계속 노력하는 건 부끄러운 일이 아냐

이기지 못하면 또 어때

그냥 계속 해봐

일이 너무 어렵게 느껴져도

노력한 시간은 너를 배신하지 않아

다시 해봐

다른 사람이 할 수 있는 일이면

너라고 왜 못 하겠어?

이 한 가지만 기억해

다시 해봐

그리고 시간제 투자자에서 전업 투자자로 변모한 저를 응원하는 글로 마무리합니다. 설민석이 진행하는 〈선을 넘는 녀석들〉이라는 TV 프로그램, '세종대왕'편을 보다 알게 된 멋진 글입니다.

20세에 꿈이 없다면 노인이고

70세에도 꿈이 있다면 청춘이다.

이웃집 워런 버핏

숙향의
주식 투자
이야기

이웃집 워런 버핏
숙향의 주식 투자 이야기

1판 1쇄 발행 | 2020년 11월 11일
1판 5쇄 발행 | 2023년 4월 15일

지은이 숙향
펴낸이 김기옥

경제경영팀장 모민원
기획 편집 변호이, 박지선
마케팅 박진모
지원 고광현, 김형식, 임민진

인쇄 · 제본 민언프린텍

펴낸곳 한스미디어(한즈미디어(주))
주소 121-839 서울특별시 마포구 양화로 11길 13(서교동, 강원빌딩 5층)
전화 02-707-0337 | **팩스** 02-707-0198 | **홈페이지** www.hansmedia.com
출판신고번호 제 313-2003-227호 | **신고일자** 2003년 6월 25일

ISBN 979-11-6007-524-3 13320